빛과 어두움 그리고 진리의 사랑

요한서신서 강해설교 1

김 사무엘

義齊堂

목 차

머리말

1. 거듭나야만 의인들과 사귈 수 있습니다 ・ 6
(요일 1:1-4)

2. 거듭나지 못한 세 부류의 기독교인들 ・ 24
(요일 1:5-10)

3. 그의 계명을 지키는 자란? ・ 50
(요일 2:1-6)

4. 거듭난 자는 진리의 사랑을 베풉니다 ・ 74
(요일 2:1-11)

5. 누가 하나님을 알고 마귀를 이깁니까? ・ 100
(요일 2:12-17)

6. 적그리스도란 누구입니까? ・ 124
(요일 2:18-23)

7. 원형복음의 능력으로 의를 행하는 자들 ・ 146
(요일 2:24-29)

8. 진리의 사랑으로 지키는 새 계명 ・ 178
(요일 3:1-10)

9. 가인처럼 하지 마십시오 ・ 200
(요일 3:11-19)

10. 하나님에게 책망받을 것이 없는 믿음 ・ 226
(요일 3:16-24)

머 리 말

　일반 기독교인들은 물론이고 대부분의 목회자들조차 요한서신서의 말씀들을 제대로 이해하지 못합니다. 그래서 그들은 이 성경 말씀을 본문으로 삼아 설교하기조차 꺼려합니다. 그렇다면 요한서신서의 말씀이 왜 그들에게 "난해(難解) 구절"이 되었을까요? 그것은 그들이 물과 성령으로 거듭나지 못해서 그런 것입니다. 사실 많은 이들이 예수님을 믿는다고 고백하지만, 진리의 말씀을 믿음으로 **"죄 사함으로 말미암는 구원"**(눅 1:77)을 받은 사람들은 많지 않습니다. 그래서 사도 요한은 "만일 우리가 하나님과 사귐이 있다 하고 어두운 가운데 행하면 거짓말을 하고 진리를 행치 아니함"(요일 1:6)이라고 지적합니다. 이는 사랑의 사도가 예수님을 구주로 고백하면서도 마음에 죄(어두움)가 그대로 남아 있는 "기독죄인들"(Christian-sinners)에게 그들이 스스로 자기의 영적 상태를 깨닫고 진리의 복음으로 거듭날 것을 촉구하는 말씀입니다. 누구든지 물과 성령으로 거듭나야만 하나님과 또 거듭난 의인들과 빛 가운데서 교제하며 충만한 기쁨을 누릴 수 있습니다.

　또한 요한서신서는 하나님께로부터 난 자, 즉 거듭난 자라야 **"서로 사랑하라"**고 명하신 새 계명을 지킬 수 있다고 말씀합니다. 성경에서 말씀하시는 사랑은 육신적인 사랑이 아니라 영적인 사랑이고 **"진리의 사랑"**(살후 2:10)입니다. 사도 바울은 **"내가 내게 있는 모든 것으로 구제하고 또 내 몸을 불사르게 내어 줄찌라도 사랑이 없으면 내게 아무 유익이 없느니라"**(고전 13:3)고 말씀하셨습니다. "내게 있는 모든 것으로 구제하고 또 내 몸을 불사르게 내어 주는" 희생적 사랑이 얼마나 고귀합니까? 그러나 그런 사랑은 "진리와 함께 기뻐하며 진리의 복음으로 영혼들을 구원 하는" **진리의 사랑**과는 대조되는 **육신적인 사랑**에 불과합니다. "**진리의 사랑**"은 원형(原形)의 복음인 "**물과 성령의 복음**" 안에 담겨 있습니다. 그러므로 물과 성령으로 거듭나지 못한 사람은 "**진리의 사랑**"이 무엇인지도 모르고, 또 영혼들을 모든 죄에서 구원하는 의로운 일을 행할 수도 없습니다. 그리고 가인이 의를 행하던 아벨을 죽인 것처럼, 거듭나지 못한 기독교인들은 오히려 의의 복음을 전파하는 하나님의 자녀들을 배척하고 핍박합니다.

요한서신서는 우리를 하나님 앞에서 책망받을 것이 없는 믿음으로 인도합니다. 요한서신서는 예수 그리스도는 "**물과 피**"(요일 5:6)로 임하셔서 우리의 모든 죄를 완벽하게 없애 주셨다고 선포합니다. 또한 요한서신서는 "**물과 피로 임하신 예수님**"을 믿음으로 거듭난 의인들은 세상을 이긴다고 선포하시고, 이를 "**증거하는 이가 셋이니 성령과 물과 피라 또한 이 셋이 합하여 하나이니라**"(요일 5:8)고 말씀합니다: **성령**은 예수님이 육신을 입고 오신 하나님이라고 증거합니다. **물**은 예수님께서 인류의 대표자 세례 요한에게 받으신 세례를 의미하며, 안수의 형식으로 받으신 "**그 세례**"(행 10:37)로 세상 죄가 예수님에게 다 넘어갔기 때문에 이 세상에는 "**모든 의**"(마 3:15)가 합당하게 이루어졌다고 증거합니다. 그리고 **피**는 예수님께서 받으신 세례로 담당하신 세상 죄를 십자가에서 "**다 이루었다**"(요 19:30)고 외치시고 돌아가시기까지 예수님께서 완벽하게 대속하셨음을 증거합니다.

물과 피와 성령의 증거가 "**하나**"(요일 5:8)라면 그 세 가지 증거 중에서 증거 하나를 빼버려도 온전한 "**하나**"가 될 수 있겠습니까? 화로(火爐)의 다리는 세 개입니다. 그러면 화로를 바치고 있는 세 개의 다리 중에서 하나를 잘라 버려도 그 화로가 서 있을 수 있습니까? 결코 그럴 수 없습니다. 그런데도 오늘날 대부분의 기독교인들은 예수님은 육신을 입고 오신 하나님이라는 성령의 증거는 믿지만, 물과 피 중에서는 **물(세례)의 증거를 빼버린 반쪽 복음**을 믿고 있습니다. 그 결과 그들은 마음의 죄가 그대로 남아 있는 기독죄인들(Christian-sinners)로 살아갈 수밖에 없습니다. 저는 그동안 강해했던 요한서신서의 설교들을 모아서 이번에 두 권의 설교집으로 간행합니다. 아무쪼록 모든 기독죄인들이 이 강해 설교집을 통해서 진리의 **원형복음**을 깨닫고 의인으로 거듭나는 은총을 누리게 되기를 기도합니다.

거듭나야만 의인들과 사귈 수 있습니다

"태초부터 있는 생명의 말씀에 관하여는 우리가 들은 바요 눈으로 본 바요 주목하고 우리 손으로 만진 바라

이 생명이 나타내신바 된지라 이 영원한 생명을 우리가 보았고 증거하여 너희에게 전하노니 이는 아버지와 함께 계시다가 우리에게 나타내신바 된 자니라

우리가 보고 들은 바를 너희에게도 전함은 너희로 우리와 사귐이 있게 하려 함이니 우리의 사귐은 아버지와 그 아들 예수 그리스도와 함께 함이라

우리가 이것을 씀은 우리의 기쁨이 충만케 하려 함이로라"(요일 1:1-4).

오늘의 본문 말씀은 하나님의 종 사도 요한이 성령으로 말미암아 요한일서를 쓰게 된 동기를 밝히고 있습니다: "**우리가 이것을 씀은 우리의 기쁨이 충만케 하려 함이로라**"(요일 1:4). 사도 요한은 진리의 복음을 들은 이들과 그리스도 예수 안에서 영적인 사귐을 갖기를 원했습니다. 그리고 그는 하나님과 예수 그리스도 안에 있는 **진리의 사랑**으로 서로 사랑하고 교제하며 하나님의 뜻을 좇는 것이 가장 행복한 삶이라고 말씀합니다. 우리가 진리의 복음을 믿음으로 거듭나서 하나님의 사랑 안에서 영적인 사귐을 가질 때에, 우리는 진정 충만한 기쁨을 누릴 수

있습니다.

　기쁨에는 여러 가지가 있습니다. 육신적인 욕망이 채워질 때에 느끼는 육신의 기쁨이 있고, 무언가 몰랐던 것을 알게 되었을 때에 느끼는 지적인 기쁨도 있고, 하나님의 은혜로 말미암는 영적인 기쁨도 있습니다. 우리가 하나님께서 베풀어 주신 진리의 복음으로 영원한 생명을 얻고, 그 생명의 빛 가운데서 하나님 아버지와 예수 그리스도, 그리고 거듭난 형제 자매들과 사귈 때에, 우리에게는 영적인 기쁨이 충만합니다. 그리고 영적인 기쁨은 무엇과도 비교할 수 없는 가장 큰 기쁨입니다. 사도 바울은 복음을 전파하다가 많은 고난을 겪었는데 그래도 그의 마음에는 늘 기쁨이 충만하였습니다. 그는 심지어 감옥에 갇혀서도 믿음과 은혜로 말미암아 기쁨이 충만했기에, **"만일 너희 믿음의 제물과 섬김 위에 내가 나를 전제로 드릴지라도 나는 기뻐하고 너희 무리와 함께 기뻐하리니 이와 같이 너희도 기뻐하고 나와 함께 기뻐하라"**(빌 2:17-18)고 형제들에게 권면하였습니다.

　우리가 사회생활을 하면서 다른 사람과 함께 어울려 음식을 먹거나 같이 좋아하는 일을 하면 기쁩니다. 그래서 우리는 ○○동호회나 동창회 등의 모임에 참석합니다. 얼마 전에 대학 동기인 친구 부부가 제주에 와서 함께 저녁도 먹고, 옛날 얘기도 하고, 다른 친구들 소식도 듣고, 서로 그간에 있었던 일들도 얘기하며 즐거운 시간을 보냈습니다. 그러나 그런 육신적인 교제에서 얻는 기쁨은 우리가 하나님 아버지와 그리스도 예수 안에서 거듭난 형제 자매들과 함께 영적으로 교제할 때에 누리는 기쁨에 비하면 아무것도 아닙니다. 시편 기자는 그런 영적인 기쁨을 다음과 같이 노래했습니다.

"형제가 연합하여 동거함이 어찌 그리 선하고 아름다운고
머리에 있는 보배로운 기름이 수염 곧 아론의 수염에 흘러서 그 옷깃까지 내림 같고
헐몬의 이슬이 시온의 산들에 내림 같도다 거기서 여호와께서 복을 명하셨나니 곧 영생이로다"(시 133:1-3).

"**형제가 연합하여 동거**"하는 곳은 죄 사함을 받은 의인들의 모임이며 하나님의 교회입니다. 물과 성령으로 거듭난 의인들이 모여서 하나님의 진리의 사랑 안에서 서로 교제하는 것이 가장 선하고 아름답고 행복한 삶입니다. 사람은 누구든지 자기가 좋아하는 일을 할 때에 기쁘고 행복합니다. 그런데 "자기가 좋아하는 일"이 육신적인 일이냐 아니면 영적인 일이냐에 따라서 기쁨의 성격이 결정됩니다.

육신적인 기쁨은 육체의 본능적 욕구가 채워질 때에 얻는 것이기에 한계가 있습니다. 맛있는 음식을 먹을 때 즐겁지 않습니까? 그러나 아무도 계속 먹을 수는 없기에 그런 기쁨을 지속할 수 없습니다. 그래서 고대 로마의 귀족들은 단추를 실에 꿰어서 삼킨 후에 그 끝을 이빨 사이에 끼워 놓고서 음식을 즐겼답니다. 배가 부르면 화장실에 가서 그 줄을 당겨서 다 게워내고 입을 물로 헹군 다음 다시 "먹는 즐거움"을 누렸답니다. 그러나 그렇게 해서 얼마나 더 즐겁겠습니까? 육신적인 즐거움에는 한계가 있습니다.

그러나 마음 깊은 곳에서부터 샘솟듯이 올라오는 영적인 기쁨은 얼마든지 지속될 수 있고 그 기쁨은 선하고 아름답습니다. 거듭난 자들이 연합해서 하나님의 의를 전파하기로 같은 뜻을 품고 육체의 남은 때를 사는 것이 가장 선하고 아름답다고 저는

믿습니다. 하나님의 진리의 사랑을 입어서 거듭난 의인들이 다른 사람들을 진리의 빛으로 인도하는 삶은 가장 선하고 아름답습니다. 그렇게 마음을 연합해서 복음을 전파하는 의인들에게서 "그리스도의 향기"(고후 2:15)가 납니다. 살아 계신 하나님께서는 당신의 자녀들이 당신의 뜻을 좇아서 살아갈 때에, 그들이 의로운 삶을 살아갈 수 있도록 모든 것을 공급하시며 보살펴 주십니다. "너희는 먼저 그의 나라와 그의 의를 구하라 그리하면 이 모든 것을 너희에게 더하시리라"(마 6:33)는 말씀은 하나님의 뜻을 좇는 의인들이 이 세상을 넉넉히 이긴다는 약속의 말씀입니다.

이러한 믿음의 비밀을 알지 못하는 사람들은 자기의 육신적인 욕구를 다 채워줄 수 있는 돈이 최고인 줄 알고 돈의 노예가 되어 비참한 나날을 보내다가 죽습니다. 우리나라에서는 삼성그룹의 이○○ 회장이 제일 부자라고 합니다. 그래서 사람들은 그분을 부러워합니다. 그의 외아들은 금수저가 아니라 그야말로 다이아몬드 숟가락을 물고 태어난 셈입니다. 이 세상 사람들은 "한 번만이라도 돈 걱정을 안 하고 살아 봤으면!" 하는 소원이 있기에, 그런 부자들을 다들 부러워합니다.

그러나 진리의 말씀으로 거듭난 의인들은 돈 많은 재벌들을 부러워하지 않습니다. 그들은 잠시 부귀영화와 권세를 누리다가 지옥에 갈 사람들에 불과하다는 사실을 잘 알기 때문입니다. 우리나라에서 제일 재산이 많다는 그분도 심근경색으로 쓰러져서 의식을 잃고 식물인간이 된지 1년이 훨씬 넘었습니다. 그러니 그분에게 그 많은 재산이 이제 무슨 소용이 있습니까? 사람이 누리는 부와 권세는 잠시 살아 있는 동안에 과시하는 허세(虛勢)에 불과합니다. "우리가 주목하는 것은 보이는 것이 아니요 보이지 않는 것이니 보이는 것은 잠깐이요 보이지 않는 것은 영원함이라"(고후 4:18)고 주님은 말씀하십니다. 하나님의 진리의 말씀을 믿는 우리는 이 땅에 있는 것들, 즉 **"육신의 정욕과 안목의 정욕과 이생의 자랑"**(요일 2:16-17)은 잠시 있다가 지나가는 것인 줄 분명히 압니다. 그러므로 거듭난 의인들은 잠시 있다가 사라질 이세상이 아니라 하나님 아버지께서 예비하신 영원한 천국을 사모합니다.

의인들과 영적으로 사귀려면 먼저 거듭나야 합니다

사람이 거듭난 의인들과 사귀려면 먼저 자신도 거듭나야 합니다. 거듭나지 못하면 거듭난 의인들과 사귈 수 없습니다. "유유상종"(類類相從)이라는 말이 있지 않습니까? 이 말은 "끼리끼리 논다"라는 뜻입니다. 거듭나지 못한 사람들끼리는 마음이 잘 맞기에 그들끼리는 잘 사귑니다. 거듭난 의인들끼리도 마음이 서로 잘 맞기에 영적으로 깊은 교제가 이루어집니다. 그러나 **"너희는 믿지 않는 자와 멍에를 같이 하지 말라 의와 불법이 어찌 함께하며 빛과 어두움이 어찌 사귀며 그리스도와 벨리알이 어찌 조화되며 믿는 자와 믿지 않는 자가 어찌 상관하며 하나님의 성전과 우상이 어찌 일치가 되리요 우리는 살아 계신 하나님의 성전이라"**(고후 6:14-16)고 말씀하신 대로 거듭나지 못한 자와 거듭난 의인은 서로 영적으로 코드가 맞지 않아서 사귈 수 없습니다.

빛과 어두움은 공존할 수도 서로 사귈 수도 없습니다. "너희가 전에는 어두움이더니 이제는 주 안에서 빛이라 빛의 자녀들처럼 행하라"(엡 5:8)고 말씀하셨는데, **"빛의 자녀"**은 거듭난 의인들을 지칭합니다. 예수 그리스도의 진리의 빛을 받아들인 사람은 그 진리의 복음으로 말미암아 마음의 모든 죄(어두움)가 사라지고 마음이 진리의 빛으로 밝혀졌습니다. 진리의 복음인 물과 성령의 복음을 온전히 믿는 자는 마음에 죄(어두움)가 전혀 없습니다. 그래서 이제는 빛의 자녀가 되었습니다. 저도 거듭나기 전에는 흑암(黑巖) 같은 죄가 제 마음을 뒤덮고 있었는데, 예수님이 받으신 세례로 저의 모든 죄를 다 담당하셔서 십자가의 피로 온전히 대속하셨다는 능력의 복음을 듣고 믿은 후에는 제 마음의 죄가 흰 눈처럼 씻겨졌습니다. 그렇게 죄 사함을 받은 후에는 참 빛으로 오신 예수 그리스도의 진리의 빛이 저의 마음에 거해서 저도 주님과 동일한 의로 옷 입고 빛의 자녀, 즉 의인이 되었습니다.

"너희가 전에는 어두움이더니 이제는 주 안에서 빛이라"(엡 5:8)는 말씀에서 **"어두움"**은 거듭나지 못한 사람, 즉 죄인을 지칭합니다. 빛과 어두움은, 즉 거듭난 의인과 거듭나지 않은 죄인은 영적으로 사귈 수 없습니다. 거듭난 의인이 아직 거듭나지 못한 이에게 영적인 가르침은 줄 수 있습니다. 그렇지만 거듭난 하나님의 자녀가 거듭나지 못한 죄인들에게서 영적으로 받아들일 만한 것은 없습니다. 거듭나지 않은 자의 입에서는 사망의 쓴 물이 나오기 때문에 거듭난 의인들은 그 물을 마실 수 없습니다. 그러나 거듭난 의인들의 입에서는 생명의 단물이 나오기 때문에 거듭나지 못한 자는 그 물을 마시고 거듭날 수 있습니다.

"빛과 어두움은 결코 사귈 수 없으니, 아직 어두움 가운데 있는 죄인들은 믿음으로 거듭나서 우리 의인들과 빛 가운데서 기쁨이 충만한 사귐을 갖자"라는 메시지가 하나님께서 사도 요한을 통해서 요한서신들을 써 주신 목적입니다. 하나님 아버지와 예수 그리스도, 그리고 하나님의 종들과 백성들과 더불어 영적으로 깊은 사귐을 가지려면, 누구든지 먼저 거듭나야 합니다.

"그리스도와 벨리알이 어찌 조화되며"(고후 6:15)—아직 거듭나지 못한 죄인의 마음에는 성령님이 계실 수 없고, 그 대신 악한 영이 자리 잡고 있습니다. 어두움(죄) 가운데 있는 죄인의 마음에는 "악한 영" 즉 "공중 권세 잡은 자의 영"이 자리 잡고 있습니다. "너희의 허물과 죄로 죽었던 너희를 살리셨도다 그때에 너희가 그 가운데서 행하여 이 세상 풍속을 좇고 공중의 권세 잡은 자를 따랐으니 곧 지금 불순종의 아들들 가운데서 역사하는 영이라"(엡 2:1-2)고 말씀하셨습니다. 거듭나지 못한 사람은 사단 마귀의 영이 지배해서 하나님을 거부하고, 이 세상의 가치관과 풍속을 좇습니다. 예수 그리스도를 믿음으로 거듭난 의인과 벨리알(악한 영)의 지배를 받는 죄인은 서로 가치관과 지향이 다르기 때문에 빛(진리) 가운데서 서로 사귈 수 없습니다.

영지주의(靈知主義)라는 이단의 출현

요한일서가 기록될 당시에 영지주의(靈知主義, Gnosticism)라는 이단이 기독교 안에도 일어났었습니다. 영지주의의 어원인 고대 그리스어의 "그노이스"(gnois)는 영어의 "지식"(knowledge)이라는 단어의 어원(語源)인데, 이 말은 특별히 "영적, 철학적 지식"을 뜻합니다. 영지주의 사상은 플라톤의 철학에 기반을 둔 것인데, 플라톤은 이데아(Idea)라고 하는 천상의 실체가 나타난 것이 눈에 보이는 현실의 세계라는 이분법적인 우주관과 세계관을 주장했습니다. 플라톤은 이데아의 세계와 현실의 세계가 존재하는데, **이데아의 세계**는 영원하고 완전하지만 **현실의 세계**는 더럽고 소멸하며 불완전하다고 정의했습니다. 그리고 플라톤은 현실의 세계란 천상의 세계, 즉 이데아의 세계가 투영된 그림자에 불과하다고 주장했습니다. 플라톤의 "동굴의 비유"가 이러한 이원론적 세계관을 나타내고 있는데, 이런 "영지주의"의 사조는 고대의 서구 문화와 그들의 정신세계에 큰 영향을 미쳤습니다.

따라서 영지주의자들의 신관(神觀)도 이원론적이며, 그들은 두 신(神)이 존재한다고 주장합니다. 그들은 프네우마(Pneuma)라는 신(神)은 선하고 완전한 신이고, 데미우르고스(Demiurgos)라는 신(神)은 불완전하고 열등한 신이라고 주장합니다. 불완전한 신인 데미우르고스가 완전한 신 퓨네오마의 능력을 일부 가져다가 보이는 세계를 만들었다고 영지주의자들은 주장합니다. 그래서 현존하는 세계에 속한 인간도 불완전할 수밖에 없으며, 불완전한 인간이 완전성에 이르는 구원을 받으려면 퓨네오마에게 있는 **참 지식을 깨달아야 한다**고 주장합니다. 이렇게 영지주의자들은 사람이 "퓨네오마의 지식," 즉 참된 지식을 얻으면 구원을 받는다고 주장합니다.

그런 철학적 사조(思潮)가 기독교 안에도 들어와서 기독교 영지주의가 되었습니다. 따라서 기독교 영지주의는 영(spirit)과 육(flesh)을 철저하게 분리해서 육은 하등하며 소멸될 것이고 영은 고등하며 거룩하고 영원한 것으로 정의했습니다. 그리고 사람이 영적인 깨달음을 얻으면 구원을 받는다고 주장했습니다. 그래서 기독교 영지주의자들은, **"영생은 곧 유일하신 참 하나님과 그의 보내신 자 예수 그리스도를 아는 것이니이다"**(요 17:3)라는 말씀을 들어서, 예수님을 영지주의자로 주장하고, 세례 요한이나 사도 요한과 사도 바울 같은 분들도 다 자기들의 선배 영지주의자로 여겼습니다.

그러나 우리의 구원은 머리로 어떤 지식을 깨닫는다고 얻는 것이 아니라, 예수 그리스도 안에 있는 진리의 복음을 온전히 믿을 때에 얻는 것입니다. 하나님께서는 당신의 외아들 예수 그리스도를 이 땅에 육신으로 보내셔서 우리를 모든 죄에서 어떻게 구원하셨는지를 성경에 세미하게 기록해 주셨습니다. 우리는 그 구원의 복음을 깨달아 알고 믿을 때에 마음에 죄 사함을 받아서 구원을 얻습니다. 그러므로 영적 지식을 얻음으로 구원을 받는다고 주장하는 영지주의의 교훈은 잘못입니다.

영지주의의 교훈이 초대 교회에 독버섯처럼 퍼졌습니다. 기독교 영지주의자들은 하나님이신 예수님께서 육신을 입고 오셔서 우리의 모든 죄를 없애 주신 진리의 복음을 믿지 않았습니다. 그들은 예수님이 참되고 선한 프네오마(Pneoma)의 신(神)이라면, 더럽고 열등하고 잠시 있다 사라질 육체를 입고 오실 필요가 없다고 믿었습니다. 그래서 그들은 "예수님은 실제로 육신을 입고 오신 것이 아니다. 예수님이 육신을 입고 온 것처럼 보였지만, 사실 영(靈)이 잠시 눈에 보였을 뿐이다"라고 주장합니다. 이러한 주장을 **"가현설"**(假現說)이라고 합니다. **"가현설"**(假現說)이란, 예수님이 실제로 육체를 입고 오신 것이 아니라, 헛것이 보인 것처럼 잠시 가상적으로 보이게 오셨다는 영지주의자들의 주장입니다. 요즘 과학기술이 발달해서 "홀로그래피"(holography)로 입체적인 영상을 공간에 실현할 수 있는데, "홀로그래피"(holography)의 영상은 눈에는 보이지만 사실은 신기루와 같은 허상(虛像)입니다. 영지주의자들이 주장한 "가현설"(假現說)은 예수님을 허상(虛像)으로 여겼습니다.

초대교회의 기독교 영지주의자들은, 눈에 보이는 현실의 세계는 "더럽고 열등하며 불완전하다"라는 논리로 예수 그리스도의 인성(人性)을 정면으로 부인했습니다. 그들은 "예수님이 하나님이라면 완전한 분이신데 무엇 하러 더럽고 불완전한 육체를 입고 이 땅에 오셨겠느냐?"라는 생각에 사로잡혀 있었습니다. 이러한 영적인 배경을 보면, 사도 요한이, **"예수님은 육체를 입고 오신 하나님"**이라고 반복적으로 강조한 이유를 우리는 알 수 있습니다. 사도 요한은, **"미혹하는 자가 세상에 많이 나왔나니 이는 예수 그리스도께서 육체로 오심을 부인하는 자라 이런 자가 미혹하는 자요 적그리스도니"**(요이 1:7)라고 선포함으로써 영지주의자들을 이단이라고 분명히 못 박았습니다. 기독교 교부(敎父) 중의 한 명으로 불리는 이레니우스는 "모든 이단은 이 기독교 영지주의에 뿌리를 두고 있다"고 주장함으로써 기독교 영지주의가 사단 마귀에게로부터 나온 이단이라고 판결했습니다.

예수님은 실제로 육체를 입고 오신 하나님입니다

오늘 우리가 읽은 요한일서 1장 1절부터 4절까지의 말씀도

"영지주의 이단의 도전"을 전제하면 쉽게 이해가 될 것입니다. 사도 요한은, **"태초부터 있는 생명의 말씀에 관하여는 우리가 들은 바요 눈으로 본 바요 주목하고 우리 손으로 만진 바라"**(요일 1:1)고 선언함으로써, 예수님은 실제로 육체를 입고 우리에게 오신 하나님이라고 분명히 밝혔습니다. **"태초부터 계셨던 생명의 말씀"**은 하나님입니다. 사도 요한을 비롯한 사도들은 육신을 입고 오신 하나님을 눈으로 보았고, 손으로 만져 보았고, 그분이 주시는 떡을 먹고 포도주도 함께 마셨으며, 그분 곁에 누워 살을 맞대고 잠도 잤다고 증거하면서, 예수님은 참 하나님이시고 참 사람이심을 선포한 것입니다. **"이 생명이 나타내신 바 된지라 이 영원한 생명을 우리가 보았고 증거하여 너희에게 전하노니 이는 아버지와 함께 계시다가 우리에게 나타내신바 된 자니라"**(요일 1:2)―예수님은 하나님 아버지와 함께 계시던 성자(聖子) 하나님이신데, 우리를 모든 죄에서 구원하기 위해서 우리와 똑같은 사람의 육신을 입고 분명히 우리에게 오셨다고 사도 요한은 요한일서의 첫머리에서 명확히 밝혔습니다.

요즘에 제가 아침 산책길에서 "이동식 책 전시대"를 펴고 전도하는 "여호와의 증인들"을 만나서 교제를 하곤 합니다. 여호와의 증인들은 예수님을 하나님이라고 믿지 않습니다. 그분들은 "예수님이 하나님의 아들인 것은 맞지만, 하나님은 아니다"라고 강변(強辯)합니다. 사람이 자식을 낳으면 그 자식이 사람입니까, 개입니까? 사람은 사람을 낳고, 개는 개를 낳습니다. 하나님 아버지께서 아들을 낳으셨으면 그 아들은 하나님입니다. 시편에 **"내가 영을 전하노라 여호와께서 내게 이르시되 너는 내 아들이라 오늘날 내가 너를 낳았도다"**(시 2:7)라고 기록되어 있습니다. 하나님 아버지께서 영원한 영적 세계에서 외아들이신 예수님을 낳았습니다. 그 일은 영원의 세계에서 일어났기에 우리가 추측도, 상상도 할 수 없는 일입니다. 다만 분명한 것은 하나님 아버지께서 성자(聖子) 하나님을 아들로 낳으신 것입니다.

그래서 하나님 아버지와 예수님은 동일하신 참 하나님입니다. 예수님은 하나님이기에, 그분에게는 어둠(죄)이 조금도 없습니다. **"그 안에는 신성의 모든 충만이 육체로 거하시고"**(골 2:9)—육체로 오신 예수님 안에는 하나님 아버지의 모든 신성(神性)이 충만했습니다. 그러므로 예수님은 능력이나 신성에 있어서 조금도 하나님 아버지와 다를 것이 없는 참 하나님이라는 말씀입니다. "예수님은 육신을 입고 오신 하나님이다"— 이것이 우리의 믿음입니다.

그런데 "여호와의 증인들"은 "예수님은 하나님의 아들이지 하나님은 아니다"라고 끝까지 주장합니다. 그래서 제가 "그러면 요한일서의 5장 끝부분에 말씀하신, **'그는 참 하나님이시요 영생이시라'**는 말씀은 무슨 말씀입니까?"라고 그들 중에 인도자인 듯한 분에게 물었더니 그분은 횡설수설하더니, "이제는 출근해야 한다"고 서둘러 서적 전시대를 접었습니다. 예수님은 하나님입니다. 이 사실은 성경에 무수히 기록되어 있습니다.

예수님께서 육체로 오셔야 했던 이유

예수님은 **참 하나님**인데, 처녀 마리아의 태중에 성령으로 잉태되어서 육신을 입고 **참 사람**으로 오셨습니다. 그래서 누가복음에서는 예수님께서 자신을 **"인자"**(人子)라고 지칭하셨습니다. 그러면 하나님이신 예수님께서 왜 육체를 입고 사람으로 오셔야 했습니까? 그것은 예수님이 당신의 몸을 우리 모든 인류를 죄에서 온전히 구원하기 위한 **"대속(代贖)의 어린양"**으로 드리기 위해서였습니다. 속죄제사를 드려서 죄 사함을 받으려면 반드시 **"흠 없는 제물"**이 있어야 합니다. 그리고 그 제물에 안수(按手)함으로써 사람의 죄를 그 제물에게 전가(轉嫁, 옮겨 심음)해야 합니다. 마지막으로, 안수를 받아서 죄를 넘겨받은 제물이 피 흘려 죽음으로써 죄의 값을 지불해야 합니다. 대속의 제사를 드려서 죄 사함을 받게 하신 것이 하나님께서 정하신 공의(公義)한 구원의 법입니다.

"이 뜻을 좇아 예수 그리스도의 몸을 단번에 드리심으로 말미암아 우리가 거룩함을 얻었노라"(히 10:10)고 기록된 대로, 육체를 입고 오신 하나님인 예수님은 당신의 몸을 제물로 드려서 우리의 모든 **"죄를 위하여 한 영원한 제사"**(히 10:12)를 드려 주셨습니다. 예수님은 하나님이기에, 죄가 전혀 없는 **"흠 없는 제물"**입니다. 그런데 여기에서 중요한 사실은, 예수님이 합당한 제물로 드려지기 위해서는 반드시 인류의 죄를 담당하는 **"안수"**를 받아야 했습니다. 그래서 예수님은 대제사장 **아론의 후손**(눅 1:5)이며 **인류의 대표자**(마 11:11)인 세례 요한에게 안수의 형식으로 세례를 받았습니다. 요한의 세례를 통해서 세상 죄를 실제로 넘겨받기 위해서 예수님은 육체를 입고 오신 것입니다. "예수님은 육체로 임하셨다"라는 말씀에는 안수의 형식으로 베풀어진 세례의 비밀이 함축되어 있습니다. 그래서 예수님께서 세례를 받으신 이튿날에 세례 요한은, **"보라 세상 죄를 지고 가는**

하나님의 어린 양이로다"(요 1:29) 하고 선포한 것입니다. 안수로 죄를 넘겨받지 않은 **"어린양"**을 잡아서 드리는 제사는 불법제사(不法祭祀)입니다.

요한일서 5장에서는 육체를 입고 오신 예수님의 구원사역에 대하여, **"이는 물과 피로 임하신 자니 곧 예수 그리스도시라"**(요일 5:6)고 구체적으로 기록하고 있습니다. 예수님은 세례로 인류의 죄를 담당하시고 십자가의 피로 그 모든 죄를 속량하셨습니다. 그런데 거의 대부분의 기독교인들은 **"물과 피로 임하신 예수님"**을 온전히 믿지 않고, **"피로만 임하신 예수님"**을 믿습니다. 그런 믿음은 예수께서 육체로 임하신 것을 부인하는 믿음이며, 영지주의자들의 이단적 교훈을 좇는 것과 다를 바가 없습니다. 그러면 왜 수많은 기독교인들은 예수님을 믿는다고 하면서도, 하나님 아버지께서 당신의 외아들을 육체로 보내셔서 "물(세례)과 피(십자가)"로 인류를 모든 죄에서 온전하게 구원하신 진리를 좇지 않는 것일까요?

그것은 그들이 빛보다 어두움을 더 좋아하기 때문입니다. 진리를 좇는 자는 하나님의 말씀을 어린아이같이 순수하게 믿고 따라가는 반면에, 세상을 사랑하는 자들은 하나님의 말씀보다는 사단 마귀의 거짓말에 더 솔깃해합니다. 그러나 우리 주님은 우리에게 **"내일 일을 너희가 알지 못하는도다 너희 생명이 무엇이뇨 너희는 잠깐 보이다가 없어지는 안개니라"**(약 4:14)고 말씀하십니다. 이 땅에서 우리에게 육체로 주어진 삶은 잠깐이고 누구나 곧 죽음을 맞습니다. 그리고 우리가 죽은 후에는 영원한 세계가 우리를 기다리고 있습니다. 의인들은 영생의 부활로,

죄인들은 지옥의 영벌을 받기 위한 부활로 주님 앞에 서게 됩니다. 그러므로 우리는 살아 있는 동안에 진리의 빛을 만나서 죄 사함을 받고 영원한 생명을 얻어야 합니다. 그것이 하나님께서 우리를 이 땅에 태어나게 하신 목적입니다.

그런데 사단 마귀는, "아니다 너희들에게는 이 땅에서 잘 먹고 잘 살고 쾌락을 누리는 것이 최고이며 전부다"라고 속삭입니다. 사단 마귀는 처음부터 거짓말하는 자입니다. 우리가 이 땅에서 잘 먹고 잘 살고 쾌락을 누리는 것이 최고일 수가 없죠! 왜냐하면 이 땅에서의 삶은 잠시 지나가고, **"한 번 죽는 것은 사람에게 정하신 것이요 그 후에는 심판"**(히 9:27)이 있기 때문입니다. 그리고 마음에 죄가 있는 상태로 죽으면 하나님의 심판을 받고 반드시 영원한 지옥 불에 떨어집니다.

"여호와의 증인들"은 지옥도 없다고 주장합니다. 그들은 "하나님은 사랑의 하나님이신데, 만일 하나님이 지옥을 만들어 놓고 자기를 믿지 않는다는 이유 하나로 우리를 지옥에 보내는 잔인한 하나님이라면 나는 그런 하나님은 믿지 않겠다"고 강변합니다. 그래서 저는 "그건 당신 생각이고, 하나님은 사랑과 공의하신 하나님이다. 하나님은 진실로 선하셔서 자신을 제물로 드리기까지 모든 죄인들을 죄에서 구원해 주셨지만 끝까지 당신의 사랑을 거부하는 자는 공의하게 심판하시는 하나님이시다"라고 얘기를 해 주었습니다. "만약에 어떤 나라에 아주 공의한 임금님이 계시는데, 어떤 악한 자가 다른 사람들을 잡아다가 노예로 삼고 여자들에게는 성폭행을 일삼고 말을 듣지 않으면 죽이기도 하다가 죄가 발각되어서 붙잡혀 왔다고 칩시다. 그런 놈을 아무 죄도 묻지 않고 눈감아준다면 그 왕이 공의하고 선한 왕이겠느냐? 공의하고 선한 왕이라면 악한 자는 반드시 심판해서 감옥에 처넣어야 하지 않겠느냐?"라고 저는 여호와의 증인들에게 설명해 주었습니다.

그래도 그들은, "자식이 잘못했다고 자기 자식의 손을 난로에 지져서 불구로 만드는 부모가 없듯이 나는 하나님이 지옥을 만들어 놓고 죄 지은 자를 지옥에 보내는 잔인한 하나님이라면 그런 하나님은 믿지 않겠다"라며 지옥의 실재(實在)를 극구 부인했습니다. 그들은 선하신 사랑의 하나님은 결코 지옥을 만들지 않았다고 주장합니다. 그들은 자기 육신의 생각대로 하나님을 믿습니다.

그러나 하나님은 선하실 뿐만 아니라 공의하신 하나님입니다. 한 번 죽는 것은 사람에게 정하신 일입니다. 우리는 아침 안개같이 잠시 동안 살다 죽습니다. 들의 잡초와 같이 아침에 피었다가 저녁에는 베어져서 아궁이에 던져지는 것이 우리 인생입니다. 지혜로운 사람은 하루하루를 살아가면서 우리의 삶은 아무것도 아니라는 사실을 늘 기억합니다. 우리는 머지않아 다 죽습니다. 그러면 우리가 죽으면 끝인가? 끝이 아닙니다. 우리가 죽은 후에는 영원한 세계가 있다고 주님께서는 말씀하십니다. 그리고 그 영원한 세계에는 천국과 지옥이 있습니다. 하나님은 우리에게 하나님의 자녀로 거듭나서 영생을 누리면서 복락을 누리도록 천국을 준비해 두셨습니다. 사랑의 하나님은 누구든지 이 땅에서 사는 동안에 진리의 복음을 마음으로 믿어서 죄 사함을 받으면 하나님의 나라에 넉넉하게 들어갈 수 있도록 모든 것을 완성해 놓았습니다. 하나님께서는 우리의 구원을 하나님 편에서는 완성해 놓으시고, 구원을 바라며 하나님 앞에 나오는 자에게는 누구든지 차별 없이 천국 영생을 얻도록 은혜를 베푸시는 선하신 하나님입니다. 이것이

"나라이 임하옵시며 뜻이 하늘에서 이룬 것같이 땅에서도 이루어지이다"(마 6:10)라고 기도하라신 주님의 뜻입니다.

영생을 사모하는 마음

많은 이들이 하나님의 말씀보다는 사단 마귀의 말을 더 좋아합니다. 하나님의 말씀을 믿지 않는 자는 세상을 사랑하기 때문입니다. "천국이 어데 있냐? 그냥 이 땅에서 잘 먹고 잘 사는 것이 최고야!"—자신의 장자권(長子權)을 한 그릇의 팥죽과 맞바꾼 에서와 같은 사람들을 사단 마귀는 이렇게 미혹합니다. 사단 마귀는 우리가 이 땅만 바라보고 이 땅에서 자기 욕망만을 좇아 살도록 유혹합니다. 사단 마귀를 따라가면 절대로 죄 사함을 받지 못합니다. 진리의 복음을 지식으로는 알아도, 이 세상이 전부라고 믿는 사람은 죄 사함을 받는 믿음에는 이르지 못합니다.

죄 사함은 하나님께서 주시는 축복이며 선물입니다. 우리 마음속 깊은 곳까지 감찰하시는 하나님이, 우리의 관절과 골수를 찔러 쪼개기까지 우리의 숨은 생각을 들여다보시는 하나님이, "네가 진실로 나의 구원을 믿는구나! 네 믿음이 옳도다! 소자야, 네 죄 사함을 받았느니라"하고 인정하실 때에 성령으로 말미암아 우리의 구원이 이루어집니다. 우리가 영지주의자들이 주장하는 것처럼 어떤 영적 지식을 얻는다고 구원을 받는 것이 아닙니다. 우리는 진리의 복음을 온전히 믿어야 구원을 받습니다.

사람들이 왜 죄 사함을 받지 못해서 빛의 자녀가 되지 못합니까? "누구든지 세상을 사랑하면 아버지의 사랑이 그 속에 있지 아니하니"(요일 2:15)라고 말씀하십니다. 사람들이 거듭나서 하나님의 자녀가 되지 못하는 이유는 세상을 사랑하기 때문입니다. 빛의 자녀와 어둠의 자녀가 여기에서 갈라집니다. 그리고 하나님은 아직 거듭나지 못한 자들에게 "제발 너희들도 돌이켜서 진리의 복음 안으로 들어오라"고 간곡하게 말씀하십니다.

"**태초부터 있는 생명의 말씀**"인 예수님은 하나님입니다. 성자(聖子) 하나님께서 우리를 모든 죄에서 구원하시려고 육신을 입고 이 땅에 오셔서 "**물과 피**"(요일 5:6)로 우리를 모든 죄에서 구원하셨습니다. 그리고 주님은 이 진리의 복음을 모든 이들에게 들려주시며 권면하십니다. "나는 너희들도 진정으로 돌이켜서 진리의 복음을 믿음으로 죄 사함을 받고 빛의 자녀가 되어서 다른 의인들과 빛 가운데서 교제하기를 바란다. 그래서 너희도 충만한 기쁨을 누리기를 바란다"—이것이 하나님께서 요한일서를 우리 모두에게 써 주신 목적입니다.

말씀을 마쳤습니다. 할렐루야!

거듭나지 못한 세 부류의 기독교인들

"우리가 저에게서 듣고 너희에게 전하는 소식이 이것이니 곧 하나님은 빛이시라 그에게는 어두움이 조금도 없으시니라

만일 우리가 하나님과 사귐이 있다 하고 어두운 가운데 행하면 거짓말을 하고 진리를 행치 아니함이거니와

저가 빛 가운데 계신 것같이 우리도 빛 가운데 행하면 우리가 서로 사귐이 있고 그 아들 예수의 피가 우리를 모든 죄에서 깨끗하게 하실 것이요

만일 우리가 죄 없다 하면 스스로 속이고 또 진리가 우리 속에 있지 아니할 것이요

만일 우리가 우리 죄를 자백하면 저는 미쁘시고 의로우사 우리 죄를 사하시며 모든 불의에서 우리를 깨끗게 하실 것이요

만일 우리가 범죄하지 아니하였다 하면 하나님을 거짓말 하는 자로 만드는 것이니 또한 그의 말씀이 우리 속에 있지 아니하니라"(요일 1:5-10).

성경에는 영적 소경들, 즉 거듭나지 못한 기독교인들이 이해하기 힘든 난해 구절들이 많습니다. 위의 본문 말씀도 대부분의 기독교인들에게 난해(難解) 구절입니다. 설교자들조차도 이런 난해 구절들의 의미를 잘 모르기 때문에 설교의 본문으로 택하기를 꺼려합니다. 혹 주석자들이 그런 난해 구절들을 다룬다고 해도 하나님의 뜻과는 전혀 다르게, 엉뚱한 해석을 하는 경우가 많습니다. 그래서 기독교인들이 답답해서 목사님들에게 소위 난해

구절들에 대해서 질문하면, "하나님의 말씀은 어린아이같이 순수한 마음으로 믿으면 됩니다. 성경 말씀을 자꾸 후벼 파면 이단에 빠집니다" 하고 더 이상 질문을 못하게 합니다. 이는 그들이 아직 거듭나지 못해서 그런 것입니다.

그러나 거듭난 하나님의 종들은 오늘의 본문 말씀이 무슨 뜻인지 잘 알기에 그런 질문을 받으면 질문자에게 정확하게 가르쳐 줍니다. 요한일서 1장 5-10절의 말씀은 **"마음에 죄가 있는 죄인이 빛이신 하나님, 그리고 빛의 자녀인 의인들과 사귀려면 먼저 죄 사함을 받아야 한다"**라는 메시지입니다. 마음에 죄가 있는 사람은 죄인입니다. 죄인은 자기 마음의 모든 죄가 흰 눈같이 씻겨지는 죄 사함을 받아야 거듭나서 의인, 즉 하나님의 자녀가 됩니다. **"진실로 네게 이르노니 네가 호리라도 남김이 없이 다 갚기 전에는 결단코 거기서 나오지 못하리라"**(마 5:26)고 주님께서 말씀하셨습니다. **"죄의 삯은 사망"**(롬 6:23)입니다. 누구든지 마음에 죄가 조금이라도 있으면 결단코 지옥의 영벌(永罰)을 면할 길이 없습니다. 당신의 마음에 죄가 눈곱만큼만 있어도 **"둘째 사망 곧 불 못"**(계 20:14)의 판결을 받게 됩니다.

"내 마음에 죄가 있는데 과연 내가 천국에 갈 수 있을까?"—사람들은 이런 근본적인 질문을 하지 않은 채로 "덮어놓고" 예수님을 믿습니다. 어제 제가 아침에 산책을 하다가 여호와의 증인들을 또 만났습니다. 이동식 서적 전시대를 펴고 전도하고 있던 그분들은 아마 저를 만나는 것이 지겨울 것입니다. 대부분의 사람들은 그들을 피해서 지나가는데, 저는 그분들을 보면 반갑게 다가가서 악수도 하고 그분들과 진지하게 얘기를 나눕니다. 어제는 그들 중에서 인도자격인 사람이 별로 시간이 없다고 해서,

저는 단도직입적으로 물었습니다. "'예수님은 사람이 거듭나지 아니하면 하나님 나라를 볼 수 없다'고 말씀하셨는데, 거듭난다는 것이 무엇이며 사람이 어떻게 거듭날 수 있습니까?"라고 물었더니, 그분은 참 희한한 대답을 했습니다. 그들은 "아무나 거듭나는 것은 아니고, 특별히 선택을 받은 십사 사천 명만 거듭나서 하늘로 가고 나머지 여호와의 증인들은 땅을 차지한다"는 것이었습니다. 그러니까 "일반적인 신자들은 거듭나지 못하지만 이 땅에 낙원이 이뤄지면 그 땅을 차지한다"고 그들은 믿는 것 같습니다.

헤어지기 전에 제가 한 번 더 물었습니다. "선생님 마음에 죄가 있습니까?" 그랬더니 그분은, "아, 물론 죄가 있죠. 사람이 불완전하고 연약한데 어떻게 죄를 안 짓고, 죄가 없겠냐"고 즉답을 했습니다. "그러면 죄가 있는 사람을 하나님께서 천국에 들어가도록 받아 주시겠습니까?" 하고 반문하자, 그분의 대답은 "천국과 지옥이 어데 있냐"는 것입니다. 주님이 재림하시면 이 땅에 지상 낙원이 펼쳐지고 여호와의 증인들은 범죄하기 전의 아담처럼 회복되어서 그 낙원(왕국)에서 영생한다"고 그들은 주장합니다. 그래서 제가 마음에 죄가 있으면 지옥에 간다고 분명히 전했습니다. 그러나 그 사람들은 지옥이 있다고도 믿지 않습니다. "하나님은 사랑의 하나님인데 어떻게 그렇게 영원토록 형벌을 받는 지옥을 만드셨겠냐"라고 하며, "그런 하나님 같으면 나는 안 믿겠다"는 것입니다. 자기들이 만든 성경이 따로 있어서, 그들의 "신세계역" 성경에는 지옥에 해당하는 부분을 "스올," "하데스," "게헨나" 등으로 대치하고 결국 영벌의 지옥은 없다고 주장합니다. 그러니 여호와의 증인들은 마음에 죄가 있어도 두려울 것이 없습니다.

그러나 예수님께서, "저희(죄인들)는 영벌에, 의인들은 영생에 들어가리라"(마 25:46)고 말씀하신 대로, 영생(永生)의 천국과 영벌(永罰)의 지옥은 분명히 있습니다. 그리고 마음에 죄가 있는 죄인은 분명히 지옥에 갑니다. 하나님도 분명히 살아 계십니다. 이것은 분명한 진리입니다. 하나님은 사랑의 하나님인 동시에 공의(公義)의 하나님입니다. 하나님은 당신의 외아들을 내어 주기까지 모든 인류를 죄에서 온전히 구원하심으로 천국 혼인잔치를 차려 놓으시고 모든 사람들을 그 잔치에 다 불렀는데, 그 진리의 사랑을 거부하고 오히려 대적한 자들은 하나님께서 공의하게 심판하십니다. 죄의 삯은 사망입니다. 여호와의 증인들뿐만 아니라 모든 기독교인들도 마음에 죄가 있으면 반드시 하나님의 심판을 받고 지옥 간다는 분명한 말씀 앞에 모두들 정직한 질문을 스스로에게 던져야 합니다: "과연 내 마음에는 죄가 없는가? 내가 하나님 앞에서, '예! 저는 의인입니다!' 하고 담대히 외칠 수 있나?" 하고 진지하게 자문(自問)해야 합니다.

하나님은 빛입니다

오늘 읽은 요한일서 1장 5절의 말씀에, "우리가 저에게서 듣고 너희에게 전하는 소식이 이것이니 곧 하나님은 빛이시라 저에게는 어두움이 조금도 없으시니라"고 하셨습니다. 이 빛은 "진리의 빛"을 의미합니다. 하나님은 진리의 빛입니다. 그 안에는 어두움, 즉 거짓이나 죄가 전혀 없습니다. 어둠 가운데 방황하던 우리에게 오셔서 모든 어둠을 몰아내고 환히 비춰 주는 참 빛이 있었습니다.

"참빛 곧 세상에 와서 각 사람에게 비취는 빛이 있었나니"(요 1:9), 그분이 바로 예수 그리스도입니다. 예수님께서는 **진리의 빛**으로 오셔서, 우리의 모든 죄(어두움)을 완벽하게 없애 주셨습니다. 진리는 하나님께서 우리 인류를 구원하신 복음입니다. **"주의 말씀의 강령은 진리오니 주의 의로운 모든 규례가 영원하리이다"**(시 119:160)라고 말씀하신 바, 하나님의 모든 말씀이 진리이지만, 좁은 의미의 진리는 하나님의 구원의 복음입니다. 하나님이 **물과 성령의 복음**, 곧 당신의 진리의 복음으로 우리를 구원했습니다.

"하나님이 가라사대 빛이 있으라 하시매 빛이 있었고"(창 1:3)라는 말씀이나, **"참빛 곧 세상에 와서 각 사람에게 비취는 빛이 있었나니"**(요 1:9) 하신 말씀에서 빛은 분명히 진리이신 예수 그리스도를 지칭합니다. 빛의 반대어는 어두움입니다. "빛 가운데 행한다"는 말씀은 진리를 믿고 좇는다는 뜻입니다. **"만일 우리가 하나님과 사귐이 있다 하고 어두운 가운데 행하면 거짓말을 하고 진리를 행치 아니함이거니와"**(요일 1:6)라고 말씀하셨는데, 그러므로 **"어두운 가운데 행하는 것"**은 예수님께서 이 땅에 오셔서 완성해 주신 진리의 복음을 믿지 않고 **"다른 복음"**(갈 1:6-8)을 좇는 것을 말합니다.

빈센트 반 고흐의 "별이 빛나는 밤"이라는 걸작이 있습니다. 그 작품은 지금 뉴욕 현대미술관에 소장되어 있는데, 파리의 어느 화랑에서 같은 그림을 전시했다고 칩시다. 그러면 두 작품 중의 하나는 위작(位爵)입니다. "별이 빛나는 밤"의 진품(眞品)이 하나이듯이, 진리의 복음도 두 개일 수 없습니다. 진리의 복음은 **"물과 성령의 복음"** 하나뿐이고 **"다른 복음"**은 없습니다. 물과 성령으로 사람을 거듭나게 하는 복음 외에 모든 **"다른 복음"**은 사람들의 죄를 결코 흰 눈같이 씻어 줄 수 없습니다. 주님께서 처음부터 우리에게 주신 **원형복음**(the Original Gospel)은 **"물과 피와 성령으로 임하셔서 인류의 모든 죄를 완벽하게 없애 주신 주님의 복음"**(요일 5:4-8)입니다. **"증거하는 이가 셋이니 성령과 물과 피라 또한 이 셋이 합하여 하나이니라"**(요일 5:8)고 말씀하셨는데, 예수 그리스도께서 물과 피와 성령으로 임하셔서 인류의 모든 죄를 단번에 영원토록 없애 주셨다는 복음이 유일한 진리의 복음입니다. 이 진리의 복음을 구성하는 **"물과 피와 성령"**에서 어느 하나의 증거라도 빼버린 복음은 진리가 아닌 **"다른 복음"**입니다. **"다른 복음"**은 어두움이며 진리가 아닙니다. 사람이 어두움(비진리) 가운데 행하면 그는 반드시 마음에 죄가 있습니다. 당신이 만일 십자가의 피만의 복음을 믿는다면, 그것은 비진리의 복음이기 때문에 분명 당신의 마음에는 죄가 있습니다.

그러나 **원형(原形)의 복음**인 진리의 빛 가운데 거하는 자는 죄가 없습니다. 진리의 빛이 그의 모든 죄를 영원토록 깨끗하게 씻어 주었기 때문입니다. 그래서 진리의 빛 가운데 행하는 자와 어두움 가운데 행하는 자가 이렇게 분명히 나뉘게 됩니다. 진리의 복음인 물과 성령의 복음을 온전히 믿어서 죄 사함 받은 자는 진리의 빛 가운데 행하기 때문에 결코 마음에 죄가 없습니다. 그러나 안타깝게도 물과 성령의 복음이 아닌 다른 복음들을 믿는 자들이 참으로 많습니다. 제가 요즈음 자주 만나는 여호와의 증인들은 말할 것도 없고, 대부분의 기독교인들이 진리의 복음을 알지도 못합니다. 그래서 그들의 마음에는 어두움이 가득합니다. **"땅이 혼돈하고 공허하며 흑암이 깊음 위에 있고 하나님의 신은 수면에 운행하시니라"(창 1:2)고 하신 말씀은 거듭나지 못한 사람들의 마음을 지적하신 말씀입니다. 그들의 마음은 흑암(죄)으로 덮여 있으면서도, 종교적 열심은 누구 못지않게 대단합니다. 열심과 성심의 측면에서 보면 저는 그런 종교인들의 발바닥에도 미치지 못할 것입니다. 여호와의 증인들도 지나가는 사람들에게 차도 대접하고 귤도 나눠 주면서 자기들이 믿는 바를 선전합니다. 그런데 하나님의 진리의 복음을 전해 주려고 하면 그분들의 마음이 너무나 강퍅합니다.

여호와의 증인들도 자기들 나름대로의 복음이 있습니다. 그렇지만 그런 복음들은 다 거짓(비진리) 복음이며 **"다른 복음"**에 불과합니다. 하나님과 사귐이 있다고 하면서 비진리의 복음 가운데 행하는 자들은 거짓말하는 자들입니다. 마음에 죄(어두움)가 있는 사람은 절대로 하나님과 사귈 수 없습니다. 하나님은 빛이기 때문에 하나님과 사귀려면 자신도 빛이어야 합니다. **"빛과 어두움이 어찌 사귀며"**(고후 6:14)라고 말씀하셨듯이, 빛과 어두움은 절대로 영적으로 사귈 수 없습니다. 참 빛이 어두움을 몰아내 주셔서 그 어두움의 사람이 빛으로 거듭나기 전에는 빛과 어두움은 결코 사귈 수 없습니다. 그래서 주님은 **"만일 우리가 하나님과 사귐이 있다 하고 어두운 가운데 행하면 거짓말을 하고 진리를 행치 아니함이거니와"**(요일 1:6)라고 말씀하신 것입니다. 어두움은 비진리입니다. 비진리 가운데 행하는 사람은 마음에 반드시 죄가 있습니다. 그리고 죄가 있는 사람(죄인)은 하나님과 사귈 수 없습니다.

거듭나지 못한 자들을 부르시는 하나님

하나님께서는 진리(빛)의 복음을 알지 못해서 아직 마음에 죄 사함을 받지 못한 이들을 부르십니다. 주님은 "만일"이라는 가정법으로 "너희가 이런 경우에 속하지 않느냐?"라고 온유하게 말씀하심으로 각자가 스스로를 점검하게 하십니다.

거듭나지 못한 죄인들에게도 **세 부류**가 있습니다. 오늘 본문 말씀 중에서 "만일 우리가" 하며 시작되는 말씀 중에서 요한일서 1장 6절, 8절 그리고 10절 말씀은 거듭나지 못한 자들을 구체적으로 지적하는 말씀입니다. 이 구절들에 해당되는 사람은 요한일서 1장 9절의 말씀으로 나와서 죄 사함을 받아야 합니다. 죄인들이 하나님 앞에 나와서 자기는 아직 죄 사함을 받지 못한 죄인이며 지옥에 가야 할 자라고 자백하면, 하나님께서 진리의 복음으로 만나 주셔서 그의 모든 죄를 단번에 영원토록 씻어 주심으로 거듭나게 하십니다. 하나님은 거듭나지 못해서 흑암(죄) 가운데 행하는 **세 부류의 사람들**을 지적하시면서, 그런 자들은 진리의 복음을 믿음으로 거듭나야 한다고 촉구하십니다.

"만일 우리가 하나님과 사귐이 있다 하고 어두운 가운데 행하면 거짓말을 하고 진리를 행치 아니함이거니와
저가 빛 가운데 계신 것같이 우리도 빛 가운데 행하면 우리가 서로 사귐이 있고 그 아들 예수의 피가 우리를 모든 죄에서 깨끗하게 하실 것이요
만일 우리가 죄 없다 하면 스스로 속이고 또 진리가 우리 속에 있지 아니할 것이요

만일 우리가 우리 죄를 자백하면 저는 미쁘시고 의로우사 우리 죄를 사하시며 모든 불의에서 우리를 깨끗게 하실 것이요
만일 우리가 범죄하지 아니하였다 하면 하나님을 거짓말 하는 자로 만드는 것이니 또한 그의 말씀이 우리 속에 있지 아니하니라"(요일 1:6-10).

첫 번째 부류: 예수님을 믿는다면서 죄인인 기독교인들(Christian-sinners)

요한일서 1장 6절에서 지적하신 사람들이 거듭나지 못한 첫 번째 부류에 속하는 자들입니다. 즉 그들은 하나님과 사귐이 있다고 하면서 진리의 복음이 아닌 **"다른 복음"**(갈 1:7)을 좇기 때문에 여전히 마음에 죄가 있는 자들입니다. **원형복음**(the Original Gospel)은 물과 성령의 복음입니다. 이 진리의 복음이 참 빛인데, 빛 가운데 행하지 않는 사람의 마음에는 반드시 죄(어둠)가 있습니다. 그런 사람은 입술로는 예수님을 구주로 믿는다고 하지만 사실 진리 가운데 행하는 자가 아니라 **"다른 복음"**을 좇는 자입니다. 예수님을 믿으면서도 마음에 죄가 있는 사람은 속히 죄 사함을 받고 거듭나야 합니다.
"저가 빛 가운데 계신 것같이 우리도 빛 가운데 행하면 우리가 서로 사귐이 있고 그 아들 예수의 피로 우리를 모든 죄에서 깨끗게 하실 것이요"(요일 1:7).
하나님은 진리의 빛입니다. 하나님께서는 참(진리) 빛인 물과 성령의 복음을 우리에게 비춰 주셨습니다. 그래서 자신이 어둠(죄)

가운데 살다가 멸망(지옥)에 떨어질 것을 시인하고 하나님의 빛을 받아들인 사람은 그 참 빛이 그의 마음의 모든 어두움을 단번에 몰아내 주어서 그 사람도 빛이 되고 빛 가운데 다니게 됩니다. **"너희가 전에는 어두움이더니 이제는 주 안에서 빛이라 빛의 자녀들처럼 행하라"**(엡 5:8)는 말씀이 그런 뜻입니다.

물과 성령의 복음을 받아들여서 믿음으로 죄 사함을 받고 마음에 하나님의 참 빛이 임한 자는 하나님과 사귐이 있습니다. 거듭난 의인들은 하나님의 자녀가 되었기에, 하나님 아버지 앞에 담대히 나아갈 수 있습니다. 그리고 거듭난 자들은 "고맙습니다, 하나님, 저는 지옥 갈 수밖에 없는 자인데 주님이 저를 당신의 외아들 예수 그리스도께서 완성하신 하나님의 의로 옷 입게 하셔서 죄가 전혀 없는 의인으로 만들어 주셔서 감사합니다" 하고 늘 하나님께 감사로 제사를 드립니다.

여기 6절에, **"그 아들 예수의 피로 우리를 모든 죄에서 깨끗케 하실 것이요"**라고 기록된 부분을 보고서, 아마 지금까지 예수님의 피만의 복음을 믿고 있는 이들은, "여기 십자가의 보혈만 기록하지 않았느냐? 그런데 왜 당신은 예수님의 세례를 강조하냐?" 하며 항변하고 싶을 것입니다. 여기 **"그 아들 예수의 피가"**라고 말씀하셨지만, 우리를 모든 죄에서 구원하신 예수님의 사역은 피로만 완성된 것이 아닙니다. 예수님께서 인류(세상)의 어린양으로 오셔서 인류의 대표자 세례 요한에게 안수의 형식으로 세례를 받으심으로 **"모든 의를 이루"**(마 3:15)셨습니다. 이 세례로 주님은 **"세상 죄를 지고 가는 하나님의 어린양"**(요 1:29)이 되셨습니다. 이 세상의 모든 죄를 단번에 담당한 주님의 세례가 복음의 시작이고 **"다 이루었다"**(요 19:30) 하시며 숨을 거두신 십자가의 피는 우리를 모든 죄에서 건지신 구원사역의 완성입니다.

요한일서의 5장에는, **"예수께서 하나님의 아들이심을 믿는 자가 아니면 세상을 이기는 자가 누구뇨 이는 물과 피로 임하신 자니 곧 예수 그리스도시라 물로만 아니요 물과 피로 임하셨고"**(요일 5:5-6)라고 말씀하심으로, 오히려 "피"보다 "물"을 더 강조하신 것을 알 수 있습니다. 희생제물의 머리에 안수(按手)를 하면 인간의 죄가 희생제물에게로 넘어갑니다. 육신을 입고 이 땅에 임하신 하나님의 아들 예수님은 인류의 대표자인 세례 요한에게 안수의 형식으로 세례를 받아서 우리 죄를 다 담당하시고 십자가에서 "다 이루었다"(요 19:30) 외치고 돌아가시기까지 우리의 모든 죄를 온전히 갚아 주셨습니다.

물론 "그 아들 예수의 피"가 구원사역의 종지부(終止符)인 것은 사실입니다. 그러나 좀 더 구체적으로 말하자면, 하나님의 구원사역은 "피"만으로 완성된 것이 아닙니다. 하나님의 구원사역은 하나님이신 예수님이 이 땅에 육신을 입고 오셔서 당신의 육체를 제물로 삼아 한 영원한 제사를 드리시고 다시 하나님의 보좌 우편으로 승천하시기까지 행하신 모든 일로 완성된 것입니다. 그 안에는 예수님이 성육신(成肉身), 즉, 하나님이신 예수님이 처녀 마리아의 태중에 성령으로 잉태되어 육신을 입고 오신 것, 그래서 죄가 없는 하나님이 육신을 입고 오셨기 때문에 **"흠 없는 제물"**로 인류 전체를 위한 대속의 어린양이 되어 주신 것, 그리고 그 예수님이 인류의 대표자이고 아론의 후손인 세례 요한에게 안수의 형식으로 세례를 받아서 인류의 모든 죄를 단번에 넘겨받으신 것, 그래서 그 예수님이 세상 죄를 지고 가는 하나님의 어린양이 되어서 십자가에 오르셔서 당신의 생명으로써,

피로써 "다 이루었다"(요 19:30)고 외치시고 돌아가시기까지 우리 죄를 깨끗이 갚아 주신 것, 그리고 우리 죄를 대신해서 사망에 이르셨다가 우리 죄를 온전히 없애 주셨기 때문에 하나님 아버지께서 예수님을 다시 살리셔서 부활시키신 것, 그리고 부활하신 예수님이 사십 일간 제자들에게 당신의 부활을 증거하고 승천하신 것—이 모두가 예수님의 구원사역의 구체적이고 필수적인 내용입니다.

그러므로 **"그 아들 예수의 피로 우리를 모든 죄에서 깨끗게 하실 것이요"**(요일 1:6)라고 기록되어 있다고 해서, 우리의 구원이 "오직 십자가의 피로만" 완성된 것은 아닙니다. 바느질을 할 때에 바늘에 실을 꿴 다음 실의 끝에 매듭을 지어야 합니다. 그리고 바느질을 시작합니다. 터진 부분을 다 꿰매면 이제 마지막 한 땀이 끝난 지점에 다시 매듭을 지어야 합니다. 그리고 매듭을 지은 다음 부분에서 실을 끊습니다. 그러면 꿰맨 부분이 완전히 봉합되어 온전해집니다. 만일 처음 매듭이 없이 바느질을 시작하고 마지막 매듭만 만든 후에 바느질을 마무리했다면, 터졌던 부분은 곧 다시 벌어지고 말 것입니다. 지금 기독교인들의 신앙이 이와 같습니다. 그들은 **"물과 피로 임하신 예수님"**(요일 5:6)의 구원사역 중에서 첫 매듭인 "물"(예수님의 세례)을 빼놓고 마지막 매듭인 십자가의 피만을 붙들고 있는 셈입니다. 그러니 꿰매면 다시 터지고, 다시 꿰매면 또 다시 벌어지는 것이 거듭나지 못한 종교인의 신앙생활입니다.

그러나 물과 피로 임하신 예수님의 원형(原形)복음을 믿는 자는 하나님의 능력으로 자기의 모든 죄가 깨끗이 씻어졌기 때문에, 마음에 죄가 전혀 없습니다. 다이너마이트와 같은 능력의 복음이 자신의 모든 죄를 깨끗이 날려 버렸기 때문에 마음에 죄를 아무리 찾아보려 해도 찾을 수 없습니다. 30여 년 전, 제가 속초에 살았을 때에 눈이 1m 넘게 내려서 온 세상이 눈으로 덮인 적이 있었습니다. 그때에 들판에 나가 보면 검은 구석이라고는 전혀 찾아볼 수 없었습니다. 그와 같이 자기 마음의 죄가 흰 눈같이 씻겨져서 죄가 없는 자가 의인입니다. 그리고 성경은 의인만이 천국에 들어간다고 말씀합니다.

이런 말을 하면, **"하나님과 사귐이 있다 하고 어두운 가운데 행하는 자들,"** 즉 물과 성령의 복음이 아닌 **"다른 복음"**을 믿는 자들은, **"기록한바 의인은 없나니 하나도 없으며"**(롬 3:10)라고 성경에 기록되어 있는데 당신은 어떻게 자기가 의인이라고 말할 수 있느냐?"라고 항변합니다. 그러나 성경에는 의인들이 많이 기록되어 있습니다. 아담이나 아벨이나 셋과 같은 믿음의 조상들은 다 **"가죽옷 복음"**을 입은 의인들입니다. **"노아는 의인이요 당세에 완전한 자라"**(창 6:9)고 말씀하셨고, **"아브라함도 바랄 수 없는 중에 바라고 믿었으니… 그러므로 이것을 저에게 의로 여기셨느니라"**(롬 4:18, 22)고 말씀하신 것도 아브라함은 의인이라는 뜻입니다. 잠언서나 시편에도 의인이라는 단어가 많이 나옵니다. 그들이 비록 육신적으로는 부족해서 죄를 지을지라도, 그들은 하나님이 인류를 모든 죄에서 구원하신 완전한 진리의 복음을 믿음으로 빛 가운데 거했기 때문에, 그들은 믿음으로 모든 죄의 사함을 받은 의인들이었습니다.

대부분의 기독교인들은 요한일서 1장 6절이 지적하는, "하나님과 사귐이 있다 하고 어두운 가운데 행하는 자들" 즉 "하나님을 믿는다고 하면서 진리를 행하지 않는 자들"에 해당됩니다. 그래서 소위 나름대로 신실한 기독교인들에게, "당신은 마음에 죄가 있습니까?"라고 물어보면, 대부분 죄가 있다고 대답합니다. "날마다 죄를 짓는데 어떻게 죄가 없습니까? 그러니까 회개 기도를 열심히 해야죠!"―그들은 이렇게 대답합니다. 그래서 여기 **"만일 우리가 우리 죄를 자백하면 저는 미쁘시고 의로우사 우리 죄를 사하시며 모든 불의에서 깨끗게 하실 것이요"**(요일 1:9)라고 기록된 말씀을 회개 기도 교리의 근거로 더 철석같이 붙들고 늘어집니다. "우리는 늘 죄를 짓기 때문에 마음에 죄가 있는데, 예수님의 보혈의 능력을 의지해서 회개 기도를 하면 이런 자범죄(自犯罪)는 사해진다고 여기 9절 말씀에 기록되어 있지 않느냐?"라고 그들은 주장합니다.

그러나 이 말씀은 죄를 지으면 그때그때 회개 기도를 드려서 사함을 받으라는 뜻이 아니라, "거듭나지 못해서 아직 마음에 죄가 있는 사람은 자신이 아직 거듭나지 못한 죄인임을 자백하고 죄 사함을 받아야 한다"라는 말씀입니다. 요한일서 1장 6절, 8절, 10절에 해당되는 사람은 거듭나지 못한 세 부류의 죄인들을 지칭하는데, 이런 이들은 요한일서 1장 9절의 말씀으로 나와서 믿음으로 하나님의 은혜를 입어 거듭나야 한다고 촉구하시는 말씀입니다. 이미 말씀을 드린 대로, 대부분의 기독교인들은 **"만일 우리가 하나님과 사귐이 있다 하고 어두운 가운데 행하면 거짓말을 하고 진리를 행치 아니함이거니와"**(요일 1:6)라고 지적하신 범주에 해당합니다. 이런 기독죄인들(Christian-sinners)도 진리의 복음인 물과 성령의 복음을 듣고 믿음으로 죄 사함을 받으면 빛 가운데 행하면서 하나님과 사귈 수 있습니다.

두 번째 부류: 거듭나지 못했으면서도 "죄가 없다"라는 이단들

그러면 "만일 우리가 죄 없다 하면 스스로 속이고 또 진리가 우리 속에 있지 아니할 것이요"(요일 1:8)라는 말씀은 어떤 부류의 사람들을 지칭하는 말씀입니까? 이는 진리의 복음을 믿지도 않으면서, 그래서 사실 마음에 죄가 있으면서도 입술로만 "나는 죄가 없다. 나는 의인이다"라고 말하는 자들을 지칭합니다. 그들은 **실제로는 자기의 마음에 죄가 있으면서도** "나는 예수님의 보혈을 믿음으로 내 모든 죄가 씻겨졌다는 **구원의 확신**이 있기 때문에 나는 죄가 없다"고 말하는 자들이기 때문에 "**스스로 속이는 자들**"입니다.

기독교인 중에는 진리의 원형복음인 물과 성령의 복음을 믿지 않으면서도, "나는 죄가 없다"고 하는 자들이 있습니다. 소위 "구원파"도 이 부류에 해당됩니다. 그들은 물과 성령으로 거듭난 자들이 아니며, 진리의 빛 가운데 거하는 자들이 아닙니다. 하나님께서 우리에게 주신 유일한 진리의 복음은 물과 성령의 복음인데, 그들은 이 진리의 복음을 유일한 참 복음으로 믿지 않습니다. 그러면서도 자기들은 거듭난 의인들이며 죄가 없다고 주장합니다. 그런 부류의 종교인들은 실제로는 마음에 죄가 있지만, 자기 확신으로 "죄가 없다"고 주장하는 자들이므로 "**스스로 속이는 자들**"입니다.

예수님의 세례를 믿음으로 우리의 죄가 예수님께 넘어갔기 때문에 우리의 마음에 죄가 없는 것이지, 예수님의 세례를 **빼놓고**

십자가의 피만을 믿는다면 우리의 죄가 예수님에게 넘어간 적이 없는데 어떻게 우리의 죄가 없어지겠습니까? 그러므로 "물과 피로 임하신 예수님의 온전한 구원사역"을 믿지 않으면서 "나는 죄가 없다"고 간증하는 자는 스스로 속이는 자입니다. 그런 이들은 자기 확신으로 자가최면(自家催眠)을 걸어서, "나는 죄가 없다"고 스스로를 속이는 것입니다.

진리의 복음이 아닌 **"다른 복음"**(갈 1:8)을 믿는 자들이 이단(異端)인데 기독교 안에는 **"다른 복음"**을 믿는 이단들이 독버섯처럼 많이 일어났습니다. 그리고 거듭나지 못한 사람들은 영적 소경이기 때문에 이단에 빠질 수밖에 없습니다. 주님은 물과 성령의 복음을 믿지 않으면서도 "나는 죄가 없다"라는 이단에 빠진 사람들도 요한일서 1장 9절의 말씀으로 초대합니다—**"만일 우리가 우리 죄를 자백하면 저는 미쁘시고 의로우사 우리 죄를 사하시며 모든 불의에서 우리를 깨끗게 하실 것이요."** 소위 "구원파"처럼, 물과 성령으로 거듭나지도 못했으면서 "나는 거듭난 의인이다"라고 스스로 속이는 자들도 자기가 거듭나지 못한 죄인임을 하나님 앞에서 자백하고 돌이켜 진리의 복음을 믿음으로 모든 죄의 사함을 받아야 합니다. 하나님은 신실하시고 의로운 분입니다. 하나님은 당신에게 긍휼을 바라며 나오는 자를 결코 외면하지 않습니다.

여기 **"우리 죄를 자백하면"**이라는 말씀에서, "자백"은 "하나님 내가 이런저런 죄를 지었습니다" 하고 구체적인 죄를 용서해 달라고 회개 기도를 하라는 말씀이 결코 아닙니다. "자백"은 간첩이 "자수"하는 것과 같은 개념입니다. 즉 "하나님, 저는 지옥에 가야 할 죄인입니다. 저를 불쌍히 여겨서 저를 모든 죄에서 구원해 주세요"하고 하나님께 자수하고 하나님의 처분만 기다리는 것입니다. 그러면 하나님께서는 죄인임을 자백한 사람을 물과 성령의 복음으로 만나 주셔서 그의 모든 죄와 불의를 깨끗이 씻어 주십니다.

간첩이 자수할 때에 자기가 남파되어 저지른 모든 죄들을 미주알고주알 하나도 빠짐없이 고백해야만 자수를 받아 줍니까? 경찰서에 찾아가서, "나는 간첩입니다. 나를 남한 땅에서 살게 받아 주십시오"라고 자수만 하면, 국가정보원에서 알아서 다 조치해 줍니다. 한 번 자수한 간첩이 아침마다 다시 경찰서를 찾아가서 반복적으로 자수를 해야 합니까? 자수는 한 번 하는 것입니다.

사도 바울은 예루살렘에서 일루리곤까지 그리스도의 복음을 편만하게 전했습니다(롬 15:19). 그리고 그가 전한 복음의 내용은 **"하나님께 대한 회개와 우리 주 예수 그리스도께 대한 믿음을 증거한 것"**(행 20:21)입니다. 여기서 말씀하는 **"하나님께 대한 회개"**는 요한일서 1장 9절의 —**"만일 우리가 우리 죄를 자백하면"**과 같은 차원의 말씀입니다. 미쁘신 하나님은 "저는 지옥에 가야 할 죄인입니다. 저를 불쌍히 여겨 주세요"라고 회개(자수)한 자에게 예수 그리스도의 진리의 복음을 주셔서 단번에 죄 사함을 받고 의인이 되게 하십니다.

세 번째 부류: 자기는 거듭났기 때문에 더 이상 죄를 짓지 않는다는 이단

"만일 우리가 범죄하지 아니하였다 하면 하나님을 거짓말하는 자로 만드는 것이니 또한 그의 말씀이 우리 속에 있지 아니하니라"(요일 1:10).

오늘의 본문에서 사도 요한은 "만일 우리가"라는 말을 반복적으로 계속 썼지만, 여기에서 "우리가"라는 말씀은 사도 요한을 포함한 거듭난 성도들을 지칭하는 말이 아닙니다. 요한은 "사랑의 사도"라고 불립니다. "만일 너희가"라는 표현보다 온유한 표현이 "만일 우리가"입니다. 그는 이 서신 성경의 독자들이 행여나 거부감을 느끼고 마음을 닫아 버리지 않도록, "만일 너희가"라고 해야 할 말을 "만일 우리가"라고 온유하게 표현한 것입니다. 사도 요한은 그렇게 표현함으로써 하나님의 말씀을 듣는 이들의 마음이 강퍅해지지 않도록 배려한 것입니다. 그러나 사실 정확히 말하자면 "만일 너희가"라고 해야 맞습니다. 즉 이 말씀은 "거듭나지 못한 자들 중에는 '나는 죄를 짓지 않는다'고 말하는 자들이 있는데, 만일 너희가 그런 부류에 속한다면 너희는 하나님을 거짓말쟁이로 만드는 것이며 너희는 진리의 복음을 좇는 자가 아니다"라는 말씀입니다.

"나는 예수님을 믿어서 거듭났기 때문에, 즉 새로 지음을 받았기 때문에, 나는 죄를 짓지 않는다"라고 말하는 자들이 있습니다. 저도 한번 그런 사람들을 만난 적이 있는데, 그들의 말이 너무 기가 막혀서 저는 잠시 할 말을 잃었습니다. 요한일서

5장에, "**하나님께로서 난 자마다 범죄치 아니하는 줄을 우리가 아노라**"(요일 5:18)는 말씀이 있습니다. 거듭나지 못한 기독교인들에게는 이 구절도 난해 구절입니다. 후에 요한일서 5장을 강해(講解)할 때에 이 구절도 상세히 풀어 드리겠습니다만, 여기에서 "범죄치 아니한다"라는 부분은 "사망에 이르는 죄를 짓지 않는다"라는 뜻입니다. 그래서 그 말씀의 바로 앞에, "**모든 불의가 죄로되 사망에 이르지 아니하는 죄도 있도다**"(요일 5:17)라고 말씀하신 것입니다. 아무튼 "**하나님께로서 난 자마다 범죄치 아니하는 줄을 우리가 아노라**"(요일 5:18)는 이 말씀이 그들에게 족쇄가 되어, "나는 죄를 짓는다"고 말하면 거듭나지 못한 것이 되기 때문에 그들은 "나는 거듭났기 때문에 죄를 짓지 않습니다"라고 담대하게 거짓말을 하는 것입니다.

그러나 거듭난 자도 분명히 죄를 짓습니다. 거듭난 자는 그의 죽었던 영이 죄 사함을 받아서 새롭게 지음을 받은 생령(生靈)이 된 것이지, 거듭났기 때문에 육신에도 변화를 받아 아예 죄를 짓지 않는 신령한 몸으로 바뀐 것이 아닙니다. 거듭난 자라도 육신은 여전히 연약합니다. 하나님의 종이고 선지자였던 다윗도 거듭난 의인이었지만 간음하고 살인하는 끔찍한 죄를 지었습니다.

베드로전서 3장 21절 말씀은 이 진리를 밝히 말씀합니다: "**물은 예수 그리스도의 부활하심으로 말미암아 이제 너희를 구원하는 표니 곧 세례라 육체의 더러운 것을 제하여 버림이 아니요 오직 선한 양심이 하나님을 향하여 찾아가는 것이라**"(벧전 3:21).

노아의 홍수로 온 세상의 더러움을 깨끗이 씻어 내고 새로운 세상이 열렸습니다. 노아의 홍수의 "물"은 예수님께서 받으신 세례이며 우리를 구원한 예표(豫標, antitype)입니다. 그러나 우리가 예수님의 세례를 믿음으로 죄 사함을 받았다고 우리의 육신마저 죄를 전혀 안 짓는 신령한 몸으로 변화된 것은 아니라고 말씀합니다. **"육체의 더러운 것을 제하여 버림이 아니요"**라는 말씀은, 거듭난 자의 육체도 여전히 죄를 지을 수밖에 없는 연약한 육신이라는 뜻입니다. 다만 하나님의 은혜로 거듭난 자는 그의 영이 죄 사함을 받아서 하나님의 선하신 뜻을 깨닫고 믿음으로 그 뜻을 따라가게 된 것입니다. 우리가 예수님의 세례와 십자가의 피로 완성하신 영원한 구원의 사역을 믿음으로 죄 사함을 받고 거듭났다고 해서, 우리가 죄를 전혀 짓지 않는 신령한 자가 된 것은 절대로 아닙니다.

우리의 육신은 죽을 때까지 여전히 죄를 짓는 연약한 육신입니다. 하나님은 "너희들은 죽을 때까지 죄를 짓는 **행악의 종자**"(사 1:4)라고 말씀하십니다. 주님은 **"속에서 곧 사람의 마음에서 나오는 것은 악한 생각 곧 음란과 도적질과 살인과 간음과 탐욕과 악독과 속임과 음탕과 흘기는 눈과 훼방과 교만과 광패니 이 모든 악한 것이 다 속에서 나와서 사람을 더럽게 하느니라"**(막 7:21-23)고 말씀하셨습니다. **"만물보다 거짓되고 심히 부패한"**(렘 17:9)사람의 마음에는 온갖 죄들이 장착(裝着)되어 있어서 분위기만 조성되면 전자동으로 죄악의 샘구멍들이 열리고 죄가 쏟아져 나오게 되어 있습니다. 이렇게 우리는 죽을 때까지 죄를 지을 수밖에 없는 존재들입니다. 우리는 아무리 조심하고 노력해도 죄를 지을 수밖에 없는 더럽고 연약한 자들입니다. 그래서 우리에게는 하나님의 영원한 구원이 절대적으로 필요합니다.

그래서 사도 바울도 "내 속 곧 내 육신에 선한 것이 거하지 아니하는 줄을 아노니 원함은 내게 있으나 선을 행하는 것은 없노라 내가 원하는 바 선은 하지 아니하고 도리어 원치 아니하는 바 악은 행하는도다 만일 내가 원치 아니하는 그것을 하면 이를 행하는 자가 내가 아니요 내 속에 거하는 죄니라 그러므로 내가 한 법을 깨달았노니 곧 선을 행하기 원하는 나에게 악이 함께 있는 것이로다 내 속 사람으로는 하나님의 법을 즐거워하되 내 지체 속에서 한 다른 법이 내 마음의 법과 싸워 내 지체 속에 있는 죄의 법 아래로 나를 사로잡아 오는 것을 보는도다 오호라 나는 곤고한 사람이로다 이 사망의 몸에서 누가 나를 건져 내랴"(롬 7:18-24) 하며 탄식했던 것입니다. 하나님은 "너희는 죽을 때까지 죄를 짓는 자들이고, 내가 너희의 모든 죄를 단번에 없애 주지 않으면 결코 의로워질 수 없는 자들이다"라고 말씀하십니다. 그러므로 "나는 죄를 짓지 않는다"라고 주장하는 자들은 하나님을 거짓말쟁이로 만드는 자들입니다. 그러니 이런 자들도 죄 사함을 받지 못한 자들이고 거듭나지 못한 자들입니다.

거듭나지 못한 이들을 진리의 복음으로 초대하시는 주님

오늘의 본문 말씀은 **거듭나지 못한 세 부류의** 사람들을 지적합니다: **첫째 부류(요일 1:6)**는 "자기가 하나님과 사귐이 있다 하면서 진리의 빛을 좇지 않고 '다른 복음'을 좇는 자들, 그래서 마음에 죄(어둠)가 있는 자들"입니다. 대부분의 기독교인들은 이 첫째 부류에 속합니다. 그들은 예수님께 자기의 모든 죄가 단번에 넘어간 진리의 말씀인 "예수님의 세례의 능력"을 빼버리고 십자가의 피만을 믿기 때문에, 아무리 예수님을 믿어도 자기의 죄는 마음에 고스란히(intact) 남아 있습니다.

거듭나지 못한 둘째 부류의 사람들(요일 1:8)은 물과 성령의 복음을 믿지도 않으면서 "나는 거듭났기 때문에 죄가 없다"고 주장하는 자들인데, 소위 "구원파"와 같은 이들이 이 부류에 속합니다. 그리고 **거듭나지 못한 셋째 부류**의 사람들(요일 1:10)은 "나는 거듭났기 때문에 죄를 짓지 않는다"는 자들입니다. 이런 사람들은 하나님의 말씀을 부인하는 자들이며, 하나님을 거짓말쟁이로 만드는 자들입니다.

거듭나지 못한 세 부류의 사람들은 다 자기의 죄를 자백하고 하나님의 의의 복음을 믿음으로 **"죄 사함으로 말미암는 구원"**(눅 1:77)을 받아야 합니다. 이렇게 거듭나지 못한 자들은 **"만일 우리가 우리 죄를 자백하면 저는 미쁘시고 의로우사 우리 죄를 사하시며 모든 불의에서 우리를 깨끗게 하실 것이요"**라고 말씀하신 요한일서 1장 9절의 말씀을 붙들고 하나님께 나와야 합니다. 거듭나지 못한 죄인들은 먼저 하나님 앞에 나와서 자기는 지옥에 가야 할 죄인임을 자백해야 합니다. 거듭 말씀을 드립니다만, "우리 죄를 자백한다"는 말씀은 기독교인들이 자기가 지은 구체적인 죄를 용서해 달라고 새벽마다 울부짖는 회개 기도를 지칭하는 말씀이 아닙니다. "죄를 자백한다"라는 뜻은, 하나님 앞에 자신이 지옥에 가야 할 죄 덩어리인 것을 시인하고 하나님의 구원을 간청하는 것입니다. 이것은 간첩이 경찰서에 가서 "나는 북에서 온 간첩입네다. 나를 이 나라에서 살도록 받아

주시라요"라고 자수하는 것과 똑같은 것입니다. "죄를 자백"하는 것은 자기가 근본 행악의 종자이기에 지옥에 갈 수밖에 없는 자라고 하나님 앞에서 인정하는 것입니다.

우리를 모든 죄와 모든 불의에서 깨끗게 할 수 있는 것은 오직 진리의 복음뿐입니다. 거듭나지 못한 죄인이 자기가 죄 덩어리이고 지옥에 가야 할 자라고 시인하면, 예수님께서는 **"미쁘시고 의로우셔서"** 그를 진리의 복음으로 만나 주십니다. 그래서 **"물과 피로 임하신 예수님"**(요일 5:6)의 복음은 하나님의 긍휼을 바라는 자, 즉 죄를 자백한 자의 모든 죄와 불의를 흰 눈처럼 깨끗하게 씻어 주십니다. 주님께서는 죄인들을 불러 회개시키러 오셨습니다. 그리고 당신의 부르심에 응답하는 자들의 모든 죄와 허물을 물과 성령의 복음으로 깨끗이 씻어 주셔서 그들도 거듭난 의인이 되게 하십니다. 그래서 죄 사함을 받은 의인들을 빛 가운데 거하게 하시고 하나님과 사귐이 있게 하십니다.

주 예수 그리스도의 이름으로 세례를 받고 죄 사함을 얻으십시오

사도행전 2장 38절 말씀을 읽고 정리하고 마치겠습니다: **"베드로가 가로되 너희가 회개하여 각각 예수 그리스도의 이름으로 세례를 받고 죄 사함을 얻으라 그리하면 성령을 선물로 받으리니"**(행 2:38).

예수님께서는 유월절에 돌아가셨다가 사흘 만에 부활하셨습니다. 주님은 부활하신 후에 40일간 제자들에게 나타나셔서 당신의 부활하심을 친히 증거하시고, 제자들이 보는 앞에서 구름을 타고 승천(昇天)하셨습니다. 순(旬)이라는 것은 열흘을 말하는데 주님이 승천하시고 열흘이 지난 때가 바로 오순절(칠칠절)이었습니다. 오순절에 제자들은 주님께서 약속하신 성령을 기다리면서 간절히 기도하고 있었습니다. 그때에 성령님이 "급하고 강한 바람처럼" 그들에게 충만하게 임해서, 제자들은 성령의 감동하심을 따라 밖으로 뛰쳐나가서 "하나님께서 예수로 말미암아 큰 일을 행하셨다"고 각기 외국어로 외쳤습니다. 오순절은 유대인의 3대 절기 중의 하나인 큰 명절이었기 때문에, 지중해 연안에 흩어져 살았던 유대인들이 예루살렘에 다 모였는데, 그들 중에는 이미 모국어인 히브리어를 잃어버리고 자기가 살고 있는 나라의 방언(외국어)밖에 모르는 이들이 많았습니다. 그런데 갈릴리 촌놈들이 각기 자기들만이 알아들을 수 있는 외국어로 **"하나님의 큰 일 말함"**(행 2:11)을 듣고서 그들은 놀라고 의아해했습니다.

그러자 베드로가 나서서 그들에게 하나님의 의의 복음을 전했습니다. 그 말씀을 듣고서 그들은 양심에 찔려서, **"형제들아 우리가 어찌할꼬"** 하고 베드로와 다른 사도들에게 물었습니다. 그러자 베드로가 그들에게 한 말이 이 말씀입니다―**"너희가 회개하여 각각 예수 그리스도의 이름으로 세례를 받고 죄 사함을 얻으라 그리하면 성령을 선물로 받으리니"**(행 2:38). 그 자리에 모인 유대인들은 하나님을 믿는다고는 하지만 빛(진리) 가운데 거하는 믿음이 아니었습니다. 진리는 오직 물과 성령의 복음뿐인데, 이들은 물과 성령의 복음을 알지도 못하고, 그저 율법을 좇아서 하나님을 믿었습니다. 그래서 그들의 마음에는 죄가 있었습니다.

그런데 베드로의 설교를 듣고서 그들은 마음에 찔려서, 하나님이 자기들을 이와 같이 사랑해서 모든 죄에서 구원하셨는데 자기들은 하나님의 구원의 길을 좇지 않고 잘못된 길을 따라갔다는 것을 시인한 것입니다.

자신이 잘못된 길로 갔다는 것을 인정하고 하나님께로 돌아서는 것이 **회개**(metanoia)입니다. 하나님의 구원의 사랑을 외면하고 나름대로 자기가 옳다고 여기는 길로 갔었는데, 그 길이 잘못인 줄을 깨닫고, 하나님의 긍휼을 바라며 진리의 길로 돌아서는 것이 "하나님께 대한 회개"(행 20:2)입니다. 이는 오늘 본문에서 "우리가 우리 죄를 자백하면"(요일 1:9)이라고 말씀하신 부분의 "죄의 자백"과 같은 뜻입니다. 즉, 오순절에 복음을 들은 유대인들은, "형제여, 우리는 마음에 죄가 있습니다. 그러면 우리들은 어떻게 하면 좋겠습니까? 우리를 구원해 주십시오" 하고 돌이켜 하나님의 은혜를 구했다는 말입니다.

이렇게 회개를 한 자들은 **"각각 예수 그리스도의 이름으로 세례를 받고 죄 사함을 받아야"**(행 2:38)합니다. 여기에서 말씀하는 세례는 신자들이 예식으로 받는 세례가 아니라, 예수님이 이 땅에 육신을 입고 오셔서 세례를 받으심으로 우리의 죄를 다 담당하고 십자가에서 그 죄를 다 갚아 주셨다는 복음을 믿음으로 **마음의 모든 죄가 씻겨지는 세례**를 의미합니다. 즉 **"예수 그리스도의 이름으로 세례를 받고 죄 사함을 받으라"**는 뜻은 물과 성령의 복음을 믿음으로 마음에 모든 죄의 씻김을 받으라는 말씀입니다.

그래서 그들은 베드로의 권면을 받아들여서 예수님의 이름을 믿음으로 죄 사함을 받았습니다. **"이름"**은 본질(本質)을 의미합니다. **"예수 그리스도의 이름"**은 예수님이 이 땅에 오셔서 행하신 의로운 사역의 본질(本質)을 의미하며, 그것은 바로 물과 성령의 복음입니다. 그때에 예루살렘에 모였던 사람은 약 삼천 명 정도나 되었는데 그들이 다 죄 사함을 받았습니다. 그리고 **"그리하면(죄 사함을 받으면) 성령을 선물로 받으리니"**라고 하신 말씀대로, 죄 사함을 받은 이들에게 즉시로 성령이 임했습니다.

마음에 죄가 있는 사람은 먼저 죄 사함을 받아야 합니다. 모든 죄인들은 진리의 빛인 물과 성령의 복음 안에 들어와서 죄 사함을 받고 의인으로 거듭나야 합니다. 모든 사람들에게 지금 가장 시급한 일이 바로 죄 사함을 받는 일입니다. 아무리 오랫동안 예수님을 구주로 믿었어도 마음에 죄가 있으면 지옥에 갑니다. 만일 당신이 죄인으로 남아 있다가 오늘 오후에 차에 치어 죽으면 바로 지옥행(地獄行)입니다. 그러므로 모든 죄인들에게 가장 시급한 일은 물과 성령의 복음을 믿음으로 죄 사함 받고 거듭나는 일입니다.

하나님은 요한일서 1장의 말씀을 통해서 죄인들을 간절하게 초청하십니다. "너희가 아직 거듭나지 못했다면, 그래서 너희 마음에 죄가 있다면, 너희는 지옥에 가야 할 죄인임을 자백하고 진리의 복음 말씀으로 죄 사함을 받으라"고 오늘도 주님은 죄인들을 초청하고 계십니다. 그리고 자기가 지옥에 가야 할 죄인임을 자백하고 하나님의 긍휼을 바라는 자에게 주님은 반드시 죄 사함의 은총을 입혀 주십니다.

우리를 모든 죄에서 온전히 구원하신 하나님께 감사를 드립니다.

말씀을 마쳤습니다. 할렐루야!

그의 계명을 지키는 자란?

"나의 자녀들아 내가 이것을 너희에게 씀은 너희로 죄를 범치 않게 하려 함이라 만일 누가 죄를 범하면 아버지 앞에서 우리에게 대언자가 있으니 곧 의로우신 예수 그리스도시라

저는 우리 죄를 위한 화목 제물이니 우리만 위할 뿐 아니요 온 세상의 죄를 위하심이라

우리가 그의 계명을 지키면 이로써 우리가 저를 아는 줄로 알 것이요

저를 아노라 하고 그의 계명을 지키지 아니하는 자는 거짓말하는 자요 진리가 그 속에 있지 아니하되

누구든지 그의 말씀을 지키는 자는 하나님의 사랑이 참으로 그 속에서 온전케 되었나니 이로써 우리가 저 안에 있는 줄을 아노라

저 안에 거한다 하는 자는 그의 행하시는 대로 자기도 행할찌니라"(요일 2:1-6).

거듭난 사람은 하나님의 진리의 말씀을 송이 꿀보다 더 달게 받고 즐겨 믿습니다. 그래서 하나님의 말씀을 들을 때마다 의인들의 심령은 그 말씀에 "아멘"으로 화답합니다. 그러나 거듭나지 못한 죄인들은 아직까지 진리의 빛을 본 적이 없고 어두움(거짓말) 가운데 살아왔기 때문에, 진리의 말씀을 대하면 그 말씀이 도대체 이해가 되지도 않고 거북하며 부담만 됩니다.

저도 거듭나기 전에 요한일서의 말씀을 도무지 이해할 수 없어서, 요한일서의 말씀을 읽을 때마다 늘 마음이 답답했을 뿐

아니라 부담도 많이 느꼈습니다. 예를 들면, 오늘의 본문 중에서, **"저 안에 거한다 하는 자는 그의 행하신 대로 자기도 행할지니라"**(요일 2:6)는 말씀도 저에게는 너무 부담이 되는 말씀이었습니다. 저는 예수님이 행하신 대로 도저히 행할 수 없는 자인 것을 저 스스로 너무나 잘 알기 때문에, "그렇다면 나는 예수님 안에 있는 자가 아닌가 보다"라고 저는 생각하게 되었고, 저는 이 말씀 앞에 서면 늘 주눅이 들었었습니다. 그러나 사실 그때에는 제가 거듭나지 못했었기 때문에 그렇게 주눅이 드는 것이 맞습니다. 그래서 저는 **"사슴이 시냇물을 찾기에 갈급함 같이"**(시 42:1) 하나님께 저의 영안(靈眼)을 밝혀달라고 간절히 기도했는데, 하나님께서 저를 불쌍히 여기셔서 진리의 복음으로 만나 주셨습니다.

진리의 복음을 만나서 믿음으로 죄 사함을 받은 의인들은 예수 그리스도께서 이 땅에 오셔서 행하신 일이 무엇인지 잘 압니다. 예수님께서는 하나님의 의를 이루러 오셔서 **"물과 피"**(요일 5:6)로 하나님의 의를 온전히 완성하셨습니다. 물과 피와 성령의 복음 안에서 예수님을 만난 사람은 예수님께서 이루신 하나님의 의를 전파함으로 **"그의 행하시는 대로 자기도 행"**(요일 2:6)하게 됩니다.

하나님의 의를 옷 입은 사람은 의를 행합니다

나의 자녀들아 내가 이것을 너희에게 씀은 너희로 죄를 범치 않게 하려 함이라 만일 누가 죄를 범하면 아버지 앞에서 우리에게 대언자가 있으니 곧 의로우신 예수 그리스도시라 저는 우리 죄를 위한 화목 제물이니 우리만 위할 뿐 아니요 온 세상의 죄를 위하심이라"(요일 2:1-2).

　주님께서는 거듭난 성도들이 **"죄를 범치 않게 하려고"** 우리에게 요한일서의 말씀을 주셨습니다. 우리가 하나님의 의를 좇고 섬기면 죄를 멀리할 수 있습니다. 물론 그렇다고 죄를 전혀 짓지 않는다는 말씀은 아닙니다. 다만 마치 새로 산 흰 운동화를 신은 사람은 더럽고 낡은 운동화를 신고 있는 사람보다 훨씬 더 더러운 곳을 피하려 하듯이, 마음에 흰 눈같이 죄 사함을 받은 사람은 죄에 대해서 더욱 민감하고 죄를 더럽게 여겨서 피합니다.

　그러나 거듭난 의인들도 육신은 여전히 연약하기 때문에 죄를 짓습니다. 그래서 **"나의 자녀들아 내가 이것을 너희에게 씀은 너희로 죄를 범치 않게 하려 함이라"**고 하시고 바로 **"만일 누가 죄를 범하면 아버지 앞에서 우리에게 대언자가 있으니 곧 의로우신 예수 그리스도시라 저는 우리 죄를 위한 화목제물이니 우리만 위할 뿐 아니요 온 세상의 죄를 위하심이라"**(요일 2:1-2)고 말씀하셨습니다. "너희가 하나님의 의를 옷 입고 그 의를 섬기며 전파하는 일에 너희의 삶을 드리면 죄를 멀리할 수 있다. 그러나 너희는 여전히 연약하기 때문에 혹시 죄를 짓거든 예수 그리스도께서 전 인류의 화목제물로 오셔서 너희가 죽을 때까지 짓는 모든 죄까지 온전하게 없애 주신 **하나님의 의**를 다시 한번 확인하고, 다시금 일절 깨끗한 마음으로 주님을 따라가라"는 말씀입니다.

　우리의 화목제물이 되어 주신 예수님께서는 하나님 아버지 앞에서 우리의 대언자가 되셨습니다. **"저(예수 그리스도)는 우리 죄를 위한 화목제물이니 우리만 위할 뿐 아니요 온 세상의 죄를 위하심이라"**—예수님은 인류 전체의 모든 죄를 대속하기 위하여 자신의 몸을 화목제물로 드렸습니다. 성부(聖父) 하나님의 외아들인 성자(聖子) 하나님께서 육신을 입고 이 땅에 오셨는데, 그분이 바로 의로우신 예수님입니다. 예수님은 흠 없는 속죄제물이 되기 위해서 처녀 마리아의 태중에 성령으로 잉태되어 육신을 입고 오신 하나님입니다. 의로우신 예수님께서 30세가 되셨을 때에 인류의 대표자인 세례 요한에게 안수(按手)의 형식으로 세례를 받으셨습니다. 이때에 예수님께서 세례 요한에게, **"이제 허락하라 우리가 이와 같이 하여 모든 의를 이루는 것이 합당하니라"**(마 3:15)고 명령하셨고, 요한은 순종해서 예수님의 머리에 손을 얹었습니다. 그 세례로 우리들의 죄를 포함해서 아담에서부터 세상 종말까지의 모든 인류의 죄가 예수님의 육체로 단번에 넘어갔습니다.

이렇게 안수로 인류의 죄를 담당하신 예수님은 **"세상 죄를 지고 가는 하나님의 어린양"**(요 1:29)이 되셔서 십자가에 오르셨습니다. 예수님은 그 십자가 형틀에 못 박히셔서 당신의 육체의 모든 피를 다 흘리시고, **"다 이루었다"**(요 19:30) 외치시며 운명하셨습니다. 주님께서는 당신의 육체에 받으신 세례와 십자가의 보혈로 우리를 모든 죄에서 구원하셨습니다. 그리고 돌아가신 후 사흘 만에 부활하셔서 우리의 모든 죄가 이미 심판을 받고 없어졌음을 확증해 주셨습니다. 부활하신 주님께서는 다시 하늘로 올라가셔서, 하나님 아버지의 보좌 우편에 앉아 계십니다. 그리고 예수님은 하나님 아버지 앞에서 우리의 대언자가 되셨습니다.

대언자(代言者, Advocate)는 피고를 대신해서 그의 입장을 옹호해 주는 변호사를 의미합니다. 어떤 죄인이 어쩔 수 없는 상황에서 죄를 지었는데 재판정에 서면 판사들 앞에서 변명을 제대로 못합니다. 그럴 때 변호사가 나서서, "판사님, 사실은 이 사람이 이만저만해서 부득이 그런 죄를 짓게 되었으니 제발 선처해 주십시오" 하고 죄인의 편을 들어줍니다. 우리의 구원자이신 예수님은 하나님 아버지 앞에서 우리를 변호해 주는 대언자입니다. 애들이 무서운 상황을 만나서 겁이 나면 부모님 뒤에 숨거나 부모 손을 잡고서야 용기를 얻어서 앞으로 나아갈 수 있듯이, 우리도 **예수님이 이루신 완전한 의를 옷 입고**, 또 **대언자인 예수님의 손을 잡고서야** 하나님 아버지 앞에 담대하게 나아갈 수 있습니다. "아버지, 사람이란 다 이렇게 연약하지 않습니까? 그래서 내가 받은 세례로 저들이 짓는 모든 죄를 다 짊어지고 십자가에서 피 흘려 다 갚아줌으로 그 모든 죄를 없애 주지 않았습니까?" 하고 예수님이 우리를 대언해 주시기 때문에 우리가 언제든지 두려움 없이 하나님 아버지 앞에 담대하게 나아갈 수 있습니다.

    우리 예수님은 우리 한 사람 한 사람을 개인적으로 만나기를 원하십니다: "네 죄도 내가 다 담당해서 흰 눈같이 깨끗하게 없애 놓았다. 나를 통해서 이루어 주신 **하나님의 의의** 옷을 입고 아버지의 사랑 안에 거하거라. 내가 완성한 진리의 복음 안에 들어와서 평안을 누려라" 하고 말씀하십니다. 이렇게 우리가 진리의 복음을 믿음으로 예수님의 사랑 안에 들어가게 됩니다. 우리 주님께서는 우리의 모든 죄를 실제로 다 없애 주셨습니다. 주님이 우리를 대신해서 화목제물이 되어 주신 것은 말로 다 할 수 없는 큰 사랑입니다. 우리가 무엇이길래 하나님께서 당신의 외아들을 우리에게 아낌없이 대속 제물로 내어 주셨습니까?

우리는 생명은 고사하고 "하나님을 위해서 너의 돈이나 시간을 좀 내어놓으라"고만 해도 난색을 표합니다. 그런 종자가 우리 인간입니다. 생명은커녕 조금이라도 손해는 보지 않으려고 철저하게 계산적인 자들이 우리들입니다. 그렇지 않습니까?

그런데 하나님 아버지께서는 우리를 죄에서 구원해서 당신의 자녀로 삼기 위해서 당신의 외아들을 아낌없이 화목제물로 내어 주셨습니다. 화목제물은 안수로 죄를 넘겨받고서 반드시 죽임을 당해야 합니다. 하나님과 우리 사이에 막혔던 죄의 담을 허물어서 하나님과 우리가 화목하게 되기 위해서 당신의 외아들을 제물로 쓰신 분이 하나님이십니다. 하나님 아버지의 사랑이 이렇게 우리에게 나타났습니다. 그래서 하나님의 사랑을 아는 자는 그 사랑에 감사하고 감동되어서, 자신도 하나님의 "진리의 사랑"(살후 2:10) 안에 거하면서 다른 이들도 하나님의 사랑을 깨닫게 하는 일에 자신을 드립니다. 하나님의 의를 옷 입고 죄 사함을 받아 의로워진 자는 자기도 복음을 전파함으로 의를 행합니다. 하나님께서 이렇게 귀한 구원의 사랑을 자신에게 입혀 주셨기 때문에, 예수 그리스도께서 의를 행하신 것처럼, 자기도 기쁜 마음으로 의를 행하게 됩니다.

"우리가 그의 계명을 지키면 이로써 우리가 저를 아는 줄로 알 것이요 저를 아노라 하고 그의 계명을 지키지 아니하는 자는 거짓말하는 자요 진리가 그 속에 있지 아니하되 누구든지 그의 말씀을 지키는 자는 하나님의 사랑이 참으로 그 속에서 온전케 되었나니 이로써 우리가 저 안에 있는 줄을 아노라"(요일 2:3-5).

"이로써 우리가 저(예수님) 안에 있는 줄을 아노라"고 말씀하셨는데, 우리가 예수 그리스도 안에 있으려면 **먼저 거듭난 자, 즉 의인**이 되어야 합니다. 예수님은 거룩한 하나님이시기 때문에 마음에 죄가 있는 죄인은 절대로 예수님 안에 거하지 못합니다. 주님 안에 거하려면 진리의 복음인 물과 성령의 복음을 믿어서 마음에 흰 눈같이 죄 사함을 받아야 합니다. 마음에 죄가 깨끗이 씻겨진 자라야 예수님 안에 들어갈 수 있고 그 안에 거(居)할 수 있습니다. "내 마음에는 죄가 있으며 나는 죄인이다"라고 시인하는 기독죄인들(Christian-sinners)은 아직 예수님 안에 들어가지 못한 사람들입니다. 따라서 예수님 안에 거한다고 말하면서 마음에 죄가 있다는 사람은 거짓말하는 자입니다. 예수님은 모든 사람을 사랑해서 모든 사람을 죄에서 온전히 구원해 놓았습니다. 그리고 누구든지 예수님께서 완성하신 진리의 복음을 믿어서 죄 사함을 받고 당신 안에 거하게 되기를 원하시는데, 문제는 사람들이 예수님께서 완성해 주신 온전한 진리의 복음을 찾지도 않고, 또 그 복음을 전해 줘도 믿지 않는다는 것입니다.

  기독교인들 중에서 거듭나서 **"예수님 안에 있는"** 이들이 얼마나 되겠습니까? 진리의 복음을 믿음으로 거듭난 의인들은 아주 극소수입니다. 한번은 며칠간 어떤 집사님과 함께 여행을 하게 되어서, 여러 번 영적인 대화를 한 적이 있었습니다. 그분은 나름대로 열심히 신앙생활을 하고 있노라고 자신의 믿음 생활을 장황하게 자랑했습니다. 그런데 그분의 자랑이 제 눈에는 자기의 공로(功勞)를 들고 나가서 하나님께 인정을 받고자 했던 가인의 제사를 보는 것만 같았습니다. 그래서 저는 요즘 아침 산책길에서 자주 만나서 교제하는 여호와의 증인들의 얘기를 그분에게 좀 해 주었습니다. 종교적 열심으로 말하자면, 일반 기독교인들이 여호와의 증인들을 따라가기 힘듭니다.

그리고 저는 여호와의 증인들에게 물었던 것처럼, "그러면 집사님, 예수님께서 니고데모에게 **'사람이 거듭나지 아니하면 하나님 나라를 볼 수 없느니라'**고 말씀하셨는데, 거듭난다는 것이 무엇이며 어떻게 하면 거듭납니까?" 하고 물었습니다. "제가 여호와의 증인들에게도 똑같은 질문을 했더니 그들은 '거듭나는 것은 아무에게나 허락되어 있지 않고 14만 4천 명에게만 허락되며, 나머지 증인들은 땅을 차지한다'라는 둥 횡설수설하더니 꼬리를 빼고 도망가더라"고 화두를 떼면서 그분에게 물었지만, 사실은 여호와의 증인들을 빗대서 그 집사님에게 질문을 던진 것입니다. 그랬더니 그분은 어떤 헌신적인 목사님의 일화를 얘기하면서 말머리를 다른 데로 돌리면서 저의 질문은 회피했습니다.

"도대체 거듭난다는 것은 무엇이며 사람이 어떻게 거듭나는가?" — "폭탄 돌리기" 놀이처럼, 오늘날 대부분의 목회자들에게도 이 질문은 한결같이 피하고 싶은 **곤란한 질문**입니다. 그러나 만일 자신이 거듭나지 못했다면 예수님을 실컷 믿고도 천국에 못 들어가니까 이 질문은 가장 중요한 화두입니다. 그런데 이렇게 중요한 질문에 성경적으로 정확하고 시원하게 대답을 해 주는 사람이 거의 없다는 것이 종교화된 기독교의 비극입니다.

바닷가에 가면 소라게라는 놈들을 자주 봅니다. 작은 껍질에 들어가 자기 몸을 보호하는 놈들입니다. 소라는 움직임이 느린데, 빨리 이동하는 소라는 소라가 아니라 소라게입니다. 요즘, "애인인 듯, 애인 아닌, 애인 같은 너"라는 대중가요가 자주 들리던데,

"소라인 듯, 소라 아닌, 소라 같은 놈"이 바로 소라게입니다. 소라게는 소라인 척하지만 절대로 소라가 아닙니다. 마치 기독교인들이 거듭난 척하지만 거듭난 의인이 아니듯이 말입니다. 기독교의 종교지도자들—신학교의 교수님들, 목사님들, 장로님들이 가장 피하고 싶은 질문이 이것입니다: "도대체 거듭난다는 것은 무엇이며 사람이 어떻게 거듭나는가? 그들은 **"소경이 되어 소경을 인도하는 자"**(마 15:14)들입니다. 자기가 거듭나지 못한 죄인인데, 누구를 진리의 빛으로 인도해서 영의 눈을 뜨게 해 줄 수 있겠습니까? 자기도 앞이 캄캄한 소경인데 누구를 제대로 인도하겠습니까?

마음이 가난하고 정직한 사람은 이런 질문 앞에, "나는 마음에 죄가 있습니다. 나는 아직 거듭나지 못했습니다. 내가 어떻게 하면 거듭날 수 있습니까?"하고 간곡히 되물어 볼 것입니다. 그런데 그 집사님은 끝까지 자기의 믿음이 좋은 척하며 딴 얘기만 계속하길래, "주여, 주여! 한다고 다 천국에 들어가는 것이 아닙니다. 마음에 죄가 있으면 반드시 지옥에 떨어집니다" 하는 마지막 도전을 주고 저는 입을 닫았습니다. 그분이 다니는 교회에서는 자기가 거의 장로급인데 자존심이 상했는지 그분은 똥 씹은 얼굴이 되어서 그 후로는 별로 말도 없이 지내다가 여행을 마치고 헤어졌습니다.

계명을 지키는 자란?

요한일서 2장 3절부터 "계명"이라는 말씀이 자주 나옵니다.

계명(誡命, the Commandments)은 율법(律法, the Law)입니다. 율법과 계명은 똑같은 뜻입니다. 율법에는 모두 613개 조항의 계명이 있는데, 그 계명들은 십계명(the Ten Commandments)으로 대표됩니다. 그런데 **요한일서에서 말씀하시는 "계명"**은 율법의 613개 조항 전체를 말씀하시는 것이 아니라 **"새 계명"**을 의미합니다. **"새 계명을 너희에게 주노니 서로 사랑하라 내가 너희를 사랑한 것같이 너희도 서로 사랑하라"**(요 13:34)는 새 계명은 제자들이 처음부터 주님께로부터 들었던 말씀입니다. 하나님 종들은 영혼들에게 복음을 전해서 그들이 죄 사함을 받으면, "하나님의 사랑을 받은 너희 의인들은 이제 진리의 복음으로 영혼들을 구원하고 그들이 믿음에 굳게 서도록 보살피며 살아야 한다"고 가르쳤습니다. 이것이 새 계명입니다.

　요한일서에서 말씀하시는 계명은 이것입니다: **"그의 계명은 이것이니 곧 그 아들 예수 그리스도의 이름을 믿고 그가 우리에게 주신 계명대로 서로 사랑할 것이니라"**(요일 3:23). "그의 계명"은 두 가지 내용입니다: **"곧 그 아들 예수 그리스도의 이름을 믿고…서로 사랑할 것"**입니다. "그 아들 예수 그리스도의 이름을 믿고"라는 말씀은 "먼저 예수님의 구원의 복음을 믿어서 죄 사함을 받으라"는 뜻입니다. **"죄 사함으로 말미암는 구원"**(눅 1:77)을 받는 것이 신앙생활의 첫 단추입니다. 이 첫 단추가 잘못 끼워지면 나머지 단추들은 전자동으로 잘못 끼워집니다. 오늘날의 기독교인들은 첫 단추를 잘못 끼워놓고 예수님을 믿기 시작했으니, 그들은 사람에게만 잘 보이려고 하는 종교인이 될 수밖에 없습니다. 누구든지 하나님의 백성이 되려면 먼저 **예수님의 이름 안에 있는 하나님의 의를 믿어서 거듭나야** 합니다. 그래야만 하나님이 주신 **"진리의 사랑"**으로 다른 이들도 사랑할 수 있습니다.

거듭난 사람이라야 **"그가 우리에게 주신 계명대로 서로 사랑할 것이니라"**고 하신 새 계명을 지킬 수 있습니다. 여기서 말씀하시는 사랑은 우리에게서 나오는 육신적인 사랑이 아니라 하나님께로부터 온 사랑입니다. 이 사랑은 "아가페"(Agape)의 사랑입니다. 하나님의 사랑은 당신의 외아들 예수 그리스도를 우리에게 아낌없이 내어 주신 **"진리의 사랑"**이며 영적인 사랑입니다. 이 사랑은 사람에게는 절대로 없는 사랑입니다. 고린도전서 13장에서 말씀하시는 **"사랑"**도 하나님의 **"진리의 사랑"**입니다. 그래서 **"내가 내게 있는 모든 것으로 구제하고 또 내 몸을 불사르게 내어 줄찌라도 사랑이 없으면 내게 아무 유익이 없느니라"**(고전 13:3)고 말씀하신 것입니다.

자기에게 있는 모든 것을 내어 주는 사랑이 얼마나 대단합니까? 다른 사람을 살려 내고자 불 속에 뛰어든 희생의 사랑이 얼마나 숭고합니까? 그런데도 성경은 "그런 헌신적인 희생에도 사랑이 없을 수 있다"고 말씀하시는데, 이는 성경에서 말씀하시는 사랑은 **"진리의 사랑"**(살후 2:10)이기 때문입니다. 주님께서 **"서로 사랑하라"**고 하신 말씀에서의 **"사랑"**은 하나님의 사랑, 즉 **"진리의 사랑"**이라는 사실을 우리는 잊지 말아야 합니다. 이 사랑을 인간끼리 베푸는 육신적인 사랑으로 착각하면 혼돈에 빠지고 어두움 가운데 행할 수밖에 없습니다.

"진리의 사랑"과 인간의 **"박애적(博愛的) 사랑"**이 어떻게 다른지를 우리는 잘 알아야 합니다. 유니세프(Unicef, 유엔아동기금)는 현재 아프리카를 비롯해서 세계 도처의 어린이들이 3초마다 1명씩 굶어 죽는다고 호소합니다. 그러면 한 시간에 1,200명 하루에 거의 3만 명에 가까운 어린이들이 굶어 죽고 있다는 말입니다. 그래서 여러 자선단체가 그런 기아 상태의 어린이들에게 식량을 나눠 주는 일을 합니다. 이것은 참으로 아름다운 일이며, 박애의 사랑을 실천하는 일입니다. 또 "캘커타의 성녀"라고 불리는 "마더 테레사" 수녀가 베풀었던 자선 사역도 전 세계인의 찬사를 받아 마땅합니다. 마케도니아 태생의 테레사 수녀는 인도인으로 귀화하여 길거리에서 죽어 가는 사람들을 자기의 시설에 수용하여 편안하게 죽을 수 있도록 돌봐 주는 사역(Hospitality ministry)과 버려진 어린이들을 돌보는 사역을 거의 반세기 동안이나 충실하게 하였습니다. 말이 쉽지 이러한 박애 사역에 평생을 바치는 것은 결코 쉬운 일이 아닙니다. 자기를 포기하지 않으면 결코 평생 동안 남을 위해 희생적인 삶을 살 수 없습니다.

그런데 사람의 육신을 돌보는 사랑도 아름다운 일이기는 하지만, 그런 사랑은 하나님의 사랑과는 거리가 멉니다. 하나님의 사랑은 영혼들을 죄에서 구원해서 하나님의 자녀로 삼는 **"진리의 사랑"**(살후 2:10)입니다. **"진리의 사랑"**은 영원합니다. 사람의 육신만을 돌보는 사랑은 엄밀히 말하면 썩어질 것에 정성을 쏟아붓는 사랑입니다. 육신은 언젠가는 죽어서 썩어질 것입니다. 어떤 노숙자가 "오늘 길거리에서 쓸쓸하게 홀로" 죽어 가게 되었는데, 그 사람을 수용시설에 데려다가 잘 돌봐 주었더니 "삼일 후 여러 사람들이 위로하는 가운데 평안하게" 죽었다고 칩시다. 이 사람은 그동안 굶주리고 길거리에서 노숙을 하면서 너무나 고생했으니까, 마지막 사흘 동안은 너무나 행복했을 것입니다.

봉사자들은 그 사람의 똥 기저귀를 갈아 주고 목욕도 시키고 죽도 떠먹여주면서 헌신적으로 돌봐 주었습니다. 참으로 아름다운 선행이었고, 그 사람도 감사의 눈물을 흘리며 죽었습니다. 그런데 그렇게 육신만을 돌보는 사역으로 그 사람을 천국의 영생에 들어가게 하지는 못합니다. 이 경우를 극단적으로 말하자면, 이러한 사역은 "3일 전에 지옥에 갈 사람을 3일 후에 지옥에 가게 한 것"에 불과합니다.

하나님이 주시고자 하는 사랑은 **"진리의 사랑"**(살후 2:10)입니다. 죄로 인해 지옥에 가야 할 모든 영혼들이 예수 그리스도 안에 있는 **"죄 사함으로 말미암는 구원"**(눅 1:77)을 받게 해서 하나님의 자녀로 천국 영생을 누릴 수 있도록 섬기는 사랑이 **"진리의 사랑"**입니다. 이 사랑은 육신만을 돌보는 사랑과는 근본적으로 다릅니다. 방금 전에 예로 들었던 노숙자는 육신적인 사랑은 넘치게 받았지만 죄 사함을 얻게 하는 **"진리의 사랑"**을 받지 못한 채로 죽어서 끝내 지옥에 가게 되었습니다. 그러므로 육신만을 돌보는 사랑은 하나님 앞에서 큰 의미가 없습니다.

그러나 이 세상에서는 그런 육신적인 사랑을 가장 숭고하고 아름다운 사랑으로 여기기 때문에, 사람들의 눈에는 진정으로 소중한 **"진리의 사랑"**은 무시를 당합니다. 그리고 더 냉정하게 말하자면, 육신적인 사랑이 하나님께서 기뻐하시는 **"진리의 사랑"**을 훼방하고 있다고도 할 수 있습니다. 극장에서 앞에 큰 사람이 앉아 있으면 저 앞의 무대 위가 잘 안 보이듯이, 사람의 육신만을 돌보는 구제나 박애의 사랑도 귀한 것이지만, 어찌 보면 그런 사역이 하나님의 일을 가로막고 있습니다. 거듭난 하나님의 종들은 사람들이 지옥에 가는 것을 가장 안타까워합니다. 그래서 진리의 복음으로 사람들의 영혼이 죄 사함을 받고 하나님의 자녀가 되게 하는 일에 모든 역량을 집중시킵니다. 그런데 하나님의 뜻을 모르는 사람들은 거듭난 의인들이 베푸는 영적인 사랑을 비난합니다: "너희들은 입만 열면 복음이니 죄 사함이니 하는데, 도대체 너희들은 소외된 사람들에게 해 준 것이 무엇이냐?"고 말입니다. 그리고 심지어는 "죄 있으면 지옥에 간다고 하며 예수님을 믿는 사람들에게까지 전도하려는 너희들은 이단이다"라고 하나님의 일꾼들을 배척하고 비난하는 자들이 많습니다.

하나님의 사랑은 진리의 사랑입니다

오늘의 본문에서 "서로 사랑하라"고 말씀하신 사랑은 하나님께서 주신 "진리의 사랑"을 뜻합니다. "**악한 자의 임함은 사단의 역사를 따라 모든 능력과 표적과 거짓 기적과 불의의 모든 속임으로 멸망하는 자들에게 임하리니 이는 저희가 진리의 사랑을 받지 아니하여 구원함을 얻지 못함이니라**"(살후 2:9-10).

이 말씀에서 "악한 자"는 사단 마귀입니다. 사단 마귀도 능력이 있어서 그 능력으로 사람들을 속입니다. 사단 마귀는 모든 능력과 표적과 거짓 기적들을 일으키고 모든 거짓말로 멸망하는 자들, 즉 지옥에 갈 자들을 유혹합니다. 거듭나지 못한 사람들은 사단 마귀의 가르침이 옳은 줄로 알고 그의 교설(巧說)에 빠져서 거짓 교리를 옹호하고 따라갑니다. 그래서 이미 사단이 주입한 "**불의의 모든 속임**"에 절어 있는 그들에게 하나님의 종들이 진리의 복음을 전해 주면 그들은 오히려 대적하고 하나님의 종들을 이단이라고 공격합니다. 그리고 결국은 **"저희가 진리의 사랑을 받지 아니하여 구원함을 얻지 못"**합니다. 어둠을 좇아가는 자들은 하나님께서 베푸시는 **"진리의 사랑"**을 받지 않아서 구원함을 얻지 못하는 것입니다.

하나님의 사랑은 **"진리의 사랑"**(살후 2:10)입니다. 요한일서를 비롯한 모든 성경에서 말씀하는 하나님의 사랑은 바로 **"진리의 사랑"**이며, 따라서 **"진리의 사랑"**을 받은 자들만이 **"서로 사랑하라"**는 새 계명을 지킬 수 있습니다. 하나님 아버지께서 당신의 외아들 예수 그리스도를 우리에게 보내 주셔서, 예수님을 인류의 화목제물로 삼으시기까지 우리를 사랑하신 그 **"진리의 사랑"**을 받아들이지 않기 때문에 사람들이 구원을 받지 못하는 것입니다. 그리고 구원함을 받지 못한 사람은 새 계명을 지킬 수 없습니다. 자기 안에 하나님의 사랑, 즉 **"진리의 사랑"**이 없는데 어떻게 다른 사람들에게 **"진리의 사랑"**을 베풀 수 있겠습니까?

자, 아직 거듭나지 못한 어떤 사람이 테레사 수녀처럼 박애 정신이 충만해서 빈자들을 돌보는 사역에 헌신했다고 칩시다. 그런데 그는 자신도 **"죄 사함으로 말미암는 구원"**(눅 1:77)을 받지 못해서 하나님의 **"진리의 사랑"**이 무엇인지 알지도 못하기에, 그는 다른 이들에게 **"진리의 사랑"**을 베풀 수 없습니다. 그런 사람이 할 수 있는 일은 그저 자기 몸이 부숴져라 희생하고 헌신해서 굶주리고 소외된 불쌍한 사람들을 육신적으로 돌보는 일뿐입니다. 그런데 아무리 그들의 기저귀를 갈아 주고 목욕을 시켜주고 죽을 떠먹이는 등 갖은 수고를 다 하고, 자기 몸을 불사르게 내어 준다고 할지라도 그 사람의 수고는 하나님의 **"진리의 사랑"**과는 아무 관계가 없기 때문에 주님은 그런 사랑이 **"아무 유익이 없느니라"**(고전 13:3)고 말씀하십니다. 거듭나지 못한 사람에게서는 육신적인 사랑밖에 나올 것이 없는데, **"진리의 사랑"**에 비하면 그것은 아무것도 아닙니다. 거듭나지 못한 기독교인들은 인간의 육신적인 사랑과 하나님의 **"진리의 사랑"**을 분별하지 못하기 때문에, 가톨릭 교인들이 개신교도들에게 "너희에게는 마더 테레사나 프란치스코 성인같이 구제와 봉사에 헌신한 성자들이 있냐?"고 도전하면 "깨갱"하고 꼬리를 내릴 수밖에 없습니다.

진리의 복음으로 영혼들을 천국 영생으로 인도하는 사랑이 **"진리의 사랑"**입니다. **"진리의 사랑"**이 가장 귀하고 영원한 사랑이며, 하나님은 **"진리의 사랑"**으로 **"서로 사랑하라"**고 말씀하셨습니다. **"진리의 사랑"**은 물과 성령의 복음 안에 담겨 있는 하나님의 구원의 사랑입니다. 영혼들을 죄에서 구원해서 영원한 천국에 들여보내는 그 사랑보다 더 귀한 사랑은 없습니다. **"진리의 사랑"**을 하려면 먼저 자기가 그 사랑을 맛보아야 합니다. 사람은 자기 안에 있는 것을 남에게 줄 수 있습니다. 베드로는 성전 미문(美門) 곁에 앉아서 구걸하던 앉은뱅이에게, **"은과 금은 내게 없거니와 내게 있는 것으로 네게 주노니 곧 나사렛 예수 그리스도의 이름으로 걸으라"**(행 3:6)고 선포하며 그의 손을 잡아 일으키자, 그 앉은뱅이는 곧 발목에 힘을 얻어 일어나 뛰기도 하고 걷기도 하며 하나님의 종들과 함께 성전에 들어가 하나님을 찬양했습니다. **"진리의 사랑"**으로 영혼들을 구원하고 믿음으로 인도하는 사역이 하나님의 일입니다. 의인들은 그들의 마음 안에 하나님의 의가 담겨 있기 때문에, 사람들에게 하나님의 의를 옷 입혀 주는 "진리의 사랑"을 할 수 있습니다.

"그의 계명은 이것이니 곧 그 아들 예수 그리스도의 이름을 믿고 그가 우리에게 주신 계명대로 서로 사랑할 것이니라"(요일 3:23).

우리가 "서로 사랑하라"고 말씀하신 새 계명을 지키려면, 먼저 자기가 거듭나서 하나님의 "진리의 사랑"이 자기 안에 있어야 합니다. "그 아들 예수 그리스도의 이름을 믿고"라는 말씀이 "너희가 먼저 거듭나서 진리의 사랑을 맛보고"라는 뜻입니다. 하나님께서 우리에게 구원자로 보내 주신 예수님의 복음을 우리는 믿어야 합니다. 자신이 먼저 물과 성령의 복음을 믿어서 죄 사함을 받아야만, 하나님께서 주신 "진리의 사랑"을 다른 사람들에게 베풀 수 있습니다. 베드로는 "내게 있는 것으로 네게 주노니"라고 담대하게 선포했는데, 거듭나지 못한 자는 자기 안에 "진리의 사랑"이 없기 때문에 줄 것도 없습니다. 누구든지 거듭나기 전에는 결코 하나님의 "진리의 사랑"을 베풀 수 없습니다. 그래서 거듭나지 못한 사람은 기껏 육신의 사랑만을 베풀면서 그것이 지고지선(至高至善)한 사랑인 줄로 착각합니다. 많은 기독교인들이 승용차에 "하나님은 사랑이시라"(요일 4:16)는 성구 스티커를 붙이고 다니는데, 그 사랑이 육신의 사랑이 아니라 "진리의 사랑"인 줄로 아는 사람은 별로 없을 것입니다.

오직 물과 성령의 복음으로 거듭난 자만이 하나님의 사랑이 마음에 있어서 그 "진리의 사랑"이 하나님의 의를 전파하도록 강권(强勸)합니다. "그리스도의 사랑이 우리를 강권하시는도다 우리가 생각건대 한 사람이 모든 사람을 대신하여 죽었은즉 모든 사람이 죽은 것이라"(고후 5:14)고 말씀하십니다. 모든 인류를 죄에서 구원하고자 자신을 제물로 드리신 예수님의 사랑을 입고 거듭난 의인들의 마음에 **"진리의 사랑"**이 자리 잡고 있어서 그 사랑이 의인들을 강권합니다. 하나님의 **"진리의 사랑"**이 모든 사람들에게 가장 귀한 영생을 가져다 주는 보화인 줄 알기 때문에, 의인들은 어떻게 하든지 이 **"진리의 사랑"**을 다른 사람에게도 나누어 주고 싶어 합니다. 성령님은 거듭난 자의 마음에 내주하시는데, 성령께서도 **"진리의 사랑"**을 자원해서 베풀도록 의인들을 강권(强勸)하십니다.

거듭난 의인들은 **"진리의 사랑"**의 눈으로 사람들의 영혼을 바라봅니다. 저는 돈이 많다고 거들먹거리는 사람들을 보면 참으로 불쌍합니다. 왜냐하면 그런 사람은 죄 사함을 받기가 더 어렵기 때문입니다. 이 세상에서 부족할 것이 없는 사람은 **"영원을 사모하는 마음"**(전 3:11)이 별로 없습니다. 자기가 자원(自願)해서 "나를 좀 구원해 달라"고 해야 인도를 할 수 있는데 강제로 입을 따고 복음을 먹일 수는 없는 일이니, 그런 사람들에게는 어떻게 **"진리의 사랑"**을 베풀래야 베풀 수가 없습니다. **"부자는 천국에 들어가기가 어려우니라"**고 주님께서 말씀하신 부분에서 부자는 영적인 부자 즉 자기가 의로운 줄 아는 사람을 지칭하는 말이지만, 영적인 부자뿐만 아니라 실제로 돈이 많은 부자들도 구원받기는 힘듭니다.

"저 안에 거한다 하는 자는 그의 행하신 대로 자기도 행할지니라"(요일 2:6).

"예수 그리스도 안에 거하는 자"는 거듭난 의인들입니다. 죄 사함 받은 자만이 예수님 안에 거(居)합니다. 예수님 안에 거하는 자, 즉 거듭난 자는 예수님이 행하신 대로 자기도 따라 행하게 되어 있습니다. **"보시옵소서 내가 하나님의 뜻을 행하러 왔나이다"**(히 10:9)라고 말씀하셨듯이, 예수님께서는 하나님 아버지의 뜻을 행하러 오셨습니다.

그러면 **"하나님의 뜻"**이 무엇입니까? 당신의 외아들을 인류의 대속제물로 삼아 인류의 모든 죄를 없애 주시는 일이었습니다. 즉 우리 모두에게 하나님의 의를 옷 입혀 주신 **"진리의 사랑을 다른 영혼들에게도 베풀어 주시는 것이 하나님의 뜻"**입니다. 그러므로 우리가 진리의 사랑을 베풀 때에 우리는 예수 그리스도께서 행하신 길을 따라가는 것입니다. 거듭난 자는 하나님의 의를 전파합니다. **물과 성령의 복음**을 전파해서 영혼들이 진리의 사랑을 입게 하는 것이 바로 예수 그리스도께서 행하신 대로 자기도 행하는 것입니다. 우리는 **"하나님의 의"**를 문서선교를 통해서 전파하고 있습니다. 이 시대에는 문서로 진리의 복음을 전파하는 것이 효과적이라고 저는 생각합니다. 그래서 우리가 믿음과 자원함으로 문서 선교사역에 힘쓴다면, 우리도 **"예수 그리스도께서 행하신 대로 행하는 것"**입니다.

상호나 상표명을 잘 지으면 사업에 성공한다고 하는 "네이밍"(naming) 혹은 "브랜딩"(branding)이라는 말이 이 시대의 화두(話頭)입니다. 요즘의 기독교인들은 "예닮"이라는 이름을 많이 씁니다. 제가 아는 건축설계사도 "예닮 건축사사무소"라고 간판을 걸었습니다. 예닮 피아노학원, 예닮 어린이집, 예닮 치과 등등, "예닮"을 붙인 네이밍(naming)이 참으로 많습니다. "예닮 교회"는 웬만한 도시에 한두 개씩은 다 있습니다. 그러면 왜 "예닮"이라는 이름이 많이 쓰일까요? "예닮"은 "예수님을 닮자"라는 뜻입니다. 그런데 그런 이름을 쓰는 사람들은 예수님의 희생과 겸손의 이미지에 초점을 두고 있습니다. "예닮 어린이집"이라는 네이밍(naming)에는 어린아이들이 예수님처럼 선하고 희생적인 인격의 훌륭한 아이로 자라게 될 것이라는 느낌을 갖습니다.

그런데 **"예수 그리스도께서 행하신 대로 자기도 행하는 것"**은 그런 뜻이 아닙니다. 예수님이 행하신 일은 바로 하나님의 의를 이루시고 전파하신 일입니다. 당신 자신을 제물로 드려서 우리의 모든 죄를 없애 주신 것이 하나님의 **"진리의 사랑"**입니다. 그러므로 진정한 "예닮"은, 즉 "그가 행하신 대로 우리도 행한다는 것"은 우리가 예수 그리스도의 이름을 믿고 예수님께서 행하신 대로 **"진리의 사랑"**으로 영혼들을 구원하는 일입니다. 하나님의 의의 복음을 전파해서 영혼들을 구원하는 일이 바로 **"그가 행하신 대로 우리도 행하는"** 길입니다.

"저 안에 거한다 하는 자는 그의 행하신 대로 자기도 행할지니라"(요일 2:6)—저는 거듭나기 전에 이 말씀이 너무 부담이 되었습니다. 예수님처럼 날마다 자기 십자가를 지고, 자기를 희생하고, 이웃을 내 몸같이 사랑하고, 원수까지 사랑해야 하니, 저는 이 말씀을 준행하기가 너무 힘들어서 신앙생활을 포기할 지경에 이르렀습니다. 그런데 그때에 하나님의 **"진리의 사랑"**을 만났습니다. 그리고 "아, 이 말씀은 예수 그리스도께서 우리에게 이루어 주신 하나님의 의를 우리도 전파하라는 뜻이로구나! 물과 성령의 복음을 믿고 하나님께서 입혀 주신 **'진리의 사랑'**으로 서로 사랑하는 것이 바로 예수 그리스도께서 행하신 대로 우리도 행하는 것이로구나!" 하고 깨닫게 되었습니다. 그래서 거듭난 후에는 이 말씀을 얼마든지 준행할 수 있기에, 저는 지금 마음이 평안하고 참 좋습니다.

그리고 주님의 계명은 무거운 것이 아니라고 말씀하십니다. 주님의 복음을 섬기는 것은 무거운 계명이 아닙니다. 자기가 좋아하는 일을 하는 것은 별로 힘들지 않습니다. 또 자기가 좋아하는 일은 힘들어도 기꺼이 합니다. 낚시를 좋아하는 사람에게, "당신은 하루 종일 서서 낚시를 하는데 힘들지 않습니까?" 하고 물으면 낚시꾼은 하나도 힘들지 않다고 대답합니다. 저는 아마추어 낚시꾼입니다만 가끔 낚시를 해 보면 아주 재미있습니다. 저는 낚시를 별로 잘하지도 못하고 요즈음에는 시간이 아까워서 거의 낚시를 못 나갑니다. 아무튼 낚시꾼들은 그 "손맛" 때문에, 오늘은 큰 놈을 잡을 것 같은 기대를 하면서 시간만 나면 낚시터로 달려갑니다. 자기가 좋으면 누가 아무리 말려도 우리는 자진해서 그 일을 합니다. 그리고 자기가 좋아서 하는 일은 힘이 들지 않습니다.

어떤 일이 힘들지 않게 느껴지는 경우는 두 가지입니다—그 일이 진정 재미있고 좋든지, 또는 그 일이 자기에게 큰 유익을 가져오든지! 그러면 우리는 그런 일을 하면서 전혀 힘이 들지 않습니다. 그런데 우리 마음에 주님의 사랑이 임하면, 주님의 복음을 섬기는 것이 참으로 좋아집니다. 진리의 복음으로 다른 영혼들을 구원하는 일은 너무 귀한 일이고 가치 있는 일입니다. 그래서 거듭난 의인들은 자원(自願)해서 복음을 전파합니다. 누가 시켜서 억지로 하는 것이 아닙니다. 억지로 하는 일은 힘듭니다. 그러나 자원하는 마음으로 하는 일은 힘이 들지 않습니다. 오히려 일을 하면 할수록 더 그 일이 좋아집니다. 그래서 **"저 안에 거한다 하는 자는 그의 행하신 대로 자기도 행할지니라"**(요일 2:6)고 하신 말씀이 거듭난 의인들에게는 결코 무거운 짐이 아닙니다.

다시 요한일서 2장 1절로 돌아가서 말씀을 정리하겠습니다. **"나의 자녀들아 내가 이것을 너희에게 씀은 너희로 죄를 범치 않게 하려 함이라"**(요일 2:1). "죄를 범한다"라는 뜻은 계명을 지키지 않는다는 말입니다. 계명을 지키지 않는 것이 죄를 범하는 것입니다. 따라서 계명을 지키는 삶을 살면 죄를 범하지 않게 됩니다. 예를 들면, 자전거를 타고 열심히 페달을 밟아 달릴 때에는 쓰러지지 않습니다. 그래서 사도 바울은 자기의 삶을 운동장에서 달음질하는 자에 비유하곤 했습니다. 육상 선수가 골인 지점을 향해서 전심으로 달리는 동안에는 다른 생각을 할 여가가 없습니다. 오직 1등을 하려는 마음으로 전력질주를 합니다.

이와 같이 우리도 위에서 부르신 그 부르심의 상(賞)을 향해서 달려가는 동안에는 우리가 주님의 새 계명을 준행하는 일에 마음을 드립니다. 사도 바울도 **"형제들아 나는 아직 내가 잡은 줄로 여기지 아니하고 오직 한 일 즉 뒤에 있는 것은 잊어버리고 앞에 있는 것을 잡으려고 푯대를 향하여 그리스도 예수 안에서 하나님이 위에서 부르신 부름의 상을 위하여 좇아가노라"**(빌 3:13-14)고 말씀하셨습니다. 주님이 베푼 **"진리의 사랑"**이 마음에 있는 자는 하나님의 사랑을 전파하는 일에 자신의 생애를 드리겠다고 푯대를 정하고 그것을 향해서 달려갑니다. 그리고 그 푯대를 향해서 달려가는 자는 "새 계명을 어기는 죄"를 범하지 않습니다.

그러나 우리는 여전히 연약한 육신을 입고 있기 때문에, 우리가 **"진리의 사랑"**을 전파하기로 마음을 굳게 정하지 않으면, 우리는 반드시 육신의 욕망을 따라 죄를 짓게 되어 있습니다. 육신의 욕망은 끊임없이 성령의 소욕에 찬물을 끼얹습니다. 그리고 육체는 끊임없이 자기의 욕망을 충족시켜 달라고 아우성을 칩니다. **"거머리에게는 두 딸이 있어 다고 다고 하느니라"**(잠 30:15)고 말씀했는데, 육신의 욕망은 결코 채울 수 없는 터진 웅덩이입니다. 그래서 육신의 욕망을 충족시켜 주다 보면, 우리는 하나님의 **"진리의 사랑"**과는 멀어지고 새 계명을 지키지 못하는 죄를 짓게 됩니다.

예수 그리스도께서 행하신 것처럼 우리도 하나님의 의를 섬기고 행하면, 우리가 죄에 빠지지 않습니다. 그렇다고 우리가 전혀 죄를 짓지 않는다는 말은 아닙니다. 저도 살다 보면 내 머리를 쥐어박을 때가 많습니다—"이놈아, 이게 뭐냐? 네가 지금 무엇을 하고 있냐?" 주님의 의를 생각하지 않고 자기 욕망을 좇으면 죄를 범하게 되어 있습니다. 그러면 스스로 자기의 머리를 쥐어박아야 합니다. 그리고 이런 죄까지도 온전히 없애 주신 예수님을 바라봅니다. **"믿음의 주요 또 온전케 하시는 이인 예수를 바라보자"**(히 12:2)고 말씀하십니다. 제가 육신의 욕망을 따라갔을 때에, 저는 우리의 대언자이신 예수 그리스도의 물과 성령의 복음을 되새기며 다시 돌이킵니다.

우리가 "범죄하지 않는다"라는 말은 거듭난 자는 완벽하게 율법을 지킨다는 뜻이 아닙니다. 그래서 바로 그다음 구절에는, **"만일 누가 죄를 범하면 아버지 앞에서 우리의 대언자가 있으니 곧 의로우신 예수 그리스도시라"**(요일 2:2)고 말씀하십니다. 우리가 주님을 잘 따라가다가, 즉 우리가 하나님의 **"진리의 사랑"**으로 영혼들을 잘 섬기다가 삐끗할 수 있는데, 그럴 때에 우리에게 대언자가 계셔서 "그 죄도 내가 담당했다"라고 위로하며 일으켜 주십니다. 그러면 우리는 우리의 대언자인 예수님께서 주신 물과 성령의 복음으로 마음에 새 힘을 얻고, 다시 일어나서 주님을 따라갑니다.

그렇게 **"저(예수님)가 행하신 대로 행하는 자"**는 새 계명을 어기는 죄를 범하지 않습니다. 우리가 주님을 따라가면 죄를 범하지 않지만, 주님을 따라가지 않을 때에는 죄를 범하게 됩니다. "계명을 지키지 못하는 것"이 바로 죄를 범하는 것입니다. 거듭난 자의 삶은 하나님의 복음을 섬기는 것으로 푯대를 삼습니다. 하나님의 **"진리의 사랑"**으로 영혼들을 사랑하는 것이 주님이 우리에게 주신 **"새 계명"**입니다. 이 계명을 지키는 자는 죄를 멀리하게 됩니다.

다시 한번 하나님께 마음을 정하고, 우리를 모든 죄에서 구원하신 주님의 은혜에 감사를 드립니다.

말씀을 마쳤습니다. 할렐루야!

거듭난 자는 진리의 사랑을 베풉니다

"나의 자녀들아 내가 이것을 너희에게 씀은 너희로 죄를 범치 않게 하려 함이라 만일 누가 죄를 범하면 아버지 앞에서 우리에게 대언자가 있으니 곧 의로우신 예수 그리스도시라

저는 우리 죄를 위한 화목 제물이니 우리만 위할 뿐 아니요 온 세상의 죄를 위하심이라

우리가 그의 계명을 지키면 이로써 우리가 저를 아는 줄로 알 것이요

저를 아노라 하고 그의 계명을 지키지 아니하는 자는 거짓말하는 자요 진리가 그 속에 있지 아니하되

누구든지 그의 말씀을 지키는 자는 하나님의 사랑이 참으로 그 속에서 온전케 되었나니 이로써 우리가 저 안에 있는 줄을 아노라

저 안에 거한다 하는 자는 그의 행하시는 대로 자기도 행할찌니라

사랑하는 자들아 내가 새 계명을 너희에게 쓰는 것이 아니라 너희가 처음부터 가진 옛 계명이니 이 옛 계명은 너희의 들은 바 말씀이거니와

다시 내가 너희에게 새 계명을 쓰노니 저에게와 너희에게도 참된 것이라 이는 어두움이 지나가고 참빛이 벌써 비췸이니라

빛 가운데 있다 하며 그 형제를 미워하는 자는 지금까지 어두운 가운데 있는 자요

그의 형제를 사랑하는 자는 빛 가운데 거하여 자기 속에 거리낌이 없으나

그의 형제를 미워하는 자는 어두운 가운데 있고 또 어두운 가운데 행하며 갈 곳을 알지 못하나니 이는 어두움이 그의 눈을 멀게 하였음이니라"(요일 2:1-11).

오늘 아침에도 바닷가로 산책을 나갔다가 전도하고 있던 여호와의 증인 한 사람을 만났습니다. 오늘 만난 사람은 하나님의 말씀 앞에서 비교적 마음이 정직한 분입니다. 몇몇 분들이 돌아가며 바닷가 전망대 부근에 서적 거치대(据置臺)를 설치해 놓고 전도를 하는데, 그분은 제법 오랜만에 만나서 더욱 반가웠습니다. 그 분과 안부 인사를 나누고 이런저런 얘기를 하다가 제가 물었습니다. "우리가 다 예수님을 믿는데, 이○○ 선생님은 예수님을 왜 믿습니까?" 질문은 "진리로 들어가는 문"이라고 합니다. 그래서 우리는 사람들에게 가르치려고만 하지 말고 영적인 질문을 하는 것이 좋습니다.

그분은 "영생을 얻기 위해서 믿는다"고 대답을 했습니다. 그래서 저는 "맞습니다. 그러면 우리가 영생을 어떻게 얻겠습니까? 모든 죄에서 구원을 받아야 영생을 얻는데, 그러면 모든 죄는 어떻게 사함을 받습니까?" 하고 물었더니, "그것은 하나님만이 아시지요…." 하고 말끝을 흐렸습니다. 그렇습니다! 사람이 빛 가운데 거하지 않으면, 그는 **"어두운 가운데 있고 또 어두운 가운데 행하며 갈 곳을 알지 못하나니 이는 어두움이 그의 눈을 멀게 한다"**(요일 2:11)고 말씀하십니다. 사람이 진리의 복음을 알지 못하면 "그것을 누가 알겠어요, 하나님만 아시지요"(No one knows it except God)라는 불가지론(不可知論)에 빠질 수밖에 없습니다.

어두움은 거짓말, 즉 비진리(非眞理)입니다. 아직 진리를 만나지 못한 사람은 어두움에 빠져서 갈 곳을 모릅니다. 아직 진리의 빛을 만나지 못해서 거듭나지 못한 사람은 자기가 어떻게 행하는 것이 하나님 앞에서 바른가를, 즉 어느 길이 정도(正道)인지를 모릅니다. 그런 사람들도 육신적인 사랑을 강조합니다. 여호와의 증인들도 자신들이 사랑을 실천하는 사람들이며 사람들에게 선하고 건강하게 살아갈 길을 가르친다고 자부합니다. 그래서 저는 성경에서 말씀하는 사랑은 그런 육신적인 사랑이 아니라고 말씀을 드렸습니다.

성경에서 말씀하시는 "사랑"은 "**진리의 사랑**"(살후 2:10)입니다. 그리고 주님은 우리에게 "**진리의 사랑**"으로 "**서로 사랑하라**"는 새 계명을 주셨습니다. 그리고 새 계명은 우리가 "**처음부터 가진 옛 계명이니 이 옛 계명은 너희의 들은 바 말씀**"(요일 2:7)입니다. 구약 성경의 모든 율법은, "**네 마음을 다하고 목숨을 다하고 뜻을 다하고 힘을 다하여 주 너의 하나님을 사랑하라**"(막 12:30)는 말씀과 "**네 이웃을 네 몸과 같이 사랑하라**"(막 12:31)는 두 계명으로 요약됩니다. 하나님께서 우리를 사랑하신 사랑은 우리를 죄에서 온전하게 건져 주셔서 영생을 얻게 하신 "**진리의 사랑**"입니다. 그 "**진리의 사랑**"으로 영혼들과 형제들을 사랑하는 것이 하나님의 새 계명입니다. 옛 계명인 율법도 사실은 "**진리의 사랑**"으로 서로 사랑하라고 말씀합니다. 그러므로 새 계명은 또한 옛 계명입니다.

하나님께서 말씀하시는 사랑은 육신적인 사랑이 아니라 "**진리의 사랑**"(살후 2:10)입니다. "**악한 자의 임함은 사단의 역사를 따라 모든 능력과 표적과 거짓 기적과 불의의 모든**

속임으로 멸망하는 자들에게 임하리니 이는 저희가 진리의 사랑을 받지 아니하여 구원함을 얻지 못함이니라"(살후 2:9-10)고 말씀하십니다. 육신적인 사랑은 인간의 생각과 감정에서 나온 사랑입니다. 다른 사람들을 육신적으로 보살피고 위로하는 사랑은 **"진리의 사랑"**과는 아무 상관이 없습니다. 그런 육신적인 사랑으로는 다른 사람들을 영생으로 인도할 수 없습니다. "살리는 것은 영이니 육은 무익하니라"(요 6:63)고 말씀하셨습니다.

"진리의 사랑"과 육신적인 사랑을 가장 극명하게 대조하신 말씀이 소위 "사랑 장(章)"이라고 불리는 고린도전서 13장의 말씀입니다. 저도 그랬듯이, 신실한 기독교인라면 이 한 장(章)의 말씀을 다 외웁니다.

"내가 사람의 방언과 천사의 말을 할찌라도 사랑이 없으면 소리나는 구리와 울리는 꽹과리가 되고

내가 예언하는 능이 있어 모든 비밀과 모든 지식을 알고 또 산을 옮길만한 모든 믿음이 있을찌라도 사랑이 없으면 내가 아무 것도 아니요

내가 내게 있는 모든 것으로 구제하고 또 내 몸을 불사르게 내어 줄찌라도 사랑이 없으면 내게 아무 유익이 없느니라"(고전 13:1-3).

위 말씀에서 특히 3절 말씀에 보면, **육신적인 사랑과 진리의 사랑**이 잘 대조되고 있습니다. **"내게 있는 모든 것으로"** 다른 이들을 구제하거나 다른 이들의 목숨을 구하려고 **"불 속에 뛰어드는"** 희생적인 사랑이 얼마나 고귀한 사랑입니까? 그러나 주님은 그런 대단한 사랑도 만일 **진리의 사랑**과 무관하다면, 그것은 육신적인 사랑에 불과하며 하나님 앞에서는 아무 유익이

없다고 말씀하십니다. 진리의 사랑은 진리와 함께 기뻐하는 영적인 사랑이고 모든 이들을 영생의 구원으로 이끄는 하나님의 사랑입니다. 아직 육신에 있는 자들, 즉 죄 사함을 받지 못한 사람들은 **"진리의 사랑"**을 알지도 못합니다. 그래서 그들은 **"진리의 사랑"**을 베풀 수도 없습니다. 고린도전서 13장을 줄줄이 외울 수 있다고 영혼들에게 죄 사함의 은총을 입혀 주는 **"진리의 사랑"**을 행할 수 있는 것이 아닙니다.

예수님의 **"진리의 사랑"**을 입어서 죄 사함을 받은 베다니의 마리아는 자기의 전 재산이라고 할 수 있는 값진 향유 옥합을 깨뜨려서 예수님의 발에 부었습니다. 그러자 가룟 유다는 그것을 못마땅하게 여겨서, **"이 향유를 어찌하여 삼백 데나리온에 팔아 가난한 자들에게 주지 아니하였느냐"**(요 12:5)라며 마리아를 책망했습니다. 그런데 예수님은, **"저를 가만 두어 나의 장사할 날을 위하여 이를 두게 하라 가난한 자들은 항상 너희와 함께 있거니와 나는 항상 있지 아니하리라"**(요 12:7-8)고 말씀하셨고, 더 나아가서 **"저가 힘을 다하여 내 몸에 향유를 부어 내 장사를 미리 준비하였느니라 내가 진실로 너희에게 이르노니 온 천하에 어디서든지 복음이 전파되는 곳에는 이 여자의 행한 일도 말하여 저를 기념하리라"**(막 14:8-9)고 마리아를 칭찬하셨습니다. 마리아는 주님께서 자기와 같은 죄인에게 베푸신 **"진리의 사랑"**에 진심으로 감사했기에 자신의 모든 것을 드려서 주님이 베푸신 영적 사랑의 향기가 온 세상에 퍼지기를 원했습니다.

하나님은 우리에게 당신의 **"진리의 사랑"**을 입혀서 영생의 축복을 주시기를 간절히 원합니다. 진리의 말씀 위에 서서 우리 인생을 바라보면 우리 인생은 아무것도 아닙니다. 사람이 이 땅에서 사는 것은 길어야 백 년입니다. 그리고 백 년을 산다고 해 봤자 인생은 짧고 그 끝은 죽음입니다. **"한 번 죽는 것은 사람에게 정하신 것이요 그 후에는 심판"**(히 9:27)이 있습니다. 그리고 **"진리의 사랑을 받지 아니하여 구원함을 얻지 못한"**(살후 2:10) 죄인은 예외 없이 지옥의 판결을 받습니다.

그런데 **"진리의 사랑"**을 알지 못하는 사람은 아직도 어두움 가운데 있어서 갈 바를 알지 못합니다. 어제 TV의 한 예능 프로그램에 연예인 목사라고 불릴 만한 장○○목사가 다른 여러 연예인들과 함께 출연했습니다. 그분은 오랜 목회생활 중에 나름대로 깨달은 지혜로운 말들을 하는데, 상식적으로는 옳은 말이지만 요즘 사람들은 그런 위선적인 교훈을 별로 좋아하지도 않습니다. 사람들은 차라리 사람의 마음속에 있는 솔직한 말을 듣고 싶어 하지 그런 가식적인 말을 듣고 싶어 하지 않습니다. 다른 연예인들은 자기의 속마음을 드러내고 솔직한 말을 하던데, 장○○목사라는 분은 계속해서 선한 척을 하며 사람들을 가르치려고 하니까, 어떤 연예인 출연자가 "그런 얘기는 책에 얼마든지 있다"고 핀잔을 주었습니다.

지혜로운 말들은 이 세상의 책에서도 얼마든지 발견할 수 있습니다. 거듭나지 못한 사람은 아직 **"진리의 사랑을 받지 아니하여"** 어두움 가운데 있는 사람이기에 세상 사람들이 좋아하는 얘기는 할 수 있습니다. 그러나 하나님 앞에서 어떤 삶이 가장 귀하고 올바른 삶인지 또 어떻게 영혼들을 사랑하는 것이 가장 그를 위하는 사랑인지를 알지 못합니다. 그래서 거듭나지 못한 사람은 아직 어두움 가운데 있어서 갈 바를 알지 못한다고 말씀하시는 것입니다. 그러나 빛, 즉 진리의 복음 안에 거하는 자는 모든 것을 밝히 보기 때문에 하나님의 뜻을 깨닫고 자기의 갈 바를 압니다. 거듭난 의인들은 하나님의 **"진리의 사랑"**이 자기 안에 있기 때문에 영적인 사랑의 눈으로 사람들을 바라보고, 또 그들에게 **"진리의 사랑"**을 베풉니다. 거듭난 사람에게는 성령이 계셔서, 그들은 성령님의 도움으로 요한서신서뿐만 아니라 모든 하나님의 말씀을 쉽게 이해합니다. 그러나 아직 거듭나지 못한 사람에게는 하나님의 말씀이 굉장히 어렵습니다. 그래서 아직 빛 가운데 들어오지 못한 분들을 위해서, 저는 오늘의 본문을 몇 부분으로 나누어 설명해 드리겠습니다.

진리의 사랑으로 거듭난 사람은 자기도 진리의 사랑을 베풉니다

"저를 아노라 하고 그의 계명을 지키지 아니하는 자는 거짓말하는 자요 진리가 그 속에 있지 아니하되 누구든지 그의 말씀을 지키는 자는 하나님의 사랑이 참으로 그 속에서 온전케 되었나니 이로써 우리가 저 안에 있는 줄을 아노라 저 안에 거한다 하는 자는 그의 행하시는 대로 자기도 행할찌니라"(요일 2:4-6).

"하나님의 사랑이 참으로 그 속에서 온전케" 된 사람은 거듭난 의인들입니다. 의인들은 예수님 안에 거하며 **"진리의 사랑"**을 베풉니다. **"진리의 사랑"**은 육신적인 사랑과 전혀 다릅니다. 육신적인 사랑은 결핍되고 고통받는 사람들을 육신적으로 위로하고 돌봐 주는 사랑입니다. 예를 들면 기아가 극심한 지역에 구호식량을 나눠 주거나, 난민 캠프에 들어가서 의료봉사를 하거나, 또는 대지진이나 대홍수 같은 재난이 발생한 지역에서 인명을 구조하는 활동들이 바로 육신의 사랑인데, 이러한 활동도 자기를 희생해서 다른 이들의 육신적인 필요를 채워 주는 귀한 일들입니다.

그러나 이러한 육신적인 사랑으로는 사람들이 천국 영생을 얻게 할 수 없습니다. 육신적인 사랑도 물론 귀한 일이지만, 육신적인 사랑은 하나님 앞에서는 별로 큰 의미가 없습니다. 오히려 더 냉정하게 말하자면, 그런 육신적인 사랑이 **"진리의 사랑"**을 가로막기도 합니다. 이런 말을 하면 혹자는, "그러면 예수님이 보리떡 다섯 개와 물고기 두 마리로 오천 명을 먹이셨는데, 예수님의 사역도 별로 가치가 없는 일이냐? 예수님도 수많은 병자들을 고쳐 주시고 과부와 고아들을 위로하셨는데, 그런 일을 하는 것이 예수님처럼 행하는 것이 아니면 무엇이냐?"라고 반문할 것입니다.

예수님께서 오천 명을 먹이신 이적을 베푸셨던 다음날, 또 양식을 얻어먹으려고 당신을 찾아 몰려온 사람들에게 주님은, "내가 진실로 진실로 너희에게 이르노니 너희가 나를 찾는 것은 표적을 본 까닭이 아니요 떡을 먹고 배부른 까닭이로다 썩을 양식을 위하여 일하지 말고 영생하도록 있는 양식을 위하여 하라 이 양식은 인자가 너희에게 주리니 인자는 아버지 하나님께서 인치신 자니라"(요 6:26-27)고 말씀하셨습니다. 그리고 주님은 "나는 하늘로서 내려온 산 떡이니 사람이 이 떡을 먹으면 영생하리라"(요 6:51)고 말씀하셨고, 더 구체적으로 "내 살을 먹고 내 피를 마시는 자는 영생을 가졌고 마지막 날에 내가 그를 다시 살리리니 내 살은 참된 양식이요 내 피는 참된 음료로다"(요 6:54-55)라고 말씀하셨습니다. **주님의 살**(당신의 육체에 세상 죄를 넘긴 세례)을 먹고(믿고) **당신의 피**(십자가의 대속의 피)를 마시는(믿는) 사람은 죄 사함을 받고 영원한 생명을 얻는다는 **진리의 복음을 전하기 위해서** 주님은 오천 명을 먹이신 것입니다. 따라서 "**진리의 사랑**"으로 이어지지 않고 육신적인 사랑으로 끝나면 그런 사랑은 큰 의미가 없다는 사실을 우리는 잘 알아야 합니다.

그러나 사람들은 오직 육신의 욕망만을 채우기 위해 예수님께 구름처럼 몰려들었습니다. 한번은 어떤 중풍병자를 사람들이 침상 채로 메고 와서 예수께 고침을 받고자 하였으나 예수님께서 계신 집 안에 너무 많은 사람들이 모였기 때문에 그 중풍병자를 예수님께로 데리고 들어갈 길이 없었습니다. 그래서 그들은 지붕에 올라가 지붕을 벗기고 예수님 앞에 그 병자를 침상 채 줄로 달아 내렸습니다. 예수님은 그들의 믿음을 보시고, "**이 사람아 네 죄 사함을 받았느니라**"(눅 5:20)고 말씀하셨습니다. 예수님께서 우리에게 주시고자 하는 사랑은 죄 사함을 받게 하는 "**진리의 사랑**"입니다.

그 말씀을 들은 서기관과 바리새인들이, "이 사람이 신성 모독을 하고 있구나! 오직 하나님 외에 누가 능히 죄를 사하겠느냐?" 하고 속으로 수군거렸습니다. 그러자 예수께서 그들의 생각을 아시고, "**너희 마음에 무슨 생각을 하느냐 네 죄 사함을 받았느니라 하는 말과 일어나 걸어가라 하는 말이 어느 것이 쉽겠느냐 그러나 인자가 땅에서 죄를 사하는 권세가 있는 줄을 너희로 알게 하리라**"(눅 5:22-24) 하시고, 중풍병자에게

"내가 네게 이르노니 일어나 네 침상을 가지고 집으로 가라"고 말씀하셨습니다. 그러자 그 사람이 그들 앞에서 곧 일어나 하나님께 영광을 돌리며 그 누웠던 침상을 들고 자기 집으로 돌아갔습니다. 주님은 모든 죄인들에게 **"진리의 사랑"**을 입혀서 죄 사함을 받고 영생을 얻게 하기를 원합니다.

그런데 이 중풍병자의 경우처럼, 예수님의 사랑이 육신적인 사랑인 줄로 착각하는 사람들이 **"진리의 사랑"**을 받으러 예수님께 나아가는 길을 가로막고 있습니다. 사람들은 육신적인 사랑이 사랑의 전부인 것으로 알기 때문에 **"진리의 사랑"**을 홀대하고 무시합니다. 떡을 배불리 먹었던 사람들에게 예수님께서 **"진리의 사랑"**을 베풀려고 하자 그들은 모두 떠나갔습니다.

지금도 사람들은 예수님을 믿으면 하나님께서 자기의 육신적인 욕망을 채워 준다는 "삼박자 축복"이니 "오중 복음"이니 하는 교훈을 들으러 구름처럼 몰려듭니다. 그러나 예수님은 우리에게 **"죄 사함으로 말미암는 구원"**(눅 1:77)을 주러 오신 분입니다. 그런데 사람들은 프란치스코나 마더 테레사같이 자기를 희생해서 육신적인 사랑을 베푼 사람을 예수님의 사랑을 실천한 지고(至高)한 성자로 칭송합니다. **"이것은 이상한 일이 아니니라 사탄도 자기를 광명의 천사로 가장하나니 그러므로 사탄의 일꾼들도 자기를 의의 일꾼으로 가장하는 것이 또한 대단한 일이 아니니라"**(고후 11:14-15)고 말씀하신 뜻을 우리는 잘 헤아려 보아야 합니다.

예수님께서 행하신 일이 무엇인가?

"저 안에 거한다 하는 자는 그의 행하시는 대로 자기도 행할지니라"(요일 2:6).

예수님께서 행하신 일은 진리의 복음으로 사람들이 죄 사함을 받고 하나님의 자녀가 되어 천국의 영생을 누리게 하는 일이었습니다. 예수님께서는 당신의 몸을 희생제물로 드려서 모든 인류의 죄를 없애 주셨습니다. 이것이 바로 주님이 우리에게 베푸신 **"진리의 사랑"**입니다. 그래서 예수님께로부터 **"진리의 사랑"**을 받은 자는 다른 사람들도 하나님의 사랑을 알고 그 사랑 안에 들어오도록 하는 일에 자신을 드립니다. 즉 거듭난 의인들은 자기들도 예수님처럼 **"진리의 사랑"**을 베풉니다.

따라서 거듭난 의인들에게는 **"그의 행하시는 대로 자기도 행할지니라"**(요일 2:6)고 하신 말씀이 무거운 짐이 아닙니다. 거듭난 하나님의 자녀들에게는 자기 안에 **"진리의 사랑"**이 있기 때문에 그 사랑을 전해 주면 됩니다. 베드로와 요한이 성전에 기도하러 올라가다가 성전의 미문(美門) 곁에 앉아서 구걸을 하던 앉은뱅이를 만났습니다. 그가 두 사도를 보고 무엇을 좀 얻을까 하고 기대했지만, 베드로는 **"은과 금은 내게 없거니와 내게 있는 것으로 네게 주노니 곧 나사렛 예수 그리스도의 이름으로 걸으라"**(행 3:6) 하고 그의 오른손을 잡아 일으켜 주었습니다. 그랬더니 그 앉은뱅이가 발과 발목에 힘을 얻고 일어나 뛰고 걸으며 사도들과 함께 성전으로 들어가 하나님을 찬양했습니다.

태어날 때부터 앉은뱅이였던 그 사람이 그저 동전 한 잎을 얻어서 한 조각 보리떡을 사 먹은 것과는 비교할 수 없는 하나님의 은혜를 입었습니다. 그 사람의 평생의 소원은 남들처럼 걷기도 하고 뛰기도 하며 다른 사람들처럼 성전에 드나드는 것이었습니다. 모든 사람은 태어날 때부터 죄의 자리에 주저앉은 앉은뱅이로 태어납니다. 한 번도 죄인의 자리를 떨치고 일어나 바르게 걷고 뛴 적이 없습니다. 우리를 죄인의 자리에서 일으켜 주신 능력은 진리의 복음인 물과 성령의 복음 안에만 있습니다. 복음의 능력과 함께 임한 "**진리의 사랑**"이 모든 영적 앉은뱅이들을 능히 일으켜서 의인의 길을 가게 합니다. 거듭난 의인들에게는 은과 금은 없을지라도 진리의 사랑이 있기 때문에, "**내게 있는 것으로 네게 주노니**"라고 선포했던 베드로처럼 죄인들을 죄의 자리에서 일으킬 수 있습니다.

    대부분의 사람들은 "**진리의 사랑**"이 무엇인지 모르기 때문에, "**저 안에 거한다 하는 자는 그의 행하시는 대로 자기도 행할지니라**"(요일 2:6)는 말씀 앞에서 그저 고통받거나 절박한 도움이 필요한 사람들에게 육신적인 사랑을 베푸는 것이 사람이 할 수 있는 최고의 선(善)인 줄로 생각합니다. 그래서 많은 기독교인들이 "예닮 운동"을 합니다. 예수님을 닮기 원하는 마음은 귀한 것이지만 예수님께서 베푸신 "**진리의 사랑**"을 알지 못해서 그들은 엉뚱한 방향으로 "예닮 운동"을 하고 있습니다. "예수를 닮기 원하네"라는 제목의 복음 찬송이 있는데 그 가사를 보면,

    "♪온유하고 겸손하신 성품
    예수를 닮기를 내가 원하네~
    자비하고 위로자 되시는
    예수 닮기를 내가 원하네~♪"—이렇습니다.

    예수님을 닮아야 하는 것은 인격과 성품의 측면이 아니라

예수님께서 우리에게 베푸신 **"진리의 사랑"**을 행하는 것입니다. 예수님은 인류의 도덕 선생님이나 사회정의의 구현자가 되려고 이 땅에 오신 하나님이 아닙니다. 형제들 사이에 재산 분쟁이 났는데 그 형제 중의 하나가 예수님께 나와서 어떻게 좀 판결을 내려 달라고 하자 예수님은, **"이 사람아 누가 나를 너희의 재판장이나 물건 나누는 자로 세웠느냐"**(눅 12:14)라고 딱 짤라 거절하셨습니다. 심지어는 당신의 어머니인 마리아와 동생들이 예수님이 귀신들렸다는 소문을 듣고 예수님을 찾아왔는데, 그들을 만나 주지도 않았습니다. 그리고 당신의 말씀을 듣는 자들을 향해, **"누가 내 모친이며 동생들이냐…내 모친과 내 동생들을 보라 누구든지 하나님의 뜻대로 하는 자는 내 형제요 자매요 모친이니라"**(막 3:33-35)고 말씀하셨습니다.

저도 진리의 복음을 만나서 거듭나기 전에는, 육신의 사랑을 베푸는 것이 "예수님처럼 행하는 것"인 줄 알았기에 신앙생활이 너무너무 힘들었습니다. 그것은 자기 몸을 불사르게 내어 주는 일이었습니다. 그런데 성경은 **"내가 내게 있는 모든 것으로 구제하고 또 내 몸을 불사르게 내어 줄찌라도 사랑이 없으면 내게 아무 유익이 없느니라"**(고전 13:3)고 말씀합니다. 자기에게 있는 모든 것을 내어 줘서 다른 이들을 구제하는 일이 얼마나 힘들고 귀한 일입니까? 또 다른 사람을 구하려고 불 속에 뛰어드는 일이 얼마나 대단한 일입니까? 그런데 그렇게 한다 할지라도 **"진리의 사랑"**이 없으면 아무것도 아니라고 사도 바울은 말씀했습니다. 육신의 사랑도 소중합니다. 그러나 그런 사랑이 궁극적으로 **"진리의 사랑"**을 지향하지 않는다면 그것은 아무것도 아닙니다.

성경에서 말씀하는 사랑은 전부 **"진리의 사랑"**입니다. 하나님의 아들인 예수님께서 완성해 주신 진리의 복음을 전해 주어서 그 영혼이 **"죄 사함으로 말미암는 구원"**(눅 1:77)을 얻게 하는 일이 이 세상에서 가장 귀한 일입니다. 예수님도 그 일을 하려 오셨고, 예수님의 **"진리의 사랑"**을 입어서 거듭난 의인들도 최우선으로 그 일을 합니다. **"너희는 먼저 그의 나라와 그의 의를 구하라"**(마 6:33)는 말씀이 그런 뜻입니다. 저도 주님의 **"진리의 사랑"**을 입고 죄 사함을 받았고 천하보다 귀한 영생을 얻었습니다. 그래서 거듭난 의인들은 진리 안에서 영적인 눈을 뜨고 무엇이 귀한 것이며 자신들이 무엇을 위해 몸 바쳐야 할지를 압니다. 그러나 진리 안에 있지 않은 자는 갈 길을 모릅니다. 어떻게 살아야 옳은지, 무엇이 가치 있는지를 모르기 때문에 아무 가치 없는 일에 자기의 삶을 던집니다.

"저 안에 거한다 하는 자는 그의 행하시는 대로 자기도 행할지니라"(요일 2:6)고 주님은 말씀하십니다. 예수님 안에 거하려면 먼저 죄 사함을 받아야 합니다. 예수님은 거룩한 분이시기 때문에 죄가 있으면 절대로 그 안에 거할 수 없습니다. 즉, 거듭난 의인만이 예수 그리스도 안에 거할 수 있습니다. 그리고 거듭난 의인들은 예수님께서 당신의 목숨을 드려서 많은 사람들에게 구원을 베풀어 주셨듯이, 영혼들에게 **"진리의 사랑"**을 입혀 주는 일에 자기를 드립니다.

내가 그리스도와 함께 죽었는가?

그런데 과연 우리가 예수님처럼 자기를 희생해서 **"진리의 사랑"을 베풀 수 있을까요? 얼마든지 가능합니다. 거듭난 자는 진리의 빛 안에 거하면서 자신의 옛사람이 예수 그리스도와 함께 장사된 것을 확실히 믿기 때문에, 자기의 육체의 소욕을 능히 이길 수 있습니다. 거듭난 자도 아직 육체 안에 거하기 때문에 육신의 소욕은 의인들의 마음속에서도 끊임없이 일어납니다. 그러나 의인들은 진리의 복음을 믿음으로 자기의 옛사람이 이미 예수님과 함께 장사되었음을 압니다. 그래서 현상적으로는 자기의 육체가 살아 있지만 실제로는 육체의 소욕이 자기를 주장하지 못합니다. 그러므로 거듭난 사람은 육신의 소욕을 이기고 성령의 소욕을 따라갈 수 있습니다.

"내가 그리스도와 함께 십자가에 못 박혔나니 그런즉 이제는 내가 산 것이 아니요 오직 내 안에 그리스도께서 사신 것이라 이제 내가 육체 가운데 사는 것은 나를 사랑하사 나를 위하여 자기 몸을 버리신 하나님의 아들을 믿는 믿음 안에서 사는 것이라"(갈 2:20).

어떤 사람이 병원에서 죽으면 의사가 사망을 확인하고, "○○○님은 2016년 △월 △일 18시 33분에 운명하셨습니다" 하고 사망선고를 합니다. 사도 바울은 "내가 그리스도와 함께 십자가에 못 박혀 죽었다"라고 자기 옛사람의 사망을 확정적으로 선고했습니다. 여러분은 예수님과 함께 이미 못 박혀 죽었습니까? 아니면 예수님 혼자서만 십자가에서 못 박혀 돌아가셨습니까?

예수님께서 요단강에서 인류의 대표자 세례 요한에게 세례를 받으실 때에, 예수님은 모든 인류를 당신의 육체에 연합시켰습니다. "여자의 몸에서 난 자 중에 가장 큰 자"이고 대제사장 아론의 후손인 세례 요한은 안수의 형식으로 예수님의 머리에 손을 얹고 세례를 베풀었습니다. 안수(按手)는 죄를 희생제물에게 넘기는 공의한 법입니다. 이 안수로 전 인류가 예수님과 연합되어 주님과 함께 십자가에서 못 박혔습니다. 예수님이 십자가에 못 박혀 돌아가실 때 혼자 돌아가신 것이 아니라 내 옛사람과 함께 돌아가신 것입니다. 예수님께서 받으신 세례와 십자가로 말미암아 나의 죄의 몸이 이미 멸망했습니다. 이것이 진리의 말씀입니다. 우리가 이 진리의 말씀을 진정으로 믿는다면 사실 우리의 옛사람은 이미 죽은 것입니다. 나의 옛사람은 이미 한 번 죽어서 장사되었고, 지금 내가 사는 것은 하나님의 은혜로 거듭나서 새 생명 가운데 사는 것이라고 로마서에서 말씀하십니다.

"무릇 그리스도 예수와 합하여 세례를 받은 우리는 그의 죽으심과 합하여 세례 받은 줄을 알지 못하느뇨

그러므로 우리가 그의 죽으심과 합하여 세례를 받음으로 그와 함께 장사되었나니 이는 아버지의 영광으로 말미암아 그리스도를 죽은 자 가운데서 살리심과 같이 우리로 또한 새 생명 가운데서 행하게 하려 함이니라

만일 우리가 그의 죽으심을 본받아 연합한 자가 되었으면 또한 그의 부활을 본받아 연합한 자가 되리라

우리가 알거니와 우리 옛 사람이 예수와 함께 십자가에 못 박힌 것은 죄의 몸이 멸하여 다시는 우리가 죄에게 종노릇 하지 아니하려 함이니

이는 죽은 자가 죄에서 벗어나 의롭다 하심을 얻었음이니라"(롬 6:3-7).

우리 옛사람이 예수와 함께 십자가에 못 박혔던 것은 예수님께서 세례 받으실 때에 우리 옛사람이 세례 요한의 어깨와

팔을 타고 예수님 안으로 들어갔기 때문입니다. **"예수님과 합하여 세례 받았다"**는 말씀이 영어 성경에서는 **"예수님 안으로 세례를 받았다"**(…were baptized into Jesus. KJV)라고 번역되어 있습니다. 예수님께서 받으신 세례로 우리의 옛사람, 즉 죄의 사람이 예수님 안으로 들어가 예수님과 합체(合體)가 되었습니다. 첫 사람 아담이 죄를 범해서 모든 인류가 죄 아래 갇혀 있을 때에 둘째 아담으로 오신 주님께서 모든 죄인들의 옛사람을 당신의 육체와 연합시키는 세례를 받으시고 우리와 함께 십자가에 못 박혀 돌아가셨습니다. 그리고 당신의 **"진리의 사랑"**을 믿는 자들을 주님과 함께 새 생명으로 다시 살리셨습니다.

사도 바울은 예수님의 세례로 자신이 예수님과 연합되어 주님과 함께 이미 십자가에서 죽었다는 믿음이 있었기 때문에, 자기 육체의 소욕을 부인할 수 있었습니다. 그래서 사도 바울은 **"나는 날마다 죽노라"**(고전 15:31)고 말씀한 것입니다. 자기에게도 육체의 소욕이 늘 일어나는데, 진리의 말씀으로 능히 그것들을 부인(否認)했다는 말씀입니다. **"육신을 좇는 자는 육신의 일을, 영을 좇는 자는 영의 일을 생각"**(롬 8:5)합니다. 이미 죽은 육신을 부인해야만 영의 말씀을 좇을 수 있습니다. 하나님의 진리의 말씀을 믿지 않으면 육신을 좇게 되어 있습니다. 진리의 말씀을 믿는 사람에게도 육체의 소욕은 끊임없이 올라오지만, 주님께서 행하신 진리의 사역을 믿음으로 육체의 욕구를 부인하고 성령의 인도를 따라갈 수 있습니다.

하나님 아버지께서 거듭난 자들의 마음에 성령님을 보내주셨습니다. 그리고 성령님께서 의인들이 능히 **"진리의 사랑"**을 베풀며 살아가도록 인도하시고 도와주십니다. 만일 우리에게 성령님이 계시지 않으면, 아무도 자기의 육욕(肉慾)을 이길 자가 없습니다. 의인들의 마음에 성령님이 계시기 때문에, **"진리의 사랑"**을 베푸는 일이 무겁고 힘든 일이 아니라고 말씀합니다. 사람은 자기가 좋아하는 일이나 아주 값진 일을 하면 힘이 들지 않습니다. 또한 그 일이 힘이 들더라도 기꺼이 합니다. **"진리의 사랑"**을 베풀어서 영혼들을 영원한 지옥 불에서 구원하는 일이 너무 가치 있고 아름다운 일이기에, 의인들은 그 일을 위해서 많은 시간과 물질을 드려도 아깝거나 힘들지 않습니다.

삼백 데나리온이나 값이 나가는 향유 옥합을 깨뜨려서 예수님의 발 위에 붓고 눈물로 씻고 머리카락으로 닦았던 막달라 마리아에게는 그 향유 옥합이 그리 아깝지 않았습니다. 가룟 유다는 "그것을 팔아서 가난한 사람들을 구제하지 않고 왜 그 비싼 것을 허비하느냐?"고 마리아를 책망했지만, 예수님은 오히려, **"가만 두어라 너희가 어찌하여 저를 괴롭게 하느냐 저가 내게 좋은 일을 하였느니라 가난한 자들은 항상 너희와 함께 있으니 아무 때라도 원하는 대로 도울 수 있거니와 나는 너희와 항상 함께 있지 아니하리라 저가 힘을 다하여 내 몸에 향유를 부어 내 장사를 미리 준비하였느니라 내가 진실로 너희에게 이르노니 온 천하에 어디서든지 복음이 전파되는 곳에는 이 여자의 행한 일도 말하여 저를 기념하리라"**(막 14:6-9)고 마리아를 칭찬하셨습니다.

여기에서 가룟 유다와 막달라 마리아의 가치관이 극명하게 대조됩니다. 사실 유다는 도둑이었습니다. 그는 가난한 사람들을 구제하겠다는 명분을 세워서 자기의 주머니를 채우려고 한 것입니다. 그러나 마리아는 자기와 같은 죄인을 구원하려고 이 땅에 육신을 입고 오신 주님의 **"진리의 사랑"**을 무엇보다 귀하게 여겼기에, 그 사랑의 향기가 전 세계에 퍼지기를 원했습니다. 주님은 "불의의 재물로 친구를 사귀라"고 말씀하셨습니다. 이 땅의 재물은 다 썩어질 것입니다. 우리가 저 세상에 돈을 가지고 가지 못합니다. 거듭난 사람은 주님께서 기뻐하시는 일에 시간이나 재물을 드리는 것이 아깝지 않습니다.

의인을 위해서 죽는 자가 많지 않고 선을 위해서 죽는 자가 더러 있습니다. 우리는 근본적으로 다른 이들을 조건 없이 사랑할 수 없는 자들입니다. 우리는 우리에게 잘해 주는 사람을 좀 더 사랑합니다. 우리는 자기를 힘들게 하고 자기에게 손해를 끼치는 그런 사람은 원수로 삼고 미워합니다. 그런데 하나님께서는 우리가 하나님과 원수 되었을 때에, 우리들을 위해서 자기를 내어 주셨습니다. 정말 나 같은 자를, 자기만 사랑하고 자기 육체의 욕망대로만 사는, 그리고 하나님을 경외하지도 않는 그런 죄인들을 위해서 주님께서는 자기 몸을 아낌없이 내어 주셔서 우리에게 하나님의 자녀가 되는 길을 열어 주셨습니다. 그래서 하나님의 사랑은 우리가 도저히 "측량할 수 없는 사랑"(Unfathomable Love)입니다.

"이와 같이 너희도 너희 자신을 죄에 대하여는 죽은 자요 그리스도 예수 안에서 하나님을 대하여는 산 자로 여길찌어다

그러므로 너희는 죄로 너희 죽을 몸에 왕노릇하지 못하게 하여 몸의 사욕을 순종치 말고

또한 너희 지체를 불의의 병기로 죄에게 드리지 말고 오직 너희 자신을 죽은 자 가운데서 다시 산 자 같이 하나님께 드리며 너희 지체를 의의 병기로 하나님께 드리라

죄가 너희를 주관치 못하리니 이는 너희가 법 아래 있지

아니하고 은혜 아래 있음이니라"(롬 6:11-14).

거듭나지 못한 사람들은 아직 율법 아래 있습니다. 그래서 그들은 늘 정죄감(定罪感)에 눌리며 어떻게 하든지 율법을 지켜서 하나님께 인정을 받고자 합니다. 그런데 아예 자신은 율법을 지킬 수 없는 자임을 인정하고, "하나님 저는 지옥에 갈 자입니다. 저는 율법을 지킬 수 없는 자이며 죄 덩어리입니다. 저를 불쌍히 여겨 주십시오" 하고 주님께 항복하는 자들이 있습니다. 이런 자들이 "심령이 가난한 자들"입니다. 주님께서는 심령이 가난한 사람들을 만나 주십니다. 그래서 심령이 가난한 자는 **"진리의 사랑"**을 입고 진리의 복음 안에서 안식을 누리게 됩니다. 우리가 하나님의 **"진리의 사랑"**을 입으면 율법 아래 있지 아니하고 은혜 아래 있게 됩니다. 그리고 이제는 죄가 우리를 주관하지 못합니다. 왜냐하면 이미 우리 옛사람이 예수님과 함께 사망했기 때문에 더 이상 죄가 우리를 주관하지 못합니다. 우리 마음의 모든 죄가 흰 눈같이 사해졌기 때문에, 사단 마귀가 죄를 가지고 우리를 겁박하거나 지배하지 못합니다.

그러면 은혜 아래 있는 자들은 이제 어떤 삶을 살아야 합니까? 모든 죄가 다 없어졌다고 마음껏 죄를 지으면서 방종하게 살 것입니까? 우리 옛사람은 이미 예수님과 함께 죽었기 때문에 우리는 육체의 소욕을 순종치 않습니다. 육체가 하자는 대로 다 따라가면, 하나님께서 기뻐하지 않는 일을 하게 됩니다. **"이와 같이 너희도 너희 자신을 죄에 대하여는 죽은 자요 그리스도 예수 안에서 하나님을 대하여는 산 자로 여길지어다"**(롬 6:11)—거듭난 의인들은 진리의 사랑을 믿기 때문에, 내가 지금 사는 것은 나를 위해서 자기 몸을 버리신 예수 그리스도를 믿는 믿음 안에서 사는 것입니다.

지금 내가 사는 것은 나의 옛사람이 아닙니다. 나의 옛사람은 하나님의 의와는 상관없이 자기 욕망대로만 살았던 육의 사람입니다. 우리가 육체의 소욕을 좇아서 자기만을 위해서 사는 것이 얼마나 헛되고 비참하고 무가치한 삶인지를 우리는 잘 압니다. 우리는 하나님의 말씀을 믿기에, 무엇이 가치 있고 무엇이 아름답고 무엇이 영원한지를 잘 압니다. 그리고 우리가 육체의 소욕을 따라 산 것이 지나간 때가 족하다는 것도 잘 압니다. 그래서 이제 내가 사는 것은 새 생명 가운데 사는 것입니다. 우리의 옛사람은 이미 죽었고, 이제 우리는 예수 그리스도와 함께 부활한 새 생명 안에서 하나님의 의를 섬기면서 살기로 마음을 정했습니다.

그래서 주님은 **"몸의 사욕을 순종치 말라"**(롬 6:12)고 말씀합니다. 우리 육체는 우리에게 "너만 사랑해라. 네 것만 챙겨서 꽉 움켜쥐어라. 남은 신경 쓸 필요가 없다. 오직 네가 하고 싶은 대로만 해라" 하고 끊임없이 요구합니다. **"거머리에게는 두 딸이 있어 다고 다고 하느니라"**(잠 30:15)고 말씀했는데, 정말 우리 육체는 채울 수 없는 터진 웅덩이와 같습니다. 그런데 빛 안에 거하는 자는, 즉 하나님의 진리의 말씀을 믿고 그의 안식에 들어간 자는 몸의 사욕을 좇는 것이 얼마나 헛된 것인지를 잘 압니다. 그것은 헛되며 하나님과 원수가 되는 길입니다.

우리의 육체는 잠시 우리가 이 땅에 있는 동안 빌려 쓰다가 벗어버리고 주님 앞에 갈 것입니다. 그러니 이 육체를 죄의 도구로 드리지 말고 의의 병기(兵器)로 드리라고 주님은 말씀합니다. 우리의 육체를 하나님의 **"진리의 사랑"**을 전하는 도구로 삼으라는 말씀입니다. 이것이 바로 거듭난 자들이 자기의 육체를 "**거룩한 산 제사**"(롬 12:1)로 드리는 삶입니다. 의인들의 몸은 성령님이 거하시는 성전이기에 귀한 것입니다. 이 몸을 죄에게 줘서 죄의 종노릇을 하면 천하고 더러운 것이지만, 이 몸을 하나님의 의를 전하는 도구로 드리면 옳은 일에 귀하게 쓰이는 의의 병기(兵器)가 됩니다.

진리의 사랑을 베풀지 않는 자는 거듭난 자가 아닙니다

"사랑하는 자들아 내가 새 계명을 너희에게 쓰는 것이 아니라 너희가 처음부터 가진 옛 계명이니 이 옛 계명은 너희의 들은 바 말씀이거니와

다시 내가 너희에게 새 계명을 쓰노니 저에게와 너희에게도 참된 것이라 이는 어두움이 지나가고 참빛이 벌써 비췸이니라"(요일 2:7-8).

참 빛은 진리의 빛이며 물과 성령의 복음을 의미합니다. 물과 성령의 복음 안에 들어간 자들은 이제 더 이상 어두움 가운데 다니지 않습니다. 그리고 참 빛으로 거듭난 자들은 "진리의 사랑을 베풀라"는 새 계명을 자원하여 순종합니다.

"빛 가운데 있다 하며 그 형제를 미워하는 자는 지금까지 어두운 가운데 있는 자요

그의 형제를 사랑하는 자는 빛 가운데 거하여 자기 속에

거리낌이 없으나

그의 형제를 미워하는 자는 어두운 가운데 있고 또 어두운 가운데 행하며 갈 곳을 알지 못하나니 이는 어두움이 그의 눈을 멀게 하였음이니라"(요일 2:9-11).

물과 성령의 복음을 믿음으로 거듭난 사람은 **"진리의 사랑"**(살후 2:10)을 합니다. 의인들은 빛 가운데 거하기 때문에 어두움 가운데 다니지 않고, 자신이 무엇을 위해서 살아야 할지를 잘 압니다. 그래서 예수님도 **"낮이 열두 시가 아니냐 사람이 낮에 다니면 이 세상의 빛을 보므로 실족하지 아니하고 밤에 다니면 빛이 그 사람 안에 없는 고로 실족하느니라"**(요 11:9-10)고 말씀하셨습니다. 의의 복음을 섬기기로 마음이 정해져서 진리의 사랑을 베푸는 자가 거듭난 자입니다. 물론 물과 성령의 복음을 듣고 믿었어도 영적으로 어릴 때에는 아직 분별력이 없어서 자기가 어떻게 살아야 하는지를 잘 모릅니다. 그러나 복음을 오랫동안 듣고 믿는다고 하면서도 진리의 사랑을 베풀지 않는 자는 온전히 거듭난 자가 아닙니다.

그래서 "나는 빛 가운데 있다" 즉 "나는 진리의 복음을 믿어서 거듭났다"고 말하면서, **"진리의 사랑"**을 베풀지 않는 사람은 거짓말을 하는 자며 아직도 어두움 가운데 있는 자입니다. 그런 사람은 머리로만 복음을 아는 것이지 마음에 복음의 능력이 역사된 것은 아닙니다. 하나님의 진리의 사랑은 모든 이들에게 베풀어졌지만, 그 사랑을 귀하게 여기고 받아들여서 자신도 그 사랑을 베푸는 자가 거듭난 자입니다. 자신이 얼마나 더러운 죄인이며 쓰레기만도 못한 존재인지를 인정한 자만이 주님의 구원이 절실하며 소중합니다. 그래서 주님의 사랑을 입은 자는 잃어버린 영혼들을 향한 주님의 간절한 부탁을 듣고서 미력하지만 어찌하든지 이 복음을 섬겨서 영혼들이 구원을 받게 하는 그 일에 자원(自願)해서 자신을 드립니다.

그러므로 빛 가운데 거한다고 말하면서 진리의 복음을 섬기는 데에는 전혀 마음이 없는 사람은 거듭난 자가 아닙니다. **"진리의 사랑"**을 베풀지 않는 자는 정확히 말해서 거듭난 자가 아니라는 이 말씀을 우리가 귀담아들어야 합니다. 거듭나지 못한 사람은 절대로 **"진리의 사랑"**으로 형제를 사랑할 수 없습니다. **"진리의 사랑"**이 무엇인지도 모르는데, 어떻게 **"진리의 사랑"**을 할 수 있겠습니까? 그런 사람이 할 수 있는 사랑은 육신적인 사랑이 전부입니다. 육신적인 사랑이 궁극적으로 **"진리의 사랑"**으로 이어지지 않는다면 그런 사랑은 큰 의미가 없습니다.

세상은 영적인 세계를 알지도 못하고 영생에는 관심도 없습니다. 그래서 이 세상 사람들은 육신적인 사랑을 최고의 선으로 여기며 육신적인 사랑을 베푸는 이들을 칭송합니다. 그러나 하나님의 **"진리의 사랑"**을 알지 못해서 육신적인 사랑만 베푼다면 그 사랑으로 영혼들을 지옥 불에서 구원해 줄 수 있겠습니까? 그러므로 극단적인 얘기 같지만, 기독교인이 육신적인 사랑만을 베푼다면 그런 사랑은 같이 지옥 가자는 것이며 사실 영적으로는 형제를 미워하는 일입니다. **"진리의 사랑"**을 베풀 수 없는 자는 아직 거듭난 자가 아닙니다. 그런 자는 아직 어두움 가운데 거하며, 아직 진리의 빛 가운데 들어온 자가 아니기 때문에 갈 바를 알지 못합니다. 거듭나지 못한 자들은 어떻게 하는 것이 가장 귀한 삶인지를 모르기에 어두움 가운데 헤매다가 끝내는 지옥에 떨어집니다.

주님께서는 진리의 복음으로 죄 사함을 받고 진리의 빛을 좇아 살라고 우리에게 당부하십니다. 우리에게 물과 성령의 복음 안에 있는 **"진리의 사랑"**을 입혀 주신 하나님께 감사와 찬양을 드립니다.

말씀을 마쳤습니다. 할렐루야!

누가 하나님을 알고 마귀를 이깁니까?

"자녀들아 내가 너희에게 쓰는 것은 너희 죄가 그의 이름으로 말미암아 사함을 얻음이요

아비들아 내가 너희에게 쓰는 것은 너희가 태초부터 계신 이를 앎이요 청년들아 내가 너희에게 쓰는 것은 너희가 악한 자를 이기었음이니라

아이들아 내가 너희에게 쓴 것은 너희가 아버지를 알았음이요 아비들아 내가 너희에게 쓴 것은 너희가 태초부터 계신 이를 알았음이요 청년들아 내가 너희에게 쓴 것은 너희가 강하고 하나님의 말씀이 너희 속에 거하시고 너희가 흉악한 자를 이기었음이라

이 세상이나 세상에 있는 것들을 사랑치 말라 누구든지 세상을 사랑하면 아버지의 사랑이 그 속에 있지 아니하니

이는 세상에 있는 모든 것이 육신의 정욕과 안목의 정욕과 이생의 자랑이니 다 아버지께로 좇아 온 것이 아니요 세상으로 좇아 온 것이라

이 세상도, 그 정욕도 지나가되 오직 하나님의 뜻을 행하는 이는 영원히 거하느니라"(요일 2:12-17).

오늘의 본문 말씀은 두 부분으로 나눌 수 있습니다: 2장 12절부터 14절에서는, 주님께서 의인들을 구분해서 **"자녀들아, 청년들아, 아비들아"** 하고 부르시면서 그들에게 임한 하나님의 은혜에 대하여 말씀하십니다. 2장 15절부터 17절까지의 말씀은

거듭난 자들이 세상을 사랑치 말 것과 그리고 의인들은 넉넉하게 하나님의 의를 좇을 수 있다는 말씀입니다.

사도 요한은 하나님의 백성들을 구분 지어서 **"자녀들아, 청년들아, 아비들아"**라고 불렀습니다. 하나님의 교회 안에는 믿음의 분량대로 자녀들, 즉 영적으로 어린 아이들도 있고, 영적으로 발육이 왕성한 청년들도 있고, 또 영적인 자녀와 청년들을 돌보는 아비들이 있습니다. 그래서 영적인 가족을 이룬 곳이 바로 하나님의 교회입니다. 이 영적 가족의 구성원들은, 아비든 청년이든 아이든, 다 죄 사함을 받은 의인들이기에 죄가 없습니다.

오늘 본문은, **"자녀들아 내가 너희에게 쓰는 것은 너희 죄가 그의 이름으로 말미암아 사함을 얻음이요"**(요일 2:12)라고 말씀합니다. "너희들은 죄 사함을 받았기 때문에, 이제 너희에게는 죄가 없다"는 말씀입니다. 거듭난 우리는 늘 듣는 말씀이지만, "너희에게 죄가 없다"는 말씀은 놀라운 축복입니다. 이 세상의 "기독죄인들"(Christian-sinners)에게는 이 말씀이 꿈만 같은 얘기입니다. 그들도 예수 그리스도가 자기의 모든 죄를 사해 주셨다고 교리적으로는 고백을 합니다. 그러나 **"너희 죄가 그의 이름으로 말미암아 사함을 얻음이요"**라는 진리의 말씀이 그들의 마음에는 이루어진 적이 없기 때문에, 그들은 "나는 죄가 없다"는 고백을 감히 못합니다. "기독죄인들"은 하나님 앞에서나 다른 사람들 앞에서 "나는 죄가 없습니다"라고 말을 하고 싶어도 입이 떨어지지 않습니다.

요즘에 아침 산책길에 여호와의 증인들을 만나서 얘기를 나누고 있는데, 그들과 교제를 하면서, "나는 죄가 없습니다"라고 말했더니 그들은 놀라서 눈이 똥그랗게 되었습니다. 그들이 하도 말도 안 되는 소리를 늘어놓길래, 제가 단도직입적으로, "선생님도 예수님을 믿는데, 선생님의 마음에는 죄가 있습니까?" 하고 물었습니다. 그랬더니 그분이, "죄가 없는 사람이 어디 있어요? 당연히 죄가 있죠!" 하고 대답을 했습니다. "그래요? 저는 죄가 없습니다"라고 말했더니 그분이 놀라고 당황해서 더 이상 말을 하지 못하는 것이었습니다.

아니 성경에, **"너희 죄가 그의 이름으로 말미암아 사함을 얻음이요"**라고 기록되어 있지 않습니까? 주님이 우리 죄를 사했으면, 우리의 모든 죄를 용서해서 없애 주셨다는 것인데, 그렇다면 주님의 완전한 구원사역을 믿는 사람에게는 죄가 없는 것이 맞지 않습니까? 1 빼기 1은 0입니다. 이 계산은 아주 단순한 산수(算數)입니다. 죄가 우리에게 있었는데, 주님께서 그 죄를 없애시러 이 땅에 육신을 입고 오셔서 당신의 몸을 대속제물로 드려서 우리의 죄를 없애 주셨습니다. 그러면 이제 우리에게는 죄가 없습니다. 이 진리는 너무나 단순한 산수인데, 말로는 "주님께서 우리의 모든 죄를 사했다"고 하면서, "그러면 당신의 마음에 죄가 있습니까, 없습니까?" 하고 물으면, "우리가 날마다 죄를 짓는데 어떻게 죄가 없다고 할 수 있나요?" 하고 "기독죄인들"(Christian-sinners)은 대답합니다.

그렇다면 주님이 말로만 구원을 하셨든지, 아니면 예수님을 믿는다는 자신이 하나님의 구원의 사랑을 입지 못했든지 – 둘 중의 하나입니다. 제가 엄청난 빚을 지고 도저히 갚을 수 없어서 감옥에 가게 되었는데, 어떤 은인이 찾아와서 제 빚을 실제로 다 갚아 주었습니다. 그러면 이제 저에게 빚이 남아 있습니까, 없습니까?

없습니다. 이제 저는 더 이상 빚쟁이가 아닙니다. 감옥에 갈 두려움도 다 사라졌습니다. 이제 저는 저의 남은 생애에 제 빚을 아무 조건 없이 대신 갚아준 은인에게 감사하고 그 은혜에 보답하며 살아갈 것입니다.

　1-1=0이라는 산수는 아주 단순한 진리입니다. 초등학교 1학년 들어가기 전의 어린이라도 다 깨우칠 수 있는 산수입니다. 여기 쓰레기 더미가 하나 있었는데, 청소차가 와서 다 실어갔습니다. 빗자루로 쓸어 담아서 깨끗이 가져갔습니다. 그러면 그 자리에 쓰레기가 남아 있습니까, 없습니까? 한 조각도 남아 있지 않습니다. 사도 베드로는 미문 곁에서 구걸하던 앉은뱅이를 일으킨 이적(異蹟)을 계기로 예수 그리스도의 복음을 선포했습니다. 베드로는 그 놀라운 기적을 보고 몰려든 사람들에게 예수께서 그리스도라고 소개하고, **"그러므로 너희가 회개하고 돌이켜 너희 죄 없이 함을 받으라 이같이 하면 유쾌하게 되는 날이 주 앞으로부터 이를 것이요"**(행 3:19)라고 권면하였습니다. "죄 없이 함"을 받으면 마음에 죄를 찾아보려야 찾아볼 수 없는 마음 즉, 죄가 전혀 없어서 흰 눈같이 깨끗해진 마음이 됩니다. 누구든지 하나님의 의를 믿으면, **"주 예수 그리스도의 이름과 우리 하나님의 성령 안에서 씻음과 거룩함과 의롭다 하심"**(고전 6:11)을 얻을 수 있습니다.

"자녀들아 내가 너희에게 쓰는 것은 너희 죄가 그의 이름으로 말미암아 사함을 얻음이요"(요일 2:12절).

우리는 **예수 그리스도의 이름**으로 말미암아 죄 사함을 받아서 죄가 없습니다. "이름"은 실체(實體) 또는 본질(本質)을 의미합니다. 우리는 이름을 대충 짓지만 하나님의 말씀 안에 등장하는 이름들에는 다 본질적인 뜻이 담겨 있습니다. "가인"은 "얻다"라는 뜻이고, "아벨(헤벨)"은 "숨" 또는 "허무"라는 뜻입니다. "아브람"은 "큰 아버지"라는 뜻이고 "아브라함"은 "뭇 민족의 아버지"라는 뜻입니다. 사라가 늙어서 얻은 아들 "이삭"은 "웃음"이라는 뜻이고, 이삭에게 야곱과 에서라는 두 아들이 있었는데, "야곱"은 "간교한 자"라는 뜻이고 "에서"는 "붉다"는 뜻입니다. 이렇게 성경의 이름은 어떤 사람의 본질을 말합니다.

"**예수 그리스도의 이름**"이라는 말씀은 예수님이 이 땅에 오셔서 행하신 사역의 본질을 말하는 것입니다. 그런데 "**예수**"(히브리어 Yeshua, יֵשׁוּעַ, 헬라어 Ἰησοῦς)라는 이름은 "**구원자**"라는 뜻이고 "**그리스도**"(khristós, 헬라어 χριστό)는 "**기름부음을 받다**"(anointed)라는 뜻입니다. 성경에서 기름부음을 받는 사람은 왕, 제사장, 그리고 선지자의 세 직분입니다. 사무엘은 다윗에게 기름을 부어서 왕으로 세웠고, 또 아론이 대제사장으로 세움을 받을 때에도 그의 머리에 거룩한 기름을 부었습니다. 그리고 선지자 엘리야가 하나님의 명령을 따라 자기를 대신할 하나님의 종으로 엘리사를 세울 때에도 엘리사의 머리에 기름을 부었습니다(왕상 19:16).

그런데 예수님은 하나님 아버지 앞에서 왕, 제사장, 선지자의 세 가지 직분을 겸한 분입니다. 예수님은 **"만왕(萬王)의 왕"**(the King of kings, 딤전 6:15, 계 17:14)입니다. 예수님은 우주의 창조주이시고 주관자입니다. 사도 요한은 이 사실을 장엄하게 선포했습니다: **"태초에 말씀이 계시니라 이 말씀이 하나님과 함께 계셨으니 이 말씀은 곧 하나님이시니라 그가 태초에 하나님과 함께 계셨고 만물이 그로 말미암아 지은바 되었으니 지은 것이 하나도 그가 없이는 된 것이 없느니라"**(요 1:1-3). 예수님은 "있으라"는 한마디 말씀으로 이 우주를 지으신 전능한 하나님이시며, 태초부터 계신 왕입니다. 이 우주 안에 있는 어떤 것도 예수님이 아니면 존재할 수 없습니다.

둘째로, 예수님은 하늘의 대제사장입니다. 성경은 **"예수 그리스도는 멜기세덱의 반차를 좇은 영원한 대제사장"**(시 110:4, 히 5:10, 7:17)이라고 선포합니다. 또 **"이 멜기세덱은 살렘 왕이요 지극히 높으신 하나님의 제사장이라 여러 임금을 쳐서 죽이고 돌아오는 아브라함을 만나 복을 빈 자라 아브라함이 일체 십분의 일을 그에게 나눠주니라 그 이름을 번역한즉 첫째 의의 왕이요 또 살렘 왕이니 곧 평강의 왕이요 아비도 없고 어미도 없고 족보도 없고 시작한 날도 없고 생명의 끝도 없어 하나님 아들과 방불하여 항상 제사장으로 있느니라"**(히 7:1-3)고 하셨습니다. 하나님이신 예수님은 하늘의 대제사장인데, 이 땅에 육신을 입고 오셨습니다. 그리고 당신의 몸을 제물로 삼아 하늘 성소로 들어가셔서 **"한 영원한 제사"**(히 10:12)를 드리심으로 인류의 모든 죄를 없애 주셨습니다. 예수님은 인류를 죄에서 온전하게 구원하신 하늘의 대제사장입니다.

셋째, 예수님은 말씀의 하나님이시며, 오시기로 약속된 **"그 선지자"**(요 1:21)입니다. 하나님께서 모세에게, **"내가 그들의 형제 중에 너와 같은 선지자 하나를 그들을 위하여 일으키고 내 말을 그 입에 두리니 내가 그에게 명하는 것을 그가 무리에게 다 고하리라"**(신 18:18)고 약속하셨습니다. **"그 선지자"**가 바로 이스라엘 백성들이 오랫동안 기다렸던 예수 그리스도입니다. 선지자는 하나님의 진리의 말씀을 대언(代言)하는 하나님의 종입니다. 말씀의 하나님이신 예수님은 육신을 입고 이 땅에 오셔서 우리에게 모든 진리를 가르쳐 주신 **"그 선지자"**입니다.

그래서 **예수 그리스도의 이름** 안에는, 예수님이 **우주의 왕**이시고, **하늘의 영원한 대제사장**이시고, 또 오시기로 약속된 바로 **"그 선지자"**라는 의미가 담겨 있습니다. 무엇보다도 예수 그리스도라는 이름에는, 성자(聖子) 하나님이신 예수님이 육신을 입고 이 땅에 오셔서, 당신의 몸을 희생제물로 드려서 한 영원한 제사를 드려 주심으로 우리를 모든 죄에서 영원토록 완전하게 구원하신 구원자라는 진리가 담겨 있습니다. 그래서 성경은 **"천하 인간에 구원을 얻을만한 다른 이름을 우리에게 주신 일이 없음이니라"**(행 4:12)고 선포합니다.

예수님은 태초부터 계신 하나님이고 생명의 말씀입니다. 그런데 이 세상에 사람들은 감히 예수님을 만만하게 여깁니다. 그래서 그들은 예수님을 "세계 4대 성인 중의 하나"라고 말합니다. 또 여호와의 증인들은 예수님을 하나님으로 인정하지 않습니다. 그들은 예수님을 하나님이 보내신 선지자 중에 특별한 분 정도로 여깁니다. 그들은 예수님을 제대로 모르기 때문에 그런 거짓 교리를 주장합니다.

오늘의 본문 말씀에는, **"거듭난 자들은 하나님 아버지와 태초부터 계신 이를 안다"**고 하셨고 그래서 **"악한 자를 이긴다"**고 말씀하셨습니다. 물과 성령으로 거듭난 자들만이 **"태초부터 계신"** 예수 그리스도를 압니다. 그리고 의인들은 예수 그리스도를 통해서 하나님 아버지도 압니다. 거듭나지 못한 자들은 아직 진리의 빛을 보지 못한 영적 소경들이기에 그들이 "나도 예수님을 안다"고 해도 그것은 제대로 아는 것이 아닙니다. "소경이 코끼리 만지듯 한다"라는 속담처럼, 그들이 안다는 것은 그냥 더듬어서 자기가 체험한 한 부분을 아는 것입니다. 즉 사람이 거듭나지 못하면 하나님 아버지를 알지 못하고 **"태초부터 계신 이"**(예수님)도 알 수 없습니다.

거듭난 의인들은 태초부터 계신 이를 밝히 압니다. 예수님이 누구신지, 하나님이신 예수님이 이 땅에 육신을 입고 오셔서 어떻게 우리의 모든 죄를 없애 주셨는지를 우리 의인들은 다 압니다. 그래서 우리가 그리스도 안에 있고 그리스도께서 우리 안에 계시게 된 것입니다. 이번 주간이 성탄 주간인데 성탄절을 맞을 때마다 우리는 하나님께 감사를 드리지 않을 수 없습니다. 지금부터 2,000여 년 전에 성자(聖子) 하나님이 전 인류의 죄를 단번에 없애기 위한 흠 없는 제물이 되시고자, 친히 처녀 마리아의 몸에 성령으로 잉태되어서 육신을 입고 오셨는데, 그분이 바로 예수님입니다. 우리가 무엇이길래 **"태초부터 계신 이"**(하나님)가 친히 비천한 육신을 입고 우리 가운데 오셨습니까? 우리는 이번 성탄절 전야 예배 때에도, "그 어린 주 예수 누울 곳 없어~"라는 찬송을 불렀는데, 아기 예수님은 누울 곳조차 없어서 짐승들의 여물통인 구유에 누워 계셨습니다. 하나님이 우리의 구원을 위해서 우리와 같이 연약하고 비천한 모습으로 인류 역사 가운데 아기로 오신 사실을 기념하는 날이 성탄절입니다.

우리의 모든 죄를 없애 주신 예수님

육신을 입고 오신 성자(聖子) 하나님, 그 예수님께서 삼십 세가 되시매 드디어 하나님 아버지의 뜻을 이루어 드리는 구원사역을 시작하셨습니다. 예수님은 요단강에서 주님의 길을 예비하고 있던 세례 요한에게 나아가셔서 그에게 세례를 베풀어 달라고 청했습니다. 예수님께서 인류의 대표자인 세례 요한에게 안수의 형식으로 받으신 **"그 세례"**(행 13:7)가 우리의 모든 죄를 없애신 주님의 구원사역에 있어서 결정적으로 중요합니다. 세례 요한은 **"하나님께로서 보내심을 받은 사람"**(요 1:6)이었기 때문에, 예수님이 자기에게 오시는 것을 보고, "아, 저분이 바로 육신을 입고 오신 하나님이로구나" 하고 예수님을 금방 알아보았습니다. 자기에게 다가오는 분이 너무나 엄청난 분이기 때문에, 그는 두렵고 당황해서, **"내가 당신에게 세례를 받아야 할 터인데 당신이 내게로 오시나이까?"**(마 3:14) 하고 예수님께 머리를 조아렸습니다. 그러자 예수님은 아주 준엄하게 명령하셨습니다: **"이제 허락하라 우리가 이와 같이 하여 모든 의를 이루는 것이 합당하니라"**(마 3:15).

"이제 허락하라"(Suffer it to be so now, KJV)는 말씀은, "이제 너는 내 머리에 손을 얹고 안수로 세례를 베풀어라. 너는 대제사장 아론의 후손이고 여자의 몸에서 난 자 중에 가장 큰 자, 즉 인류의 대표자가 아니냐? 전 인류의 대표자인 네가 인류의 어린양으로 너희들의 모든 죄를 단번에 담당하러 온 내 머리에 손을 얹어서 안수의 형식으로 세례를 베풀어야 세상의 모든 죄가 나에게 넘어오고 이 세상에는 하나님의 모든 의가 이루어진다"는 뜻입니다. 안수(按手)는 제물에게 죄를 넘기는 하나님의 공의(公義)한 법입니다. 예수님이 세례 요한의 안수를 받은 그때에 이 세상의 모든 죄는 예수님에게 전가(轉嫁-옮겨 심음)되고 이 세상에는 "모든 의"(all righteousness)가 이루어졌습니다.

"우리가 이와 같이 하여 모든 의를 이루는 것이 합당하니라"-"이와 같이" 즉 "안수의 방법으로" 이 세상의 모든 죄가 예수님께 다 넘어갔습니다. 나와 여러분의 모든 죄도, 우리가 알고 지은 죄, 모르고 지은 죄, 혼자 지은 죄, 함께 지은 죄, 숨어서 지은 죄, 생각으로 지은 죄, 말로 지은 죄, 행동으로 지은 죄 등 지금까지 지은 모든 더러운 **과거의 죄**뿐만 아니라, 우리가 죽을 때까지 앞으로 지을 **미래의 죄까지도** 예수님께서 인류의 대표자인 세례 요한에게 세례를 받으신 그때에 하나님의 전능하신 능력으로 예수님께 단번에 다 넘어갔습니다. 이와 같이 하여, 세례 즉, 안수의 방법으로 인류의 죄는 예수님께 다 넘어갔습니다. 그래서 이 세상에는 **"모든 의"**가 이루어졌습니다. 할렐루야!

예수님이 받으신 세례의 결과, 십자가의 피

예수님은 세상 죄를 세례로 다 담당하신 후, **"세상 죄를 지고 가는 하나님의 어린양"**으로 십자가를 향해 가셨습니다. 주님이 세례 받은 이튿날에, 예수님께 세례를 준 세례 요한이 예수님을 가리켜, "**보라 세상 죄를 지고 가는 하나님의 어린양이로다**"(요 1:29)라고 증거했습니다. 나와 여러분의 죄가 예수님께서 지고 가신 "**세상 죄**" 안에 포함이 됩니까, 안 됩니까? 우리의 모든 죄도 그 "**세상 죄**" 안에 포함되었습니다. 전 인류의 죄가 단번에 예수님께로 다 넘어간 역사가 바로 예수님께서 받으신 세례의 역사(役事)입니다.

이와 같이 성경은 예수님께서 받으신 세례로 우리의 모든 죄가 단번에 예수님에게 넘어갔다고 분명히 선포합니다. 그러나 대부분의 기독교인들은 예수님께서 받으신 세례의 비밀과 능력을 믿지 않습니다. 그들은 사단 마귀의 거짓말에 속아서, 하나님께서 우리를 모든 죄에서 구원하신 "**진리의 사랑**"을 거부합니다. 예수님께서 흠 없는 제물로 오셔서 인류의 대표자에게 안수의 형식으로 세례를 받으심으로 인류의 모든 죄를 단번에 담당하셨다는 복음이 얼마나 분명한 진리입니까?

구약시대에는 대속죄일(大贖罪日)에 이스라엘 백성의 일 년치 죄를 단번 만에 없애 주기 위해서 대제사장이 대표로 흠 없는 아사셀 양의 머리에 안수하고 이스라엘 백성의 일 년치 죄를 고하면 백성들의 모든 죄가 그 염소에게로 단번에 넘어갔습니다(레 16:21). 그러면 아사셀 염소는 백성들의 일 년치 죄를 짊어지고 광야에 버려져서 죽음으로 백성들의 죗값을 대신 치렀습니다. 그러한 구약의 제사는 "**장치 오는 좋은 일의 그림자**"(히 10:1)였습니다. 예수 그리스도께서는 인류에게 참으로 좋은 일을 이뤄 주시려고 하나님의 어린양으로 이 땅에 오셨습니다. 그리고 "**물(세례)과 피(십자가)**"(요일 5:6)로 인류의 죄를 단번에 없애는 영원한 속죄의 제사를 드려 주셨습니다.

성경은 "이는 물과 피로 임하신 자니 곧 예수 그리스도시라 물로만 아니요 물과 피로 임하셨다"(요일 5:6)라고 분명히 선포하는데도, 기독교인들은 사단 마귀에게 속아서 예수님의 세례의 능력을 믿지 않으려고 용을 씁니다. 자기들이 정통 기독교인들인데 자기들의 교단에서는 그렇게 배우지도 가르치지도 않는다고 주장하며, 자기들은 십자가의 피만 믿겠다고 고집을 부립니다. 자기 교단의 교리와 교훈이 어찌됐건, 하나님의 말씀이 그렇다고 하면 자기의 생각을 꺾고 하나님의 말씀을 믿는 것이 믿음입니다. 예수님께서는 인류의 죄를 단번에 담당하신 세례를 받으시고, 십자가에 못 박히고 창에 찔려서 당신의 피를 다 흘리심으로 우리의 죗값을 온전히 치러 주셨습니다. 주님께서는 그렇게 세상의 모든 죄를 없애 주셨습니다. 그러면 하나님이신 예수님이 흠 없는 제물이 되기 위해서 육신을 입고 이 땅에 오셔서, 세례를 받으시고 십자가에서 피를 흘리시며 "다 이루었다"(요 19:30)고 외치시며 당신의 목숨을 버리기까지 인류의 모든 죄를 없애 주셨는데, 하나님이신 예수님께서 행하신 이 모든 사역이 기독죄인들(Christian-sinners)에게는 무효란 말입니까?

"하나님은 인생이 아니시니 식언치 않으시고 인자가 아니시니 후회가 없으시도다 어찌 그 말씀하신 바를 행치 않으시며 하신 말씀을 실행치 않으시랴"(민 23:19)고 말씀하셨습니다. 식언(飾言)이라는 말은 거짓말이라는 뜻입니다. 하나님은 거룩하고 전능하며 완전한 분이기 때문에 거짓말을 하실 수 없고 실수가 없습니다. 예수님은 당신께서 하신 말씀을 한 점 한 획도 땅에 떨어지지 않고 다 이루시는 하나님이십니다. 예수님이 **"다 이루었다"**(요 19:30)고 외치신 말씀은, 주님이 이 땅에 오신 목적, 즉 세상 죄를 다 없애는 사역을 완수했다는 뜻입니다.

하나님 편에서 일방적으로 인류의 죄를 다 없애 주시고, 누구든지 예수님께서 행하신 일을 믿는 사람은 값없이 구원을 얻게 하신 것이 하나님의 뜻입니다. 구원은 하나님의 긍휼을 바라고 나오는 자들에게 거저 주시는 하나님의 선물입니다. 죄 사함의 은총은 완전히 공짜입니다. 자신이 지옥에 가야 할 죄인이라고 인정하고 예수님의 이름에 담긴 **하나님의 의**를 믿기만 하면 **"죄 사함으로 말미암는 구원"**(눅 1:77)을 선물로 받습니다. 우리 거듭난 의인들은 **예수 그리스도의 이름**, 즉 예수님이 이 땅에 오셔서 행하신 구원의 사역을 믿음으로 죄 사함을 받았습니다. 하나님의 교회 안에 있는 성도들은 그렇게 죄 사함을 받아서 마음에 죄가 전혀 없는 의인으로 거듭난 자들입니다.

거듭난 자들은 하나님 아버지와 예수님을 압니다

물과 성령의 복음을 믿어서 죄 사함을 받은 자들은 예수 그리스도가 누구신지, 예수님이 우리에게 어떤 일을 해 주셨는지를 잘 압니다. 예수님은 **"태초부터 계신 이"**(요일 2:13)인데, 이 말씀은 **"예수님은 하나님"**이라는 뜻입니다. 예수님은 성부(聖父) 하나님의 아들이신 성자(聖子) 하나님인데, 하나님 아버지의 뜻에 순종해서 사람의 육신을 입고 우리 가운데 오셨습니다. 하나님이신 예수님은 전 인류의 죄를 대속하기 위한 **"흠 없는 제물"**이 되시려고 육신을 입고 이 땅에 오신 것입니다.

구약시대에는 속죄제사가 하나님께 열납(悅納)되려면, 1)흠 없는 제물, 2)안수(죄를 넘김), 그리고 3)피 흘림(제물의 죽음)이 반드시 필요했습니다. 예수님께서는 흠 없는 제물로 오셔서, 당신의 몸에 세상 죄를 담당하는 안수의 세례를 받으시고, 십자가에서 피 흘려 돌아가심으로 **"한 영원한 제사"**(히 10:12)를 드려 주셨습니다. 그 예수님을 우리는 잘 압니다. 그리고 예수님은 우리가 당신의 신성과 행하신 일을 제대로 알고 믿는 것을 참으로 기뻐하십니다. 그래서 주님은 복음의 진리를 온전히 믿는 성도들을 바라보며, **"나의 누이, 나의 신부야 네가 내 마음을 빼앗았구나 네 눈으로 한 번 보는 것과 네 목의 구슬 한 꿰미로 내 마음을 빼앗았구나"**(아 4:9) 하고 당신의 기쁨을 노래하셨습니다. "구슬 이 서 말이라도 꿰어야 보배"라는 속담이 있습니다. 하나님의 말씀은 모두 진주와 같은 귀한 구슬인데, 이 말씀이 온전한 복음의 진리로 꿰어져서 하나의 목걸이로 우리의 마음에 자리 잡은 것을 보시면, 주님은 "너희들이 나를 아는구나! 내가 너희들에게 베푼 진리의 사랑을 너희가 제대로 알고 믿는구나!" 하고 기뻐하십니다.

그리고 예수 그리스도를 통해서 우리는 하나님 아버지도 압니다. 예수님을 모르는 자는 하나님 아버지도 모릅니다. 눈에 보이게 오신 하나님이 예수님입니다. 눈에 보이게 오신 하나님, 예수 그리스도를 사도 요한은 보았다고 증언합니다—**"태초부터 있는 생명의 말씀에 관하여는 우리가 들은 바요 눈으로 본 바요 주목하고 우리 손으로 만진 바라 이 생명이 나타내신바 된지라 이 영원한 생명을 우리가 보았고 증거하여 너희에게 전하노니 이는 아버지와 함께 계시다가 우리에게 나타내신바 된 자니라"**(요일

1:1-2). 또한 주님도 "너희가 나를 알았더면 내 아버지도 알았으리로다 이제부터는 너희가 그를 알았고 또 보았느니라"(요 14:7)고 말씀하셨습니다. 우리는 예수 그리스도를 통해서, 또 기록된 말씀을 통해서 하나님 아버지가 누구신지, 그분이 우리를 얼마나 사랑하시는지, 우리에게 얼마나 큰 영광과 은혜를 입혀 주셨는지, 또 어떤 축복을 예비해 놓으셨는지를 다 압니다. 거듭난 의인들은 하나님을 압니다.

사단 마귀를 이기는 의인의 믿음

그리고 거듭난 의인들만이 사단 마귀를 이깁니다. 거듭난 의인들에게는 성령님이 내주(內住)하셔서 영적인 분별력이 있습니다. 사단 마귀는 우는 사자같이 삼킬 자를 찾아다니지만, 의인들은 진리를 좇아 행하기에 마귀의 궤계(詭計)에 빠지지 않습니다. 사단 마귀는 온갖 거짓 교리로 영혼들에게 독(毒)을 먹여서 진리를 대적하게 하지만, 의인들은 진리의 빛 가운데 다니기 때문에 마귀의 함정에 빠지지 않고 오히려 마귀를 대적합니다. 그래서 거듭난 자들은 "흉악한 자를 이겼다"고 말씀합니다.

"이 세상이나 세상에 있는 것들을 사랑치 말라 누구든지 세상을 사랑하면 아버지의 사랑이 그 속에 있지 아니하니 이는 세상에 있는 모든 것이 육신의 정욕과 안목의 정욕과 이생의 자랑이니 다 아버지께로 좇아 온 것이 아니요 세상으로 좇아 온 것이라 이 세상도, 그 정욕도 지나가되 오직 하나님의 뜻을 행하는 이는 영원히 거하느니라"(요일 2:15-17).

　죄 사함을 받은 의인들은 하나님의 교회 안에서 말씀을 듣고 자라납니다. 하나님의 말씀은 **"신령한 젖"**(벧전 2:2)입니다. 애기들이 태어나면 젖을 먹고 자라나듯이, 사람이 거듭나면 신령한 젖인 하나님 말씀을 먹어야 영적으로 자라납니다. 어린 아기, 특히 갓난아이들은 많이 돌보아 주어야 합니다. 기저귀도 갈아 주어야 하고 밥도 떠먹여주어야 합니다.

　그런데 조금 자라나면 스스로 숟가락질도 하고 심부름도 제법 합니다. 어린이가 잘못한 일이 있으면 야단도 맞고, 잘한 일이 있으면 칭찬도 들으면서 자라나면, 이제 어떤 일이 옳고 바른지를 분별할 수 있는 청소년이 됩니다. 공자가 "나는 열 다섯 살에 학문에 뜻을 세웠다"(吾十有五而志于學)고 말했듯이, 청소년기는 육신적으로도 자기의 뜻을 세우는 기간입니다. 사춘기를 겪으며 철이 들면, "나는 누구인가? 나는 무엇을 위해 살 것인가?" 하는 갈등을 겪으며 자기의 뜻을 세우는 기간이 청소년기입니다. 그리고 정의감이 제일 불타는 때도 청소년기입니다. 영적인 청년 때도 그렇습니다. 영적으로 자라나면 "내가 무엇을 위해 살 것인가?" 하는 부분에 뜻을 정합니다. 그리고 영적으로 청년 때는 정의감에 불타오르고 불의와 적극적으로 싸우는 때입니다.

　영적인 눈으로 바라보면 이 세상은 악한 자, 즉 **"공중 권세 잡은 자"**(엡 2:2)인 사단 마귀에게 속해 있습니다. 이 세상 사람들은 사단 마귀가 이끄는 대로, 사단 마귀가 유혹하는 대로, 그 악한 자가 제시하는 세상 가치를 좇아 살아갑니다. 세상 사람들이 좇는 3가지 가치(values)는, **"육신의 정욕과 안목의 정욕과 이생의 자랑"**(요일 2:16)입니다. 이것이 사단 마귀가 세상 사람들을 유혹하는 가치들입니다. 세상 사람들은 다 이것들을 좇습니다. 사단 마귀가 얼마나 육신의 정욕들을 부추깁니까? 또 사람이 얼마나 화려하고 좋은 것을 보면 환장을 합니까? 또 사람들이 얼마나 자기의 소유나 가문이나 학벌을 자랑합니까? 이 세상 사람들이 목숨을 걸고 추구하는 것이 이 세 가지입니다.

사단 마귀는 이 세 가지 가치를 가지고 세상을 지배합니다. 세상 사람들은 이 세 가지 가치를 더 많이 가지려고 경쟁하고 갈등합니다. 그리고 많이 가진 자가 적게 가진 자들을 억압하고 수탈합니다. 그래서 결국 모든 사람이 이러한 세상 가치의 노예가 되고, 사단 마귀의 노예가 되는 것입니다.

그런데 거듭난 의인들은 하나님의 진리의 말씀을 믿기 때문에 이런 것들이 얼마나 헛된지를 잘 압니다. 육신의 정욕도, 안목의 정욕도, 이생의 자랑도 다 지나가는 것이고 헛된 것임을 잘 알기에, 거듭난 의인들에게는 자기의 소유나 학벌이나 가문을 내세우는 **"이생의 자랑"**이 아무것도 아닙니다. 의인들은 **"고운 것도 거짓되고 아름다운 것도 헛되나 오직 여호와를 경외하는 여자는 칭찬을 받을 것이라"**(잠 31:30)는 말씀을 믿습니다. 거듭난 성도는 **"우리의 돌아보는 것은 보이는 것이 아니요 보이지 않는 것이니 보이는 것은 잠깐이요 보이지 않는 것은 영원함이니라"**(고후 4:18)는 말씀을 믿습니다. 우리는 영원한 세계로 들어갈 것이기에 지금 눈에 보이는 세계를 능히 초월할 수 있습니다. 우리는 이 땅에 빈 손으로 왔고 또한 빈 손으로 돌아갈 것입니다.

"육신의 정욕과 안목의 정욕과 이생의 자랑"(요일 2:16) - 거듭난 자들은 이것들을 귀하게 여기지 않기에 이런 것들에 목을 매지 않습니다. 물론 우리도 육신이 있기 때문에 의식주의 문제를 해결할 돈은 필요합니다. 그러나 이런 것들을 최고의 가치로 여기지는 않습니다. 거듭나기 전에는 우리도 이 세상 가치들의 지배를 받으면서 사단 마귀가 쳐놓은 덫에 걸려서 그의 지배를 받을 수밖에 없었습니다. 그러나 이제는 예수 그리스도께서 우리를 모든 죄에서 구원하시고 성령님을 우리 마음에 보내 주셔서 우리가 악한 자의 손아귀에서 벗어났고, 이제 우리는 하나님께 속한 자가 되었습니다.

자신이 어느 누구에게 속했느냐가 매우 중요합니다. 이 세상 사람들은 악한 자, 즉 사단 마귀에게 속해서 악한 자의 지배를 받기 때문에 그 사단 마귀가 주는 세 가지 가치, 즉 **"육신의 정욕과 안목의 정욕과 이생의 자랑"**을 좇으며 사단의 노예가 되어서 살 수밖에 없습니다. 그러나 거듭난 우리는 하나님께 속했기 때문에 하나님의 뜻을 좇아 살아갑니다. 이 세상 사람들과 거듭난 하나님의 백성은 그 추구하는 목표가 이렇게 완전히 다릅니다. 그리고 이 두 부류의 종착점도 천국과 지옥으로 완전히 다릅니다. 그래서 오늘 본문의 마지막 절에, **"이 세상도, 그 정욕도 지나가되 오직 하나님의 뜻을 행하는 이는 영원히 거하느니라"**(요일 2:17)고 말씀하셨습니다. 의인들은 이 세상의 삶을 마치면 영원한 천국에서 복락을 누리게 됩니다. 그러나 이 세상이나 이 세상에 속한 것들을 좇으며 사단 마귀의 지배를 받고 살아가는 자들은 영원한 지옥의 멸망에 떨어집니다.

우리는 진리의 말씀 안에서 늘 마음을 믿음으로 지켜야 합니다. **"무릇 지킬만한 것보다 더욱 네 마음을 지키라 생명의 근원이 이에서 남이니라"**(잠 4:23)고 말씀하셨습니다. 우리가 우리의 마음을 진리의 말씀으로 지키면, 우리는 능히 사단 마귀를 이길 수 있습니다. 하나님의 말씀은 영원불변의 진리이며 살았고 운동력(능력)이 있습니다. 이 세상이나 이 세상에 속한 것들은 말씀 그대로 다 지나가는 것입니다. 재산이나 명예나 우리의 젊음도 다 지나갑니다. 우리가 나이 들어서 늙고 쇠하면 한 번 죽는 것은 하나님께서 정하신 일입니다. 우리가 가지고 있는 것들도 다 지나가는 것입니다. 이 지나가는 것들에 우리 마음을 다 쏟아서는 절대로 마음을 믿음으로 지킬 수 없습니다. 그래서 주님은 그 지나가는 것들에 우리의 마음을 쏟을 것이 아니라 영원히 쇠하지 않는 하나님의 나라에 마음을 두라고 말씀합니다.

히브리서 11장에는 기라성(綺羅星) 같은 믿음의 대선배들이 열거되어 소개되는데, 그들은 이 땅의 것들은 다 지나가는 것이라는 말씀을 분명하게 믿었기 때문에, 이 땅에 사는 동안 나그네와 행인처럼 장막에 거하면서 하늘의 본향(本鄕)을 사모했습니다. 그들은 장차 자기들이 영원토록 거할 하늘 본향을 사모하며 오직 하나님의 뜻을 섬기는 데에 온 마음을 두고 살았습니다.

만일 우리가 마음을 믿음으로 지키지 못하면 악한 자에게 모든 것을 빼앗겨 버립니다. 그리고 심지어는 하나님의 자녀라는 특권도 잃어버리고 타락해서 더욱더 무서운 하나님의 심판을 받게 됩니다. **"더러운 귀신이 사람에게서 나갔을 때에 물 없는 곳으로 다니며 쉬기를 구하되 얻지 못하고 이에 가로되 내가 나온 내 집으로 돌아가리라 하고 와 보니 그 집이 소제되고 수리되었거늘 이에 가서 저보다 더 악한 귀신 일곱을 데리고 들어가서 거하니 그 사람의 나중 형편이 전보다 더 심하게 되느니라"**(눅 11:24-26)는 주님의 말씀이 그런 뜻입니다. 어떤 사람이 귀신이 들렸었는데,

주님께서 그 귀신을 내쫓아 주셨습니다. 그런데 귀신은 떠나갔지만 이 사람의 마음에 성령이 임하지 않았습니다. 성령이 임해서 강한 자가 그 안에 버티고 있으면 마귀가 건드리지도 못하는데, 무주공산(無主空山)이라는 말처럼 귀신은 떠나갔지만 아직 마음을 주님께 드리기로 정하지 않아서 그의 마음에는 주인이 없습니다.

그러면 어떤 일이 일어납니까? 나갔던 귀신이 물 없는 곳으로 다니다가 옛날 집에 돌아와 보니, "어? 아직 아무도 안 들어와 있네?" 하고 자기 친구 귀신들을 더 많이 끌고 들어와서 그 나중 사정이 그 이전의 사정보다 더 흉악해진다는 말씀입니다. 진리의 복음을 듣고 마음에 받아들이면, 악한 영이 견디지 못하고 일단 떠나가는데, 그 사람이 자기의 마음을 정해서 진리의 복음을 온전히 믿고 지키지 못하면 돌이킬 수 없는 흉악한 상태에 다시 빠질 수 있습니다.

하나님의 뜻을 행하는 자

오늘의 본문 말씀은, 하나님의 백성들을 **"자녀들아, 청년들아, 아비들아"**라고 구분해서 부르십니다. 이제 우리가 하나님의 귀한 백성이 되었고 하나님의 가족이 되는 축복을 입었다면, 하나님의 말씀을 먹고 자라나야 하고, 말씀을 믿음으로 마음을 지켜야 합니다. 우리가 어떻게 마음을 지킵니까? 그 방법은 하나님의 뜻을 행하는 것입니다. **"오직 하나님의 뜻을 행하는 이는 영원히 거하느니라"**(요일 2:17)고 말씀하셨습니다. 하나님의 뜻을 행하는 것이 하나님 앞에서 우리의 마음을 지켜서 우리에게 주신 모든 축복을 다 누리고 천국 영생에 넉넉하게 들어가는 비결입니다.

그러면 "**하나님의 뜻**"이 무엇입니까? "**하나님은 모든 사람이 구원을 받으며 진리를 아는데 이르기를 원하시느니라**"(딤전 2:4)—이것이 하나님의 뜻입니다. 하나님의 뜻은 우리가 하나님께서 주신 진리의 복음을 전파해서 영혼들을 구원하고 섬기는 것입니다. 그 일을 섬기라고 하나님께서는 우리를 먼저 진리의 복음으로 불러 주셨습니다. 아버지의 뜻은 하늘에서는 다 이루어졌습니다. 그러나 땅에서는 아직 죄 사함을 받지 못한 사람들이 절대다수입니다. 아버지의 뜻이 하늘에서 이루어진 것같이 땅에서도 이루어지도록 하나님께서 우리를 복음의 일꾼으로 부르셨습니다.

거듭난 의인들은 하나님의 뜻이 무엇인지를 정확히 압니다. 하나님의 뜻은 물과 성령의 복음을 믿고 그 복음을 전파하는 것입니다. 이 말이 평범한 얘기인 것 같지만 "기독죄인들"(Christian-sinners)은 하나님의 뜻을 전혀 모릅니다. 왜 그렇습니까? 그들은 물과 성령의 복음이 유일한 진리의 복음인 것을 모르기 때문입니다. 진리를 알아야 진리를 전파할 수 있지 않습니까? 그들은 진리의 복음을 모르기 때문에 아버지의 뜻도 알 수 없습니다.

그래서 그들은 나름대로 추측해서 "이것이 아버지의 뜻이다"라고 주장하며 엉뚱한 짓을 합니다. 어떤 기독교인들은 "예수님 닮기 운동"(예닮 운동)이 아버지의 뜻이라고 생각합니다. 그래서 자기를 희생하고 선행을 베푸는 것이 이 세상의 빛과 소금이 되는 길이라고 확신하고 온갖 수고를 다 합니다. 주님은 거듭난 제자들에게, "**너희는 세상의 빛이다...너희는 세상의**

소금이다"(마 5:13-14)라고 말씀하셨지, "너희는 세상의 빛이 되라...너희는 세상의 소금이 되라"고 말씀하시지 않았습니다. 이것은 완전히 다른 뜻입니다.

중세의 주상고행자들(柱上苦行者, Stylites)은 더 이상 죄를 짓지 않으려고 벽돌로 기둥을 쌓고 그 위에 앉아 고행과 수도를 하는 것이 "하나님의 뜻"이라고 믿었습니다. 거기서 가톨릭 교회의 수도원 운동이 비롯되었습니다. 요즘 제가 아침 산책길에서 만나서 교제하는 "여호와의 증인들"도 선행과 자선을 많이 베푸는 것이 "하나님의 뜻"이라고 주장합니다. 그들은 아담과 하와가 죄를 지은 결과 죽음이 왔기 때문에, 하나님은 이 땅을 낙원으로 다시 만들고 우리를 아담이 죄를 짓기 전의 상태로 회복해서 낙원에서 영원히 살게 하시는 것이 "하나님 아버지의 뜻"이라고도 말합니다. 그래서 제가 "그러면 당신은 아버지의 뜻 안에서 영원히 낙원에서 살 사람입니까?" 하고 물었더니, 그것은 하나님만이 알고 자기는 모른다고 대답했습니다. 진리의 복음으로 거듭나지 못한 사람들은 하나님 아버지의 뜻이 무엇인지 모르니까 아버지의 뜻을 오해할 수밖에 없고, 결국 불가지론(不可知論)에 빠져서 희한한 주장들을 합니다.

부활하신 주님은 하나님 아버지께로 가시면서, **"너희는 온 천하에 다니며 만민에게 복음을 전파하라"**(막 16:15)고 제자들에게 당부하셨습니다. 하나님 아버지의 뜻은 **물과 성령의 복음**을 전파해서 모든 영혼들을 구원하는 것입니다. 그런데 "기독죄인들"(Christian-sinners)은 진리의 말씀인 물과 성령의 복음 자체를 모르는데 그들이 어떻게 하나님의 뜻을 알겠습니까? 그래서 나름대로 "이것이 아버지의 뜻이다"라고 주장하면서 수많은 교단과 교파, 신학이 생겨난 것입니다. 예를 들면 해방신학자들은 사회적으로 고통받고 소외된 자들의 편에 서서 그들에게 사회적 정의와 평등을 실현시켜 주는 것이 하나님 아버지의 뜻이라고 주장합니다. 이스라엘 백성이 애굽의 종살이에서 탄식하고 고생할 때 모세가 그들을 해방시킨 것처럼, 이 세상의 사회적 불평등과 억압에서 사람들을 해방시키는 것이 아버지의 뜻이라고 해방신학은 주장합니다. 주님은 인류의 의식주 문제를 해결해 주려고 이 땅에 오신 분이 아닙니다. 예수님은 우리 영혼을 죄에서 구원해서 영원한 천국의 복락에 들어가게 하려고 오신 분입니다. 하나님 아버지의 뜻을 전혀 모르니까 헛다리를 짚거나 "벽을 문"이라고 주장하는 사람들이 너무나 많습니다.

"이 세상도 그 정욕도 지나가되 오직 하나님의 뜻을 행하는 이는 영원히 거하느니라"(요일 2:17)고 말씀하셨습니다. 하나님의 뜻을 행하는 자는 천국에서 영생의 복락을 누릴 것입니다. 우리는 아버지의 뜻을 행하는 자들이 되었고, 아버지의 뜻을 행하는 것보다 더 복된 삶은 없습니다. 우리가 육신의 생활도 해야 하니까 복음을 섬기는 일도 하고 생업의 일도 하지만, 마음의 푯대는 복음의 일에 분명히 세웠습니다. 우리는 전 세계의 잃어버린 영혼들에게 물과 성령의 복음을 전파해서 그들이 하나님의 영광에 이르게 하는 것이 우리의 삶의 푯대입니다. 이 사역보다 더 귀한 일은 세상에 없습니다. 사람은 보람된 일을 하고 살아야 행복한데, 이 세상에서 가장 보람된 일은 **"아버지의 뜻을 행하는 일"**입니다. 그래서 우리는 행복합니다.

그리고 아버지의 뜻을 행하는 자는 하나님께서 예비하시고 공급하시는 모든 축복을 받습니다. 아브라함을 보십시오!

아브라함은 아버지의 뜻을 행하는 자였습니다. 갈대아 땅, 우르(Ur)에서 그의 집안은 대단한 부호였습니다. 그런데 아브라함은 **"육신의 정욕과 안목의 정욕과 이생의 자랑"**을 버리고 하나님의 뜻을 좇아갔습니다. 그런데 본토 친척 아비 집을 떠난 아브라함이 얼마나 창대(昌大)하고 존귀하게 되었습니까?

　우리도 믿음으로 **"오직 하나님의 뜻을 행하는 이들"**로 살기를 바랍니다. 우리가 마음을 정하고 하나님의 뜻을 좇는다면, 하나님께서는 우리에게도 아브라함과 같은 존귀와 축복을 입혀 주신다고 저는 확신합니다. 저는 그렇게 믿고 믿음으로 나아갈 것입니다. 여러분도 그런 믿음으로 하나님의 뜻을 행하는 일에 동참하기를 바랍니다.

　말씀을 마쳤습니다. 할렐루야!

적그리스도란 누구입니까?

"아이들아 이것이 마지막 때라 적그리스도가 이르겠다 함을 너희가 들은 것과 같이 지금도 많은 적그리스도가 일어났으니 이러므로 우리가 마지막 때인 줄 아노라
  저희가 우리에게서 나갔으나 우리에게 속하지 아니하였나니 만일 우리에게 속하였더면 우리와 함께 거하였으려니와 저희가 나간 것은 다 우리에게 속하지 아니함을 나타내려 함이니라
  너희는 거룩하신 자에게서 기름 부음을 받고 모든 것을 아느니라
  내가 너희에게 쓴 것은 너희가 진리를 알지 못함을 인함이 아니라 너희가 앎을 인함이요 또 모든 거짓은 진리에서 나지 않음을 인함이니라
  거짓말 하는 자가 누구뇨 예수께서 그리스도이심을 부인하는 자가 아니뇨 아버지와 아들을 부인하는 그가 적그리스도니
  아들을 부인하는 자에게는 또한 아버지가 없으되 아들을 시인하는 자에게는 아버지도 있느니라"(요일 2:18-23).

오늘은 "적그리스도란 누구입니까?"라는 제목으로 말씀을 드리고자 합니다. 대개 "적그리스도"(Antichrist)를 사단 마귀를 지칭하는 말로 생각합니다. 그런데 요한일서에서는 "예수님을 믿는다고는 하지만, 예수님의 완전한 구원의 역사를 부인하는 자들"을 적그리스도라고 지칭합니다. 우리는 "적그리스도"라는 말을 들으면 머리에 뿔 달리고 흉측한 사단 마귀의 형상을

떠올리기 쉽지만 그렇지 않고, 예수님을 믿는다는 자들 중에서 진리의 복음을 좇지 않는 자들이 바로 적그리스도입니다. 오늘날의 기독교 안에는 자칭 기독교인이라고 고백하면서 진리의 복음을 전파하지 않고 거짓 복음을 전하는 자들이 많습니다. 아니 많은 정도가 아니라 대부분의 기독교인들이 진리의 복음을 따라 예수님을 믿지 않습니다. 지금 예수님을 믿는다고 고백하는 거의 모든 사람들이 적그리스도의 영에게 속아서 진리를 좇지 않고 있습니다. 그래서 그들은 물과 성령으로 거듭나는 축복을 입지도 못하고 어두움에 속해서 적그리스도의 교훈을 믿고 있습니다. 너무 엄청난 말이기 때문에 저는 참 조심스럽게 입을 떼지만, 오늘의 본문 말씀은 이 사실을 분명히 밝혀주고 있습니다.

"저희가 우리에게서 나갔으나 우리에게 속하지 아니하였나니 만일 우리에게 속하였더면 우리와 함께 거하였으려니와 저희가 나간 것은 다 우리에게 속하지 아니함을 나타내려 함이니라"(요일 2:19).

더 구체적으로 말하자면, 적그리스도는 거짓 선지자들과 그들을 따르는 무리를 지칭합니다. 오늘날의 기독교 안에는 자칭 하나님의 종이라고 주장하지만 사실은 마귀의 종들이 많습니다. 그들의 입에서는 진리의 복음이 나오지 않고 거짓말이 나오는데 그런 자들이 바로 거짓 선지자이며, 거짓 선지자와 그들의 교훈을 믿고 따르는 자들이 다 적그리스도의 무리입니다. 그리고 적그리스도 무리의 우두머리는 사단 마귀입니다. 사단 마귀가 사람들에게 거짓의 영을 불어넣어서, 그들은 예수 그리스도를 믿는다고 고백하지만 진리의 복음이 아닌 **"다른 복음"**(갈 1:6-8)을 전하고 있습니다. 그러면서도 적그리스도의 무리는 자신들이 정통(正統)이라고 확신하기 때문에 오히려 진리의 복음을 믿고 전파하는 하나님의 백성들을 이단(異端)이라고 핍박합니다.

이단은 누구인가?

이단에 속한 자가 누구입니까? 이단(異端)에 대한 성경의 정의는 이렇습니다—**"이단에 속한 사람을 한두 번 훈계한 후에 멀리 하라 이러한 사람은 네가 아는 바와 같이 부패하여서 스스로 정죄한 자로서 죄를 짓느니라"**(딛 3:10-11). 이단은 예수님을 구주로 고백하면서도 **"스스로 정죄한 자"**를 지칭하는데, **"스스로 정죄한 자"**란 진리의 복음을 믿지 않아서 마음에 죄가 있기 때문에, "주여 나는 죄인입니다. 이 죄를 용서하여 주시옵소서"하고 늘 회개기도를 하는 자들입니다. 진리의 복음은 오직 하나입니다. "하나님이신 예수 그리스도께서 육신을 입고 이 땅에 오셔서, 안수의 형식으로 받으신 세례로 우리의 모든 죄를 담당하시고, 십자가에 피 흘려 돌아가심으로 우리의 모든 죄를 완벽하게 없애 주셨다"는 **물과 성령의 복음**만이 유일한 진리의 복음입니다. 그리고 **"다른 복음"**(갈 1:7)은 없습니다.

그러나 예수님이 **"물과 피로 임하셔서"**(요일 4:6) 우리의 모든 죄를 단번에 완벽하게 없애 주셨다는 원형(原形)의 복음을 무력화(無力化)시키려고, 사단 마귀는 진리를 변질시켜서 날조한 **"다른 복음"**을 퍼뜨렸습니다. 그 결과 **"가라지의 복음"**이 전 세계를 뒤덮었습니다. 그리고 지금은 생명을 가지고 있는 **알곡의**

복음은 찾아보기 힘든 시대가 되었습니다. 그 결과 예수님을 믿는 사람들 중에 죄 사함을 받고 거듭난 의인들은 희귀합니다. 기독교 안에는 **"기독죄인들"**(Christian-sinners)이 절대다수입니다. 그러니 예수님을 믿는다고 하면서 마음에 죄가 그대로 있는 이단들, 즉 **"스스로 정죄한 자들"**이 **"정통"**(正統)" 행세를 하며 거듭난 하나님의 백성을 오히려 이단(異端)이라고 핍박하는 것입니다.

많은 사람이 지지하고 주장한다고 거짓이 진리로 바뀝니까? 르네상스 시대의 과학자 갈릴레오 갈릴레이(Galileo Galilei, 1564~1642)는 당시 교황을 비롯한 절대다수가 신봉하던 천동설(天動說)을 부인하고 코페르니쿠스가 주장한 지동설(地動說)을 지지했다가 이단으로 몰려서 종교재판에 회부되었습니다. 결국 그는 "앞으로는 절대로 이단행위를 않겠다"고 서약하고 풀려났지만, 사실은 지동설(地動說)이 진리였습니다. 극소수의 사람들이 믿는다고 이단이 되고 절대다수의 사람들이 믿는다고 진리가 되는 것은 아닙니다. 진리는 진리이기 때문에 진리입니다.

예수님께서는 니고데모에게 **"사람이 물과 성령으로 나지 아니하면 하나님 나라에 들어갈 수 없느니라"**(요 3:5)고 말씀하셨습니다. **물과 성령의 복음**은 죄인들을 거듭나게 해서 천국에 들어가게 하는 유일한 진리의 복음입니다. 그리고 이 진리의 복음이 아닌 것은 다 적그리스도의 복음이고 거짓 선지자들이 날조한 **"다른 복음"**입니다. **"다른 복음"**을 가르치거나 믿는 자들은 다 마귀에게 속한 자들이고 적그리스도의 무리입니다.

"너희는 거룩하신 자에게서 기름부음을 받고 모든 것을 아느니라"(요일 2:20)고 말씀하셨습니다. 누구든지 진리의 복음을 믿으면 죄 사함을 받고 의인으로 거듭납니다. 그러면 성령님께서 그의 거룩해진 마음에 내주(內住)하십니다(행 2:38). 그리고 성령님께서 깨닫게 하심으로 "무엇이 진리인지, 무엇이 중요한지, 우리가 무엇을 좇아 살아야 할 것인지"를 다 알게 됩니다.

그러나 마음에 죄가 있는 죄인에게는 성령님께서 거하실 수 없습니다. 아무리 신학박사 학위를 몇 개씩 가진 자라고 해도 아직 거듭나지 못한 사람은 "영적 소경"이기 때문에 영적인 세계의 비밀을 알 수 없습니다. 그래서 예수님은 거듭나지 못한 인도자들에게, **"저희는 소경이 되어 소경을 인도하는 자로다 만일 소경이 소경을 인도하면 둘이 다 구덩이에 빠지리라"**(마 15:14)고 경고하셨습니다. 그러나 죄 사함을 받아서 성령님이 마음에 계시면 "무엇이 진리인지, 무엇이 가치 있는 일인지, 내가 무엇을 위해서 살아야 하는지"를 다 알게 됩니다. 물론 거듭난 직후여서 아직 영적으로 갓난아기와 같은 의인은 하나님의 영적인 세계를 잘 모르지만, 그런 영적 어린이도 하나님의 교회에서 말씀을 들으면서 자라나면 영적인 철이 들면서 모든 것을 밝히 알게 됩니다.

또한 적그리스도(Antichrist)란 기독교인들을 핍박하고 죽이는 타종교인들을 지칭하는 말이 아닙니다. 예를 들면, 요즘에 급진 무장단체인 "이슬람 국가"(Islamic State, 약칭 IS)가 기독교인들을 포함해서 서방세계의 기자들도 납치해서 무참히 살해하고 있습니다. 그들은 납치한 사람들을 참수하는 동영상을 배포합니다. 그들은 어떤 마을을 쓸어버리고, 남자들은 다 살육하고 여자들은 수용소에 감금해서 집단으로 강간하고 팔아 버리는 등 말로 다할 수 없는 잔혹한 짓을 합니다. 그들에게 기독교인들이 잡힌다면 살아남을 수 없습니다.

그러면 "이슬람 국가"의 구성원들이 적그리스도입니까? 아닙니다. 적그리스도는 예수님을 믿는다고 고백하면서 진리를 좇지 않고 거짓 교훈을 전파해서 사람들을 미혹시키는 자를 가리킵니다. 그런데 사도 요한은 사랑의 사도입니다. 사도 요한이 사역했던 당시에도 자칭 기독교인이라는 자들 중에는 아직 거듭나지 못해서 자기가 적그리스도의 무리에 속해 있는 줄도 모르는 이들이 많이 있었습니다. 그래서 사랑의 사도라고 불리는 요한은 그들에게 진리의 빛을 비춰 주어서 그들 스스로 자신이 어두움에 속해 있다는 것을 깨닫게 해 주고자 한 것입니다.

사도 요한은 아직 거듭나지 못해서 악한 영의 지배를 받는 자들에게 서서히 그러나 점점 더 강한 진리의 빛을 비춰 주고 있습니다. 요한은 빛과 어두움을 나누고 거듭난 자와 거듭나지 않은 자를 구별하는 말씀으로 영혼들을 서서히 깨우쳐 줌으로써, "아! 내가 적그리스도의 무리에 속해 있었구나" 하고 스스로 깨닫고 돌이키기를 바랐습니다. 사춘기의 아이들은 조심스럽게 다루지 않으면 비뚤어집니다. 사춘기의 아이에게 "너는 싹수가 노란 놈이다. 너는 아무 소망도 없는 나쁜 놈이다" 하고 직격탄을 날리면 그 아이는 격하게 반발하면서 어긋나가서 문제아가 되고 맙니다. 그런데 "내 친구 아들이 이렇고 저렇게 사고를 치는데 내 친구가 너무 힘들어하고 속상해하더라. 그런데 아들아, 너는 그렇지 않아서 참 고맙다" 하고 에둘러서 말을 해 주면, 아이가 그런 얘기를 들으면서 "아, 내가 바로 그런 놈이고 나쁜 놈이구나!" 하고 깨닫고 돌이키게 됩니다.

어두운 곳에 너무나 오래 있던 사람이 갑자기 밝은 빛을 보게 되면 시신경이 파손되고 눈이 잘못됩니다. 아주 오래 전에 강원도의 탄광이 무너져서 갇혀 있던 광부들이 십여 일 만에 구출된 적이 있습니다. 저는 그 장면을 TV 뉴스에서 본 적이 있는데, 그들은 모두 붕대로 눈을 가리고 구조원의 손을 잡고 나왔습니다. 그런 사람들은 일단 약한 빛 속에서 적응하게 하고 점차로 밝은 빛도 볼 수 있도록 치료해 주어야 합니다. 그런 배려 깊은 마음으로 사도 요한도 처음에는 진리의 빛을 약하게 해서 비추어 줍니다. 그러나 그는 요한일서의 뒷부분으로 가면 갈수록 강도를 높여서 분명하게 진리의 빛을 비춰 줍니다. 이처럼 하나님은 당신의 종 사도 요한을 통해서 예수님을 믿는다고 하지만 아직 거듭나지 못한 영혼들에게 진리의 빛을 비춰 주되 처음에는 약하게, 그러나 조금씩 진리의 빛의 강도를 세게 비춰 주어서 그들이 스스로 돌이켜서 온전히 빛의 자녀가 되도록 세심하게 배려하고 있습니다.

요한일서 4장 1절부터 3절까지의 말씀을 보면, 이러한 하나님의 뜻을 확인할 수 있습니다. "사랑하는 자들아 영을 다 믿지 말고 오직 영들이 하나님께 속하였나 시험하라 많은 거짓 선지자가 세상에 나왔음이니라

하나님의 영은 이것으로 알찌니 곧 예수 그리스도께서 육체로 오신 것을 시인하는 영마다 하나님께 속한 것이요 예수를 시인하지 아니하는 영마다 하나님께 속한 것이 아니니 이것이 곧 적그리스도의 영이니라 오리라 한 말을 너희가 들었거니와 이제 벌써 세상에 있느니라"(요일 4:1-3).

하나님께서는 이 말씀으로 "적그리스도가 어떤 자를 지칭하는지"에 대해서 좀더 구체적으로 가르쳐 주십니다. 즉

적그리스도란 누구입니까?   131

적그리스도란 **"예수님을 믿는다고 고백하면서도 예수님이 육체로 오신 것을 부인하는 자"**라고 주님은 말씀하십니다. 그리고 요한일서 5장에서는, "예수께서 육체로 임하셨다"는 말씀을 좀 더 구체적으로 풀어서, **"이는 물과 피로 임하신 자니 곧 예수 그리스도시라"**(요일 5:6)고 말씀합니다. 예수님은 물과 피로 임하셔서 우리의 구원을 완성하셨습니다. **"물로만 아니요 물과 피로 임하셨고 증거하는 이는 성령이시니 성령은 진리니라 증거하는 이가 셋이니 성령과 물과 피라 또한 이 셋이 합하여 하나이니라"**(요일 5:6-8)고 사도 요한은 말씀합니다. 하나님이신 예수님이 육신을 입고 이 땅에 오셔서(**성령의 증거**), **세례(물의 증거)**와 **십자가(피의 증거)**로 인류를 모든 죄에서 온전히 구원하셨습니다. 그리고 성경은 물과 피와 성령의 증거가 **"합하여 하나"**라고 사도 요한은 선포했습니다.

만일 어떤 이가 **"물과 피와 성령"**의 세 증거 중에서 어느 하나를 빼버리고 두 가지 증거만 믿는다면, 그 사람은 온전이 **"합하여 하나"**인 구원을 받을 수 없습니다. 그런데 지금 대부분의 기독교인들이 예수님께서 받으신 세례(물)는 빼버리고 십자가의 피만 믿지 않습니까? 그러므로 어떤 사람이 **물과 피와 성령의** 증거를 온전히 담고 있는 진리의 복음을 따라서 예수님을 믿지 않고 물(세례)의 증거를 빼버린 **"다른 복음"**을 좇아 예수를 믿는다면 사실 그 사람은 적그리스도입니다.

하나님이신 예수님께서는 흠 없는 어린양이 되기 위해서 처녀 마리아의 몸에 성령으로 잉태되셔서 이 땅에 오셨습니다. 그리고 예수님은 30세가 되셨을 때에 요단강에서 인류의 대표자인 세례 요한에게 안수(按手)의 형식으로 세례를 받음으로 세상 죄를 단번에 다 담당하고 십자가에서 피 흘려 돌아가심으로 우리의 모든 죄를 일방적으로 그리고 영원히 없애 주셨습니다. 이제 주님은 당신이 이루신 하나님의 의를 믿음으로 **"죄 없이 함을 받으라"**(행 3:19)고 모든 죄인들을 초청하고 계십니다.

"내 살을 먹고 내 피를 마시는 자"(요 6:54)만이 얻는 영생

예수님께서 보리떡 다섯 개와 물고기 두 마리로 오천 명이 넘는 사람들을 배불리 먹이신 후에, 그들이 육신의 배만 채우려고 예수님을 좇는 것을 책망하시고 그 기적을 베푸신 참뜻을 우리에게 설명해 주셨습니다. 즉, 예수님은 당신이 하늘에서 내려온 생명의 떡이라고 말씀하시고, 당신의 살을 먹고 당신의 피를 마시는 자만이 영생을 얻는다고 가르쳐 주셨습니다.

"내가 곧 생명의 떡이로라 너희 조상들은 광야에서 만나를 먹었어도 죽었거니와 이는 하늘로서 내려오는 떡이니 사람으로 하여금 먹고 죽지 아니하게 하는 것이니라 나는 하늘로서 내려온 산 떡이니 사람이 이 떡을 먹으면 영생하리라 나의 줄 떡은 곧 세상의 생명을 위한 내 살이로라 하시니라 이러므로 유대인들이 서로 다투어 가로되 이 사람이 어찌 능히 제 살을 우리에게 주어 먹게 하겠느냐

예수께서 이르시되 내가 진실로 진실로 너희에게 이르노니 인자의 살을 먹지 아니하고 인자의 피를 마시지 아니하면 너희 속에 생명이 없느니라 내 살을 먹고 내 피를 마시는 자는 영생을

가졌고 마지막 날에 내가 그를 다시 살리리니 내 살은 참된 양식이요 내 피는 참된 음료로다 내 살을 먹고 내 피를 마시는 자는 내 안에 거하고 나도 그 안에 거하나니 살아계신 아버지께서 나를 보내시매 내가 아버지로 인하여 사는 것 같이 나를 먹는 그 사람도 나로 인하여 살리라 이것은 하늘로서 내려온 떡이니 조상들이 먹고도 죽은 그것과 같지 아니하여 이 떡을 먹는 자는 영원히 살리라"(요한복음 6:48-58).

안수(按手)는 희생제물에게 사람의 죄를 넘기는 하나님의 공의(公義)한 법입니다. 하나님이신 예수님께서 육체로 이 세상에 임하셔서 인류의 대표자인 세례 요한에게 안수의 형식으로 세례를 받으심으로 당신의 육체에 세상 죄를 다 넘겨받았습니다. 그리고 예수님께서는 당신의 살(몸, 육체)에 넘겨받은 인류의 죄를 대속하기 위해서 십자가에 오르셔서 못 박히고 피 흘려 돌아가셨습니다. 예수님이 우리의 모든 죄를 넘김 받은 **안수의 세례와 십자가의 피**는 우리가 필히 먹고 마셔야 할 진리의 말씀입니다. 우리는 "**물과 피로 임하신 예수님**"을 믿어야만 합니다. "**내 살을 먹고 내 피를 마시는 자는 영생을 가졌다**"라고 말씀하셨고, "**인자의 살을 먹지 아니하고 인자의 피를 마시지 아니하면 너희 속에 생명이 없느니라**"고 말씀하셨습니다. 누구든지 "**살과 피**," 이 두 가지 구원의 사역을 다 믿어야만 "**죄 없이 함**"(행 3:19)을 받고 영생을 얻습니다. 이 진리가 너무 중요하기 때문에 주님은 십자가에 달리시기 전날 밤에 유월절 만찬의 자리에서 제자들에게 이 **진리의 복음**이 담긴 "**성찬례**"(聖餐禮)를 세워 주시고 주님이 다시 오실 때까지 그 예식을 기념하라고 당부하신 것입니다.

그렇다면, 예수님의 "살은 안 먹고 피만 마셔도" 영생을 얻습니까? 그런 사람은 절대로 죄 사함을 받지 못하고 거룩한 척만 하는 사이비 종교인으로 살다가 지옥에 갑니다. 하나님의 법은 준엄합니다. 진리의 주님께서, **"인자의 살을 먹지 아니하고 인자의 피를 마시지 아니하면 너희 속에 생명이 없느니라"**고 선포하셨기에, 예수님의 "피"만 마신 자는 결코 영원한 생명을 얻지 못합니다.

그런데도, 기독교인 중에는 "예수님의 피만 마시면 된다"라고 끝까지 고집을 부리는 자들이 절대다수입니다. 이들은 사단 마귀의 교리를 좇는 종교인들이며 적그리스도의 무리입니다. 사단 마귀는 처음부터 속이는 자였습니다. 하와를 속여서 모든 인류를 죄 아래 갇히게 한 놈이 사단 마귀입니다. 지금도 사단 마귀는 "예수님의 피만 마시면 구원을 받는다"라는 거짓말로 전 세계 기독교인들을 속이고 있습니다. 사단 마귀의 종들은 지금도 "예수님의 십자가가 우리를 구원하신 사역의 전부"라고 많은 사람들을 세뇌(洗腦)시키고 있습니다. 그래서 기독교 안의 종교인들은 "예수님께서 육체로 임하셔서 우리의 모든 죄를 세례로 다 담당하셨다"고 선포하는 **물과 피의 복음**을 이단이라고 비방하며 부인합니다. 그들은 "♪주님의 보혈 주님의 보혈 보혈의 잔 마시네~ ♪이스라엘의 이스라엘의 거룩한 제사 같이~"하고 박수를 치며 신나게 찬양을 합니다. 그들은 **"예수님의 살은 절대로 먹지 않고 피만 마시겠다"**는 자들이며 적그리스도의 무리입니다.

"모로 가도 서울만 가면 된다"라는 속담이 있습니다. 사실 이 속담은 과정의 정당성 없이도 자기의 목적만 이루면 된다는 주장이기에 문제가 있습니다. 종교인들도 이런 의식구조로,

"어떻게 믿든 열심으로 하나님을 믿고 눈물이 메마르도록 회개기도를 하면 하나님이 긍휼히 여기시지 않을까, 구원을 베풀어 주시지 않을까?"하고 막연한 희망을 갖습니다. 그러나 아무렇게나 예수님을 믿어도 구원을 받습니까? 하나님을 제멋대로 믿는 자들은 사실 하나님의 원수들이며 마귀의 종들입니다. 예수님께서는 물과 피로 임하셨습니다. 그리고 이 진리를 부인하는 자는 하나님의 백성이 아닙니다. 그래서 사도 요한은 예수께서 육체로 임하신 것을 부인하는 자들을 적그리스도(요일 4:1-3)라고 선포했던 것입니다.

거짓 선지자들은 "예수께서 육체로 오신 것을 부인하는 자"를 초대교회의 이단이었던 영지주의자(靈知主義者; Gnostics)들로 국한해서 해석합니다. 그러나 사도 요한은 요한일서 5장에서, 예수께서는 육체를 입고 오신 하나님의 아들이시며 **"물과 피"**로 임하셔서 우리를 모든 죄에서 구원하셨다고 선포했습니다. 따라서 적그리스도란 "예수님의 **피만 마시고 예수님의 살은 먹지 않는 자들**"을 포괄적으로 지칭하는 명칭입니다. 이미 초대교회 때부터 "십자가의 피만 믿으면 된다"라는 사단 마귀의 **"다른 복음"**이 가라지처럼 퍼져서 진리의 복음을 위협했음을 우리는 요한일서의 말씀을 통해서 알 수 있습니다.

그러므로 **"예수께서 육체로 임하셨다"**라는 말씀은 예수님이 이 땅에 육신을 입고 오셔서 인류의 대표자인 세례 요한에게 안수의 형식으로 세례를 받으심으로 이 세상의 모든 죄를 단번에 담당하시고 **"모든 의"**(마 3:15)를 이루어 주신 구원의 진리를 의미합니다. 흠 없는 제물로 오신 주님은 세례를 받은 이튿날, **"보라 세상 죄를 지고 가는 하나님의 어린양이로다"**(요 1:29)라는 증거를 세례 요한에게 받으셨습니다. 죄를 담당한 어린양은 반드시 죽어야 합니다. 그래서 예수님도 당신의 육체에 짊어진 인류의 죄를 대속하기 위해서 십자가에 못 박히고 달리셔서 당신의 생명인 피를 다 흘리신 후에 **"다 이루었다"**(요 19:30) 외치시고 돌아가셨습니다. 예수님의 세례와 십자가는 우리 인류의 모든 죄를 완벽하게 없애 주시기 위한 주님의 구원사역의 두 축(軸)입니다. 만일 요단강에서 받으신 주님의 세례가 없었다면 예수님의 죽으심은 우리와 아무 상관이 없는 주님의 원맨쇼(one-man show)에 불과했을 것입니다. 그러나 예수님은 **"물로만 아니요 물(세례)과 피(십자가)"**(요일 5:6)로 임하셨습니다.

알곡이 희귀한 시대

지금 이 시대에는 **물과 성령의 복음**을 믿어서 영생을 얻은 하나님의 백성이 희귀합니다. 오히려 생명이 없는 "가라지"들은 온 세상을 뒤덮고 있습니다. "물과 성령의 복음이 진리라면 그 진리의 복음을 좇는 자가 왜 그렇게 극소수냐?"하고 반문하는 자들이 있습니다. 그러나 죄에 오염된 사람들은 거짓말을 더 곧이 듣기 때문에, 진리를 좇는 자는 오히려 극소수입니다. 예수님은 **"좁은 문으로 들어가라 멸망으로 인도하는 문은 크고 그 길이 넓어 그리로 들어가는 자가 많고 생명으로 인도하는 문은 좁고 길이 협착하여 찾는 이가 적음이니라"**(마 7:13-14)고 말씀하셨습니다. 사단 마귀에게 속아서 범죄한 인간은 사단 마귀와 같은 가치관, 같은 취향, 같은 죄성(罪性)을 가졌기 때문에 마귀의 말은 사람들의 입맛에 훨씬 더 잘 맞습니다. 그래서 사람들은 진리보다는 마귀의 말을 체질적으로 더 좋아하고 더 잘 따라갑니다. 성경에서는 그런 타락한 본성을 **"본능으로 아는 그것"**(유 1:10)이라고 말씀합니다. 인공조미료(MSG)에 인 박인 사람에게는 인공조미료(MSG)가 많이 들어간 음식이 입맛에 딱 맞듯이, 사단 마귀가 죄로 오염시켜 놓은 우리는 체질적으로 거짓말을 더 좋아하기 때문에 마귀의 말이 사람들에게 더 잘 먹히게 되어 있습니다.

그래서 사람들이 예수님의 진리의 말씀보다 마귀의 말을 더 잘 듣는 것입니다. 그래서 사단 마귀의 종들이 온갖 거짓말로 사람들을 미혹하면, 사람들은 그들을 아주 잘 따릅니다. 그러나 하나님의 종들이 하나님의 말씀을 순수하게 있는 그대로 전해 주면 사람들은 자기들의 입맛과 체질에 맞지 않는다고 그 말씀을 거부합니다. 그리고 "당신은 그렇게 믿고 사세요! 나는 나대로 이렇게 믿고 살겠으니 더 이상 나에게 그런 이상한 말씀을 전하지 마세요! 우리 목사님은 예수님께서 세례를 받으실 때에 세상 죄를 담당했다는 그런 말씀을 한 번도 전한 적이 없어요!"하고 마음의 문을 닫습니다. 참으로 안타까운 일입니다.

진리의 말씀을 좇아 거듭난 의인들은 희귀합니다. **"나 여호와가 말하노라 배역한 자식들아 돌아오라 나는 너희 남편임이니라 내가 너희를 성읍에서 하나와 족속 중에서 둘을 택하여 시온으로 데려오겠고 내가 또 내 마음에 합하는 목자를 너희에게 주리니 그들이 지식과 명철로 너희를 양육하리라"**(렘 3:14-15)고 말씀하셨습니다. 거듭나서 하나님의 교회 안에 들어온 의인들은 **"성읍에서 하나와 족속 중에서 둘"** 정도로 희귀합니다. 그러나 하나님께서 친히 함께 하시기에 빛의 자녀들은 어두움을 능히 이깁니다.

거짓 선지자들이 바로 적그리스도입니다. 그들은 자칭 하나님의 종이라고 하지만 실제로는 사단 마귀의 종들입니다. 그들은 세상 사람들이 좋아하는 말들을 아주 잘합니다. 그러나 그들의 입에서는 주님께서 기뻐하시는 진리의 말씀은 나오지 않습니다. 주님은 "죄가 있으면 지옥 간다"고 말씀합니다. "그러므로 너희들은 반드시 죄 없이 함을 받아야 한다"고 주님은 말씀합니다. 하나님의 종들은 주님의 마음을 알기에, 주님의 말씀을 그대로 전합니다. 그래서 이번처럼 성탄절이 돌아오면, 하나님의 종들은 예수님이 이 땅에 물과 피로 임하셔서 우리를 죄에서 온전히 구원하신 진리의 사랑을 설교합니다.

그런데 거듭나지 못한 마귀의 종들, 즉 거짓 선지자들은 성탄절에, "예수님은 우리를 사랑하셔서 아주 겸손하고 비천한 모습으로 우리에게 오셔서 친히 하나님의 사랑을 드러내 주셨습니다. 그러니 오늘 태어나신 아기 예수님의 겸손과 사랑이 여러분의 마음에 다 이루어져서 세상에 평화가 임하기를 바랍니다" 하고 설교합니다. 거짓 선지자들은 목소리도 아주 근엄하고 거룩하게 해서 그런 내용의 성탄절 설교를 합니다. 그들의 말은 달콤하고 그럴듯합니다마는, 하나님 아버지께서 예수 그리스도를 육신으로 보내 주신 뜻과는 아무 상관이 없는 인간의 교훈입니다. TV 뉴스를 보았더니, 이번 성탄절에도 가톨릭 교회의 성탄 미사와 개신교의 성탄 예배 장면을 잠시 보여 주었는데, 그들의 성탄절 메시지는 아주 느끼했습니다. 그들은 예수님을 믿지 않는 사람들도 듣기 좋은 말만 골라서 합니다. 그래서 주님은 "저희는 세상에 속한고로 세상에 속한 말을 하매 세상이 저희 말을 듣느니라"(요일 4:5)고 말씀하신 것입니다. 요즘 TV의 연예 프로그램에 자주 나오는 장○○목사도 그의 하는 말을 들어보면, 세상 사람들이 듣기 좋은 말만 합니다. 그래서 세상 사람들은 그의 말을 참 좋은 말씀이라고 여기며 잘 듣습니다.

거짓 선지자 분별법

그러나 하나님의 종들은 그렇게 세상 사람들이 듣기 좋은 말만 해 주지는 않습니다. 하나님의 종들은 세상 사람들이 좋아하든 싫어하든 하나님의 진리의 말씀만을 전합니다. 이 세상 사람들은 예수께서 육체로 임하셔서 물과 피로 우리를 구원하셨다는 진리의 복음을 알지 못합니다. 그러므로 누구든지 진리의 복음을 만나서 믿음으로 천국 영생의 구원을 얻으려면 하나님의 종을 만나야 합니다.

그러면 하나님의 종과 마귀의 종을 어떻게 분별할 수 있습니까? 하나님의 종이 전하는 말씀은 생명과 능력이 있어서 그 말씀을 믿으면 실제도 마음의 죄가 사라집니다. "**복음**"(**福音**)이란 우리가 죄에서 해방되었다는 "기쁜 소식"입니다. 그런데 "만일 선지자가 있어서 여호와의 이름으로 말한 일에 증험도 없고 성취함도 없으면 이는 여호와의 말씀하신 것이 아니요 그 선지자가 방자히 한 말이니 너는 그를 두려워 말찌니라"(신 18:22)고 주님께서 가르쳐 주셨습니다. 거짓 선지자들이 전하는 복음은 아무리

달콤하고 그럴듯해도 아무 성취함도, 효험도 없습니다. 그들이 전하는 복음은 100년을 들어도 마음의 죄가 없어지지 않습니다.

"주 여호와의 말씀에 본 것이 없이 자기 심령을 따라 예언하는 우매한 선지자"(겔 13:3)들이 바로 거짓 선지자들입니다. 그리고 이 세상에는 거짓 선지자들이 판을 치고 있습니다. 이들은 예수님을 믿는다고 하나 사실은 하나님의 종이 아니고 사단 마귀의 종들입니다. 그들은 예수님께서 육체로 임하신 것을 부인하는 자들입니다. 혹자는 "아니 우리도 예수님이 처녀 마리아의 몸에서 육신을 입고 오신 것을 믿습니다"라고 항변하겠지만, 성경에서 "예수님께서 육체로 임하셨다"는 말씀은 처녀 마리아에게서 육신을 입고 태어났다는 부분만을 말씀하는 것이 아닙니다.

"예수님께서 육체로 임하셨다"는 말씀의 영적인 의미는 "예수님이 육체를 입고 오셔서 우리에게 어떤 일을 해 주셨느냐, 육체를 입고 오신 그 목적이 무엇이냐"라는 부분에 초점이 맞춰져야 합니다. 그래서 요한일서는 하나님이신 **"예수님께서 육체로 임하셨다"(요일 5:4)** 는 말씀을 한 후에, **"이(예수님)는 물과 피로 임하신 자니 곧 예수 그리스도시라 물로만 아니요 물과 피로 임하셨고 증거하는 이는 성령이시니 성령은 진리니라"(요일 5:6-7)** 고 주님의 구원사역을 구체적으로 말씀합니다. 하나님 아버지께서는 여자의 몸에서 난 자 중에 제일 큰 자, 즉 인류의 대표자이며 대제사장 아론의 후손인 세례 요한을 예수님보다 6개월 먼저 태어나게 하셔서 주님의 구원사역을 예비하셨습니다 (말 3:1, 4:5-6). 하나님의 종 세례 요한은 인류 전체의 대표자로서 인류의 모든 죄를 짊어지고 갈 하나님의 어린양으로 오신 예수님에게 안수의 형식으로 세례를 베풀었습니다. **"이제 허락하라 우리가 이와 같이 하여 모든 의를 이루는 것이 합당하니라"**(마 3:15)고 하신 예수님의 명령을 준행한 요한의 세례로 인류의 모든 죄가 단번 만에 하나님의 아들이신 예수님에게 넘어갔습니다. 그 세례를 받은 이튿날, 예수님은 **"보라 세상 죄를 지고 가는 하나님의 어린양이로다"**(요 1:29)라는 증거대로, 당신의 육체에 세상 죄를 짊어지고 십자가를 향해 가셨습니다. 예수님은 세례를 받으시고 3년 후에 십자가에 못 박히셔서 고난과 능욕을 받고 피를 흘려 주심으로 우리의 모든 죗값을 다 치러 주셨습니다. 그래서 이제 우리에게는 죄가 없습니다. 예수님은 우리의 모든 죄를 실제로 깨끗하게 없애 주기 위해서 육체를 입고 오셨고, 물과 피로 임하셔서 우리의 구원을 완성하셨습니다.

따라서 "예수께서 육체로 임하신 것을 시인한다"는 말은 "예수님은 하나님이신데 육신을 입고 오셔서 물(세례)과 피(십자가)로 우리를 온전히 구원했다는 물과 성령의 복음을 믿는다"라는 뜻입니다. 이 진리의 복음을 믿는 자는 하나님께로부터 난 자이고, 그 복음을 전파하는 자들이 하나님의 종입니다. 그러나 예수님께서 육체로 오신 것을 부인하는 자들, 즉 **물과 성령의 복음**이 아닌 **"다른 복음"**을 믿는 자들이 많습니다. 베이컨이 말한 대로, 그들은 자기들의 숫자가 많다는 "시장의 우상"에 사로잡혀서, 자기들이 정통(正統)이라고 확신하며 물과 성령의 복음을 믿는 의인들을 이단(異端)이라고 배척하고 비난합니다. 그들이 바로 적그리스도입니다. 사실 "이슬람국가"(IS)가 지금 시리아나 그 인근 지역에서 끔찍한

만행을 저지르고 있는데, 그들보다 더 악을 행하는 자들이 적그리스도입니다. "이슬람국가"(IS)의 테러리스트들은 인간의 육체만 죽이지만, 적그리스도는 사람의 영혼을 영원한 지옥에 떨어지게 하는 자들입니다. 너무 엄청난 말인 것 같지만 이것이 진리입니다.

지금 전 세계의 기독교인은 이십억 명이 넘는다고 합니다. 기독교가 최대의 세계종교입니다. 그러나 앞으로 2070년이 되면 이슬람교가 최대의 세계종교가 된다고 합니다. 그들은 자녀들을 많이 낳는데, 그 결과 이슬람교도들은 기하급수적으로 늘어나고 있습니다. 그런데 분명한 것은, 이슬람교도든지 기독교도인이든지, 마음에 죄가 있으면 다 지옥에 갑니다. 이슬람교도들은 말할 것도 없고, 예수님을 믿는다고 하지만 진리의 복음을 믿지 않는 사람은 결코 죄 사함을 받을 수 없습니다. **"죄의 삯은 사망"(롬 6:23)**입니다. 호리(毫釐)만큼이라도 마음에 죄가 있으면 반드시 하나님의 심판을 받고 영원한 지옥에 떨어집니다. 물과 성령의 복음을 믿지 않으면 아무리 예수님을 오래 믿고, 결혼도 하지 않고, 자기 몸을 불사르게 내어 준다고 할지라도 마음에 죄가 그대로 쌓여 있기 때문에 지옥의 심판을 피할 수 없습니다.

인터넷에서 올해(2015년) 교황의 성탄 메시지를 찾아보았습니다. 그는 국제적인 분쟁과 갈등의 문제 등을 비롯해서 여러 사회적 문제에 대해서 언급했습니다. "이슬람국가"(IS)가 본거지로 삼고 있는 시리아가 지금 정부군과 반 정부군과의 교전으로 수많은 난민들이 발생했는데 그들의 삶은 처참합니다. 그래서 교황은 시리아 내전 문제를 언급하면서 UN의 결의대로 평화가 잘 정착되기를 바란다는 메시지도 전했습니다. 또 교황은,

하나님의 자비만이 이기심이 낳은 여러 형태의 악으로부터 인류를 자유롭게 할 수 있으므로, 성탄을 맞이해서 하나님의 자비가 여러분들에게 깃들기를 바란다는 메시지도 전했습니다.

물론 교황의 메시지는 "듣기 좋은 얘기"입니다. 적그리스도는 구렁이 담 넘어가듯이 세상이 듣기 좋은 말을 하기 때문에 세상은 적그리스도의 말을 잘 듣습니다. 그러나 적그리스도는 하나님께서 인류에게, 우리 각 사람에게 진정 간절하게 들려주시고자 하시는 진리의 말씀은 전하지 않습니다. 아니, 그들은 진리의 말씀이 무엇인지도 모릅니다. 거짓 선지자들은 **"세상에 속한 말을 하매"**(요일 4:5) 세상의 존경을 받고 많은 사람들이 그들을 칭송하며 좇습니다. "**이것은 이상한 일이 아니니라 사탄도 자기를 광명의 천사로 가장하나니 그러므로 사탄의 일꾼들도 자기를 의의 일꾼으로 가장하는 것이 또한 대단한 일이 아니니라**"(고후 11:14-15)는 말씀으로 주님은 우리에게 적그리스도를 주의하라고 경고하십니다. 많은 사람들이 스마일 운동을 하고 "예닮 운동"을 합니다. 그러나 아무리 얼굴에서 해맑은 빛이 나도록 스마일 운동을 한다고 해도, 예수님께서 육체로 임하신 것을, 물과 피로 임하신 예수님의 복음을 부인한다고 하면 그들은 광명의 천사로 가장한 사단 마귀의 하수인에 불과합니다.

오늘 저는 적그리스도가 누구인지에 대해서 말씀을 드렸습니다. 우리는 영들을 잘 분별해야 합니다. 예수님을 믿는다고 고백하더라도, **물과 성령의 복음**이 아닌 **"다른 복음"**을 좇는 자는 적그리스도의 무리에 속한 자입니다. 그리고 그런 자들은 하나님의 원수가 됩니다. 그러나 안타깝게도 기독교 안에는 죽을 때까지 예수님을 믿고서 하나님과 원수 되는 자들이 얼마나 많은지 모릅니다. 너무 충격적인 말씀을 드린 것 같지만, 하나님의 종은 사람들이 좋아하든지 말든지, 이단이라고 배척을 하든지 말든지, 진리의 말씀을 증거합니다. 적그리스도는 영혼들을 유린하고 미혹에 빠뜨려서 지옥에 끌고 가는 자들이기 때문에 그들의 정체를 분명히 밝혀서 한 사람이라도 더 구원에 이르도록 하기 위해서 하나님의 종들은, "예수님께서 물과 피로 임하셨다!"고 담대히 외칩니다. 그리고 "물과 피로 임하신 예수님을 믿지 않는 자가 바로 적그리스도"라고 외칩니다.

말씀을 마쳤습니다. 할렐루야!

원형복음의 능력으로 의를 행하는 자들

"너희는 처음부터 들은 것을 너희 안에 거하게 하라 처음부터 들은 것이 너희 안에 거하면 너희가 아들의 안과 아버지의 안에 거하리라

그가 우리에게 약속하신 약속이 이것이니 곧 영원한 생명이니라

너희를 미혹케 하는 자들에 관하여 내가 이것을 너희에게 썼노라

너희는 주께 받은바 기름 부음이 너희 안에 거하나니 아무도 너희를 가르칠 필요가 없고 오직 그의 기름 부음이 모든 것을 너희에게 가르치며 또 참되고 거짓이 없으니 너희를 가르치신 그대로 주 안에 거하라

자녀들아 이제 그 안에 거하라 이는 주께서 나타내신바 되면 그의 강림하실 때에 우리로 담대함을 얻어 그 앞에서 부끄럽지 않게 하려 함이라

너희가 그의 의로우신 줄을 알면 의를 행하는 자마다 그에게서 난 줄을 알리라"(요일 2:24-29).

오늘 저는 본문의 말씀을 중심으로 "원형복음의 능력으로 거듭난 자들만이 성령을 선물로 받고 하나님의 의를 행한다"라는 말씀을 드리고자 합니다. 오늘 성경 본문의 키워드(Keywords)는 "처음부터 들은 것," "영원한 생명," "기름부음," 그리고 "의를

행함"입니다. 이 키워드들을 중심으로 주님께서 우리에게 말씀하시는 바를 우리 모두가 귀담아듣기를 바랍니다.

주님은 **"너희는 처음부터 들은 것을 너희 안에 거하게 하라"**(요일 2:24)고 말씀하셨습니다. 초대교회의 성도들이 **"처음부터 들은 것"**이 과연 무엇이겠습니까? **영원한 생명**을 얻기 위해 하나님께 나온 영혼들을 만나면, 하나님 종들은 제일 먼저 무엇을 그들에게 들려줍니까? 사도들이 영혼들에게 처음부터 전해 준 것은 **진리의 복음**입니다. 저는 그것을 **원형(原形)의 복음**(the Original Gospel)이라고 부릅니다. 이 시대에도 많은 사람들이 자기 나름대로의 복음을 전하고 있는데, 그들이 전하는 복음은 소위 **"십자가의 피만의 복음"**입니다. 그런데 **"십자가의 피만의 복음"**은 사도들이 **"처음부터"** 전했던 원형의 복음, 즉 **"물과 피로 임하신 예수 그리스도"**(요일 2:6)의 복음을 부인하는 **"다른 복음"**입니다.

사도 요한이 **"처음부터 들은 것"**이라고 표현한 이유는, 자기를 비롯한 하나님의 종들이 하나님의 교회 안에서 처음부터 전했던 복음과 다른 교훈들이 이미 교회 안에 많이 들어왔기 때문입니다. 미혹하는 자들, 즉 적그리스도가 많이 나타나서 하나님 종들이 처음부터 전했던 원형복음을 무너뜨리려고 변질된 **"다른 복음"**을 전했습니다. 그들은 처음부터 원형복음을 듣고 거듭난 성도들조차 미혹시켜서 마귀의 종으로 삼고자 호시탐탐 기회를 노렸습니다. 그래서 하나님의 종 요한은 성도들에게 그들이 처음부터 들었던 원형복음을 믿음으로 지키라고 권면한 것입니다.

원형(原形)의 복음이란 무엇인가?

초대교회의 하나님의 종들과 사도들은 온전한 진리의 복음을 전했습니다. 사도들이 예수님에게 받아서 전했던 온전한 진리의 복음, 즉 원형의 복음은 **"물과 피와 성령의 복음"**(요일 5:6-8)입니다. 예수님은 육신을 입고 오신 하나님인데(성령의 증거), 인류의 대표자이며 대제사장 아론의 후손인 세례 요한에게 안수의 형식으로 세례를 받으셔서 세상 죄를 단번에 담당하시고(물의 증거), 십자가에서 **"다 이루었다"**(요 19:30)고 외치며 숨지시기까지 인류의 죄를 온전히 속량하셨다(피의 증거)는 복음이 바로 **"물과 피와 성령의 복음"**입니다. 이 진리의 원형복음을 좀 더 줄여서 **"물과 성령의 복음"**이라고도 부릅니다. 예수님께서 니고데모에게 **"사람이 물과 성령으로 나지 아니하면 하나님 나라에 들어갈 수 없느니라"**(요 3:5)고 말씀하신 것은, 누구든지 이 원형복음을 믿음으로 죄 사함을 받아야만 영원한 생명을 얻는다는 뜻입니다.

저는 작년에 『복음의 원형과 영원한 속죄』라는 제목으로 두 권의 히브리서 강해 설교집을 출간했습니다. 그 책에서도 소상히 말씀드렸지만, 히브리서 6장은 초대교회의 사도들과 하나님의 종들이 전했던 **원형의 복음**이 무엇인지를 분명히 가르쳐 줍니다.

"때가 오래므로 너희가 마땅히 선생이 될 터인데 너희가 다시 하나님의 말씀의 초보가 무엇인지 누구에게 가르침을 받아야 할 것이니 젖이나 먹고 단단한 식물을 못 먹을 자가 되었도다 대저 젖을 먹는 자마다 어린 아이니 의의 말씀을 경험하지 못한 자요 단단한 식물은 장성한 자의 것이니 저희는 지각을 사용하므로

연단을 받아 선악을 분변하는 자들이니라

그러므로 우리가 그리스도 도의 초보를 버리고 죽은 행실을 회개함과 하나님께 대한 신앙과 세례들과 안수와 죽은 자의 부활과 영원한 심판에 관한 교훈의 터를 다시 닦지 말고 완전한데 나아갈찌니라"(히 5:12-6:2).

위의 말씀은 그리스도 도의 초보가 무엇인지에 대해서 말씀합니다. 히브리서의 기자(記者)인 하나님의 종은 지중해 연안에 흩어져 살던 많은 유대인들에게 처음부터 "**그리스도 도의 초보**," 즉 **원형의 복음**을 전해 주었습니다. 그리고 그 원형의 복음은 "**죽은 행실을 회개함과 하나님께 대한 신앙과 세례들과 안수와 죽은 자의 부활과 영원한 심판에 관한 교훈**"으로 구성되어 있습니다.

지중해 연안에 흩어져 살던 히브리인들이 진리의 복음을 들은 후, 세월이 제법 많이 흘렀습니다. 그렇다면 이제는 그들의 믿음이 자라나서 다른 이들을 인도하는 장성한 믿음의 사람들이 되어 있어야 했는데, 많은 이들의 마음 안에 아직도 진리의 복음이 자리를 잡지 못하고 있었습니다. 왜 그런 결과가 초래되었을까요? "**저희와 같이 우리도 복음 전함을 받은 자이나 그러나 그 들은바 말씀이 저희에게 유익되지 못한 것은 듣는 자가 믿음을 화합지 아니함이라**"(히 4:2)고 말씀하신 대로, 그들은 하나님의 말씀을 간절한 마음으로 받지 않고 건성으로 들었기 때문입니다. 그러면 그들이 왜 하나님의 말씀을 믿음으로 화합하지 않고 귓등으로 들었을까요? 그것은 그들의 관심이 하나님의 말씀보다는 이 땅의 것들에 쏟아져 있었기 때문입니다. 그래서 그들은 여전히 젖이나 먹고 단단한 식물을 못 먹는 영적 수준에 머물러 있었습니다.

"대저 젖을 먹는 자마다 어린아이니 의의 말씀을 경험하지 못한 자요"(히 5:13)—"의의 말씀을 경험하지 못한 자"란 진리의 복음을 오랫동안 반복적으로 들었지만 하나님께서 베푸시는 죄 사함의 은혜에 온전히 들어가지 못한 자를 가리키는 말입니다. 그래서 하나님께서는 안타까운 마음으로 그런 자들이 진리의 복음 위에 굳게 서야 한다고 권면하십니다. 그런 자들도 일단 복음의 터 위에 굳게 서면 거듭나게 되고 믿음이 자라나서 하나님의 말씀을 두루 깨닫고 **장성한 자**가 됩니다. 그래서 그들의 어그러졌던 다리가 고침을 받고 **"의를 행하는 자"**가 됩니다.

고대의 유물들을 발굴하다 보면 어떤 유물은 너무나 귀한 것인데, 그 유물의 일부나 전부가 깨지고 손상된 경우가 종종 있습니다. 그러면 많은 전문가들이 문헌이나 다른 유물들을 참조해서 그 유물의 원래의 모습을 되찾게 하는 작업을 하는데, 그런 작업을 "복원"(復元)이라고 합니다. 역사적 유물의 옛 모습을 복원해서 다시 원래의 모습으로 회복시키는 것은 아주 값진 일입니다. 우리도 지금 성경의 기록들을 통해서 복음의 원형을 복원하고자 합니다.

우리는 "그러므로 우리가 그리스도 도의 초보를 버리고"(히 6:1)라는 말씀에 주목해야 합니다. 여기서 먼저 짚고 넘어가야 할 부분은, "**그리스도 도의 초보를 버리고**"라는 말씀에서 **"버리고"**라는 부분입니다. 이 말씀은 "**그리스도 도의 초보**"는 너무 기초적인 지식이므로 한번 들은 것으로 족하니 "내던져 버려라"(to discard)는 말씀이 결코 아닙니다. 우리 성경에서 **"버리고"**라고 번역된 부분은 영어 성경에서 "떠나서"(leaving)라는 뜻입니다. 즉 히브리인들은 복음을 들은 후 많은 시간이 흘렀으니 복음의 초보를 다시 닦는 일을 더 이상 반복하지 말고, 이제는 그런 단계를 "떠나서" 완전한 믿음으로 나아갈 것을 권면하신 말씀입니다. 즉 하나님의 종은 그들에게 "이제는 복음의 기초를 견고하게 믿어서 복음의 기초를 다시 놓아야 하는 수고는 제발 그만 하자"고 권면하신 것입니다.

"그리스도 도의 초보"(the elementary teachings about Christ; NIV, the principles of the doctrine of Christ ; KJV)란 예수 그리스도를 믿는 도(道, 복음)의 기초적인 교훈들을 의미합니다. 그리고 그 말씀 다음에는 "그리스도 도의 초보"를 구성하는 내용들이 열거되어 있습니다. "그리스도 도의 초보"란 예수님께서 가르쳐 주셨고 사도들이 받아 전했던 **원형의 복음**(the Original Gospel)을 말하는데, 그 원형의 복음은 다음과 같은 내용으로 구성되어 있다는 말씀입니다—1) 죽은 **행실을 회개함에 대한 교훈**, 2) **하나님께 대한 신앙에 관한 교훈**, 3)**세례들에 관한 교훈**, 4) **안수에 관한 교훈**, 5) **죽은 자의 부활에 관한 교훈**, 6) **영원한 심판에 관한 교훈**.

즉 "그리스도 도의 초보"는 온전한 진리의 복음, 즉 **원형(原形)의 복음**을 의미하는데, 원형의 복음에는 다음의 내용이 필수적으로 담겨 있었습니다.

첫째, 죽은 행실을 회개함에 관한 교훈입니다.

"**죽은 행실**"이란 "우리를 사망으로 이끄는 행실"(the acts that lead to death)인데, 그것은 한마디로 **죄**입니다. 초대교회의 사도들은 복음을 전할 때에 제일 먼저 **죄**에 대해서 가르쳤습니다. 우리가 죄 가운데 태어났다는 것, 그리고 죄 때문에 우리는 장차 지옥 가야 한다는 진리를 가르쳤습니다. 그리고 하나님의 종들은 죄의 병이 얼마나 무서운 것인지를 영혼들이 깨닫게 해서 그들이 간절하게 하나님의 구원을 바라도록 인도했습니다. 자기가 지옥에 가야 할 죄인임을 시인하고 자기의 모든 죄를 사함 받게 해달라고 **하나님께로 돌아서는** 것이 바로 "**죽은 행실을 회개함**"입니다.

여기서 말씀하는 **회개**는 "하나님, 내가 이런 죄를 지었습니다. 이 죄를 용서해 주십시오" 하는 소위 **회개 기도**를 의미하지 않습니다. "**회개**"라는 말은 그리스어로 "**메타노이아**"(metanoia)입니다. 이 말은 "뒤로 돌아서다"라는 뜻인데, "저는 지금까지 이 세상에 속해서 육신의 정욕과 안목의 정욕과 이생의 자랑만을 좇으며 살아왔습니다. 그런데 이제는 이것이 죄악인 줄 깨닫고 하나님께로 돌아섭니다. 하나님, 저는 죄 때문에 지옥 갈 자인데 저를 구원해 주십시오" 하고 자기 삶의 방향을 근본적으로 돌이켜서 하나님께 구원을 바라고 나아가는 것이 진정한 **회개**입니다.

사도들을 비롯한 초대교회의 종들은 첫째로 "너희는 하나님께로 돌이켜야 한다"고 가르쳤습니다. 사도 바울도 사도행전 말미에서, 자기가 다메섹 도상(途上)에서 주님을 만나서 거듭난 후

평생 동안 전파한 복음의 사역은 오직 **"하나님께 대한 회개와 우리 주 예수 그리스도께 대한 믿음"**(행 20:21)이었다고 증거했습니다. 이와 같이 **원형복음**의 제일 첫 교훈은 **하나님께 대한 회개, 즉 죽을 행실을 회개함**에 대한 교훈입니다.

둘째, 하나님께 대한 신앙에 관한 교훈

원형복음의 두 번째 교훈은 **"하나님께 대한 신앙"**입니다. 하나님께 대한 신앙이 무엇입니까? **"하나님이 반드시 계시다는 것과 하나님이 자기에게 나아오는 자에게 반드시 구원의 상을 베푸신다는 것"**(히 11:6)을 믿는 것이 하나님께 대한 신앙입니다. 여러분은 **"하나님께 대한 신앙"**이 있습니까? 여러분은 하나님께서 살아 계시다고 믿습니까? 하나님은 영(靈)입니다. 그래서 하나님은 우리의 눈에는 보이지 않지만 분명 살아 계십니다. 하나님을 찾는 자는 우주와 자연의 모든 만물과 그 오묘한 운행의 이치를 통해서도 조물주(造物主) 하나님께서 살아 계시다는 사실을 깨닫고 믿습니다. 그래서 성경은 **"이는 하나님을 알만한 것이 저희 속에 보임이라 하나님께서 이를 저희에게 보이셨느니라 창세로부터 그의 보이지 아니하는 것들 곧 그의 영원하신 능력과 신성이 그 만드신 만물에 분명히 보여 알게 되나니 그러므로 저희가 핑계치 못할찌니라"**(롬 1:19-20)고 말씀합니다.

"하나님께 대한 신앙"은 하나님이 반드시 계시다는 것과 그 하나님은 자기에게 나아오는 자에게 반드시 구원의 상을 베푸시는 분이라는 사실을 믿는 것입니다. "하나님, 저는 죄인입니다. 저를 구원해 주십시오. 저를 불쌍히 여겨 주십시오" 하고 하나님 앞에 나아오는 자에게 하나님은 반드시 **죄 사함의 축복**, 즉 **구원의 상(賞)**을 베푸십니다. 하나님은 천국 영생을 선물로 주시는 하나님이신 줄 우리는 믿습니다. 이것이 **하나님께 대한 신앙**입니다.

세 번째, 세례들에 관한 교훈

"세례들"이라고 복수로 말씀하신 것에 우리는 유념해야 합니다. 왜 "세례들"에 관한 교훈이라고 복수형으로 말씀하셨습니까? 성경에는 몇 가지의 **세례들**이 기록되어 있습니다—1) 세례 요한이 그 당시의 백성들에게 베푼 세례, 2) 예수님께서 세례 요한에게 받으신 세례, 그리고 3) 예수님을 믿고 거듭난 의인들이 구원의 표로 받는 세례. 그래서 "**세례들**"이라고 복수로 말씀하셨는데, 그중에서 제일 중요한 세례는 **예수님께서 세례 요한에게 받으신 세례**입니다.

세례 요한은 누구입니까? 세례 요한을 가리켜 "**여자가 낳은 자 중에 세례 요한보다 큰이가 일어남이 없도다**"(마 11:11)라고 예수님께서 증거하신 바, 그는 **인류의 대표자**입니다. 그리고 세례 요한은 아론의 반차(班次)를 좇은 이 땅의 **마지막 대제사장**입니다. 세례 요한은 아버지는 아비야 반열의 제사장 사가랴였고 그 어머니도 아론의 후손이었으니(눅 1:5) 그의 부모가 모두 첫 번째 대제사장 아론의 진골(眞骨) 후손이었습니다. 세례 요한은 인류의 마지막 대제사장으로 하나님의 택함을 받아서 예수님보다 6개월 먼저 이 땅에 태어났습니다. 그리고 세례 요한은 엘리야의 심령으로 사람들의 마음을 하나님께로 돌이키게 하는 **회개의**

세례를 요단강에서 베풀며, 장차 메시야 곧 그리스도로 오실 주님의 길을 예비하고 있었습니다. 그때에 예수님께서 그의 앞에 나타나셨습니다.

"이 때에 예수께서 갈릴리로서 요단강에 이르러 요한에게 세례를 받으려 하신대 요한이 말려 가로되 내가 당신에게 세례를 받아야 할 터인데 당신이 내게로 오시나이까

예수께서 대답하여 가라사대 이제 허락하라 우리가 이와 같이 하여 모든 의를 이루는 것이 합당하니라 하신대 이에 요한이 허락하는지라

예수께서 세례를 받으시고 곧 물에서 올라 오실쌔 하늘이 열리고 하나님의 성령이 비둘기 같이 내려 자기 위에 임하심을 보시더니 하늘로서 소리가 있어 말씀하시되 이는 내 사랑하는 아들이요 내 기뻐하는 자라 하시니라"(마 3:13-17).

인류의 대표자가 육신을 입고 오신 하나님이신 예수님에게 **안수의 형식으로** 세례를 베풀었습니다. **안수(按手)**란 죄를 희생제물의 머리 위로 넘기는 하나님의 공의한 법입니다. 예수님이 인류의 모든 죄를 지고 가는 하나님의 어린양이 되기 위하여 이 땅에 오셨을 때, 세례 요한은 인류의 대표자로서 예수님에게 안수의 형식으로 세례를 베풀어서 인류의 모든 죄를 예수님께로 단번에 넘겼습니다. 이것이 바로 **예수님께서 받으신 세례의 역사(役事)**입니다.

초대교회의 하나님의 종들이 전했던 **원형의 복음**에는 **"세례들에 관한 교훈"**이 분명히 포함되어 있었습니다. 예수님께서 받으신 세례는 **원형복음의** 핵심적인 구성요소인데, 오늘날 기독교를 뒤덮고 있는 **"십자가의 피만의 복음"**에는 "팥소 없는

찐빵"같이 **원형복음의 핵심요소인 세례**가 완전히 사라졌습니다. 사단 마귀는 **원형복음**에서 예수님의 세례를 제거해서 사이비 복음으로 변질시킨 후에, 거짓 선지자들이 그런 **"다른 복음"**(갈 1:7)을 열심히 전파하게 해놓고 이제는 편안히 쉬고 있습니다. 기독교인들이 아무리 열심을 내서 전도를 많이 하고 전 세계를 복음화한다고 해도, 그런 변질된 **"다른 복음"**으로는 영혼들이 절대로 죄 사함을 받을 수 없다는 것을 사단 마귀가 잘 알기 때문입니다.

네 번째, 안수에 관한 교훈

또한 초대교회의 하나님의 종들은 말씀을 듣고자 나온 영혼들에게 **예수님이 받은 세례의 능력**을 확실하게 믿게 하려고, 복음을 계시하는 구약의 속죄 제사에 대해서 자세히 가르쳤습니다. 구약시대에는 만일 평민의 하나가 죄를 범하고 그 죄를 깨달았으면, 그는 흠 없는 암염소를 성막으로 끌고 와서 제사장이 보는 앞에서 그 염소의 머리에 **안수(按手)**해서 자기의 **죄를 그 염소에게 넘겨야** 했습니다. 그리고 그 사람은 그 염소의 목을 따서 피를 받고 그 피를 제사장에게 주면, 제사장이 그 피를 번제단 뿔에 바르고 남은 피를 단 밑에 쏟고 염소의 고기는 번제단 위에서 불태워 드림으로, 그 사람이 죄 사함을 받았습니다(레 4:27-31).

하루치 죄는 그렇게 사함을 받았지만, 백성들은 날마다 죄를 짓고도 속죄 제사를 날마다 드리지는 못했기 때문에 그들의 마음에는 죄가 쌓여 갔습니다. 그래서 하나님께서는 이스라엘 백성 전체의 일 년치 죄를 단번에 사함 받는 **대속죄일(大贖罪日)**의 제사를 세워 주셨습니다. 이 대속죄일의 제사는 **대제사장 아론**이 이스라엘 **백성을 대표해서 홀로 주관**해서 드렸는데, 대제사장은 자기도 죄를 짓는 연약한 사람이었기 때문에 먼저 자기와 자기 식구들의 죄를 사함 받는 제사를 드렸습니다. 그는 수송아지의 머리에 **안수**해서 자기와 자기 가족의 죄를 넘긴 후에, 그 수송아지를 잡아서 그 피를 들고 성소와 지성소에 들어가서 성막의 기구에 피를 바르고 뿌리는 예식을 행함으로 죄 사함을 받았습니다.

대제사장은 이렇게 자기와 자기 식구들의 속죄를 마친 후에, 미리 준비해 놓은 두 마리 염소로 백성들을 위한 제사를 드렸습니다. 먼저 한 마리는 **성막 안에서 안수하고** 잡은 후에 먼저 수송아지를 드렸던 것과 같은 방식으로 성소와 지성소를 위해서 속제의 제사를 드렸습니다. 그리고 나서 아론은 다른 한 마리의 염소, 즉 아사셀 염소를 끌고 성막 밖으로 나왔습니다. 대제사장 아론은 이제 백성들이 보는 앞에서 그 **아사셀 염소의 머리에 안수**하여 이스라엘 백성이 지난 일 년 동안 지은 모든 죄를 고하고 **그 죄를 그 염소의 머리에 두어** 미리 정한 사람에게 맡겨 광야에 내다 버렸습니다(레 16:20-22). 그러면 그 아사셀 염소는 이스라엘 백성들의 일 년치 죄를 다 짊어지고 광야를 헤매다가 죽습니다. 그렇게 아사셀 염소는 죽음으로 백성의 일 년치 죗값을 대속했습니다.

이렇게 구약의 대제사장이 대표로 **안수했을** 때에 이스라엘 백성의 일 년치 죄가 아사셀 염소에게 넘어갔다는 **"안수에 관한**

교훈"을 사도들은 전했습니다. 그들은 이렇게 **"안수"의 비밀을** 가르쳐서, 세례 요한에게 **안수의 형식으로 받은 예수님의 세례가** 전 인류의 죄를 담당하는 세례였음을 죄인들이 깨닫게 했습니다. 이는 대제사장 아론의 후손이고 인류의 대표자인 세례 요한이 어린양으로 오신 예수 그리스도에게 **안수의 형식으로 세례를** 베풀었을 때에 이 세상의 모든 죄가 예수님에게 넘어갔음을 가르치는 말씀입니다.

예수님께서 세례 요한에게 세례를 베풀라고 명령하셨습니다. **"이제 허락하라 우리가 이와 같이 하여 모든 의를 이루는 것이 합당하니라 하신대 이에 요한이 허락하는지라"**(마 3:15). 여기서 **"우리가 이와 같이 하여"**라는 말씀은 **"너(요한)는 내 머리에 안수하고 나는 너의 안수를 받음으로"**라는 말씀입니다. 안수는 속죄제물에게 **죄를 넘기는 하나님의 공의한 법**입니다. 인류의 대표자이고 대제사장 아론의 후손인 세례 요한이 인류의 대속제물이 되기 위해서 "하나님의 어린양"으로 오신 예수님의 머리에 안수했으니, 세상 죄는 이때에 예수님에게 다 넘어갔고, 이 세상에는 **"모든 의"**가 공의하게 이루어진 것이 **확실합니다**.

이와 같이 **원형의 복음**, 즉 초대교회의 사도들과 하나님의 종들이 전했던 진리의 복음에는 반드시 **세례들과 안수에 관한 교훈**이 포함되어 있었습니다.

다섯 째, 죽은 자의 부활에 관한 교훈

예수 그리스도께서 받으신 세례로 우리의 모든 죄를 담당하신 후, 십자가에 오르셔서 "다 이루었다"(요 19:30) 하시기까지 대속의 피를 흘리시고 죽으심으로 우리의 모든 죄를 주님께서 대속(代贖)하셨기에, 누구든지 예수님께서 세례와 십자가의 피로 완성하신 **하나님의 의**를 믿으면 죄 사함을 받고 영생을 얻는다고 하나님의 종들은 가르쳤습니다. 우리는 죄와 허물로 지옥에 갈 수밖에 없었던 자들이었지만, 주님께서 자신의 몸을 드려 이루신 영원한 속죄의 제사를 믿음으로 우리가 죄 사함을 받았고 **죽었던 영이 부활**했다는 진리가 "**죽은 자의 부활에 관한 교훈**"입니다.

"예수 그리스도의 **세례(물)와 십자가의 피**를 믿는 너희 영혼은 이제 죽은 영이 아니라 부활(復活)한 영이다. 너희들은 죽더라도 예수님이 다시 이 땅에 오시는 날에, 너희 육체도 반드시 신령한 몸으로 부활한다. 그때에는 주님께서 천년왕국을 펼치시고 너희와 더불어 왕 노릇할 것이다. 그리고 천 년이 지나면 죄인들도 부활시켜서 사단 마귀와 함께 최후의 심판을 받게 하고 영원한 지옥 불에 들어가게 할 것이다. 그리고 주님은 의인들과 함께 영원한 천국으로 들어갈 것이다." 이렇게 거듭난 의인들에게는 영생의 부활에 대한 소망을 갖도록 하나님의 종들은 가르쳤습니다.

여섯 째, 영원한 심판에 관한 교훈

마지막으로 **원형복음**은 영원한 심판을 받을 자들이 누구인가에 대하여 가르쳤습니다. "그러나 두려워하는 자들과 믿지 아니하는 자들과 흉악한 자들과 살인자들과 행음자들과 술객들과 우상 숭배자들과 모든 거짓말 하는 자들은 불과 유황으로 타는 못에

참예하리니 이것이 둘째 사망이라"(계 21:8)—지옥에 가는 자들은 한마디로 말해서 **원형복음**인 **물과 성령의 복음**을 거부하고 믿지 아니하는 자들입니다. **물과 성령의 복음**을 믿지 않아서 죄 사함을 받지 못한 자는 반드시 하나님의 심판을 받고 둘째 사망인 영원한 지옥에 떨어진다는 교훈이 바로 **"영원한 심판에 관한 교훈"**입니다.

　이렇게 여섯 가지의 교훈으로 구성된 것이 **"그리스도 도의 초보"**이며 **원형복음**(the Original Gospel)입니다. 이것이 **물과 성령의 복음**이며 사도들과 하나님의 종들이 초대교회 시대에 외쳤던 진짜 복음입니다. 그런데 이 귀한 **원형복음**은 사단 마귀의 계략으로 변질되고 사라졌으며, 지금은 사이비 가짜 복음이 판을 치는 세상이 되었습니다. **사이비**(似而非)라는 말은 **"비슷하지만 아니다"**라는 뜻입니다. 주님께서는 알곡과 가라지에 대해서 말씀하셨는데, 이 세상에는 가라지와 같은 **사이비 복음**이 무성해서 생명의 알곡인 **원형복음**은 찾아보기 힘들게 되었습니다. **사이비 복음**은 진리와 비슷하지만 가짜이기 때문에, 아무리 그런 복음을 오래 믿어도 마음의 죄가 씻겨지지 않습니다. 그래서 오늘날의 기독교인들은 평생 동안 예수님을 믿고도 죽음에 직면하면, 자기 마음의 죄 때문에 지옥에 갈 것을 **"두려워하는 자들"**(계21:8)이 된 것입니다

　원형복음이란 **"성경대로의 복음"**입니다. 사도 바울은 고린도 지방의 성도들에게 **"예수 그리스도께서 성경대로 우리 죄를 위해서 죽으셨다가 성경대로 다시 살아나셨다"**(고전 15:3-4)고 증거했습니다. 사도 바울이 고린도전서를 기록할 당시에는 아직 어느 복음서도 기록되기 전이었습니다. 그래서 그가 **"성경대로"**라고 말씀했을 때의 성경은 구약성경을 지칭합니다.

구약성경에서 이스라엘 백성들이 죄 사함을 받으려면, 반드시 1) **흠 없는 희생제물**이 있어야 했고, 2)죄인은 그 제물의 머리에 반드시 **안수**를 해서 자기 죄를 넘겨야 했고, 3)그 제물이 자신을 대신해서 죗값을 치르고 **피 흘려 죽어야** 했습니다. 하나님께서는 구약성경에 하루치 속죄 제사와 일 년치 속죄 제사를 기록해 주심으로 우리에게 죄 사함을 받는 길을 열어 주셨습니다. 그런데 이런 구약의 율법에 속한 제사는 완전한 것이 아니었습니다. 사람이 죄를 사함 받고자 속죄 제사를 드리고 나면 잠시 시원했다가, 또 죄를 지으면 다시 죄인이 되었습니다.

그래서 히브리서 10장에서는 구약성경의 율법에 속한 속죄 제사들은 불완전한 것이며, **"장차 오는 좋은 일의 그림자"**(히 10:1)일 뿐이라고 선포합니다. 장차 오는 좋은 일이란 하나님 아버지의 외아들인 예수 그리스도께서 친히 육신을 입고 이 땅에 오셔서 우리 전 인류의 속죄를 위해서 당신의 몸을 제물로 삼아 단번에 드려 주신 영원한 속죄의 제사를 지칭하는 말씀입니다. 예수 그리스도는 하나님의 외아들인데, 육신을 입고 이 땅에 오셔서 우리의 모든 죄를 단번에 세례로 담당하셨습니다. 그리고 예수님께서는 **"세상 죄를 지고 가는 하나님의 어린양"**이 되셔서 십자가에 달리시고 **"다 이루었다"**(요 19:30) 하시고 돌아가시기까지 피를 흘려 주셔서 우리를 모든 죄에서 온전히 구원하셨습니다.

이 진리의 원형복음이 바로 사도들이 **"처음부터"** 전했던 복음이고 초대교회의 성도들이 처음부터 들었던 복음입니다. 이것이 **"그리스도 도의 초보"**(히 6:1)이며 믿는 자들의 마음에서 죄가 흰 눈같이 사라지게 하는 능력의 **원형복음**입니다. 이 원형의 복음에서 조금이라도 변형된 복음은 **"다른 복음"**(갈 1:6)입니다. 예를 들자면, 여호와의 증인들은 "예수님이 하나님의 아들이지만, 하나님은 아니다"라고 주장합니다. 그러나 예수님은 하나님입니다. 그래서 그들의 복음도 근본 **"다른 복음"**입니다.

그리고 오늘날 기독교는 예수님께서 인류의 대표자인 세례 요한에게 안수의 형식으로 받으신 세례의 역사(役事)를 빼버린 복음, 즉 **"십자가의 피만의 복음"**을 믿고 전합니다. 그런 복음도 사이비 복음이고 **"다른 복음"**이며 **"반쪽 복음"**입니다. 자전거의 두 바퀴 중에서 하나를 빼버리면 그 자전거가 온전한 자전거입니까? 그런 자전거로 달릴 수 있습니까? 마찬가지로 **"반쪽 복음"**에는 우리의 죄가 예수님께 넘어간 진리의 말씀이 없기 때문에 아무리 예수님을 오래 믿어도 기독교인들의 죄는 그들의 마음에 그대로(intact) 남아 있을 수밖에 없습니다. 그래서 **"십자가의 피만의 복음"**을 믿는 자들은 예수님을 믿고도 늘 죄인입니다. 이것이 대부분의 기독교인들이 "기독죄인들"(Christian-sinners)로 남아 있는 이유입니다.

그래서 "기독죄인들"(Christian-sinners)은 찬송가도 이렇게 부릅니다―"♪구주의 십자가 보혈로 죄 씻음 받기를 원하네~" 예수님을 수십 년 동안 믿은 지금도 여전히 마음에 죄가 있어서 죄 씻음 받기를 원하는 죄인들의 모임이 이 세상의 기독교입니다. 또 그들은 "♪주여, 주여 내 말 들으사~죄인 오라 하실 때에 날 부르소서~" 하는 찬송도 간절하게 부릅니다. "기독죄인들" (Christian-sinners)이 부르는 찬송가를 들어보면 그들이 얼마나 헛되게 **"다른 복음"**을 믿고 있는지를 알 수 있습니다.

초대교회 성도들이 **"처음부터 들은 것"**(요일 2:24)은 바로

원형의 복음입니다. 이 진리의 원형복음을 변질시키려고 적그리스도들이 많이 출현했습니다. 적그리스도는 사단 마귀의 종들이고 사단 마귀가 모든 적그리스도들의 대장입니다. 사단 마귀의 종이 되어서, 모든 거짓말로 다른 사람들을 속여서 지옥으로 끌고 가려는 자들이 바로 적그리스도입니다. 그래서 적그리스도는 많은 사람들이 안심하고 예수님을 믿다가 전자동으로 지옥에 떨어지게 하려고 지금도 "**다른 복음**"을 전파합니다.

"너희가 믿을 때에 성령을 받았느냐?"(행 19:2)

"너희는 주께 받은바 기름 부음이 너희 안에 거하나니 아무도 너희를 가르칠 필요가 없고 오직 그의 기름 부음이 모든 것을 너희에게 가르치며 또 참되고 거짓이 없으니 너희를 가르치신 그대로 주 안에 거하라"(요일 2:27).

이 말씀에서 "**기름**"은 성령님을 지칭합니다. 그리고 "**기름부음**"이란 성령을 선물로 받는 은총을 지칭합니다. 질문(質問)은 "진리로 들어가는 문(門)이다"라는 말이 있습니다. 탈무드는 유대인들이 하나님의 말씀에 대한 질문과 대답으로 얻은 지혜를 집대성한 책입니다. 그래서 저도 여러분에게 "누가 기름부음을 받는가? 그리고 주 안에 거하는 자는 누구인가?"라는 질문을 먼저 드립니다.

사도행전 2장에는 성령 강림(降臨)의 역사가 기록되어 있습니다. 부활하신 예수님은 제자들에게 "**예루살렘을 떠나지 말고 내게 들은바 아버지의 약속하신 것을 기다리라 요한은 물로 세례를**

베풀었으나 너희는 몇 날이 못되어 성령으로 세례를 받으리라"(행 1:4-5)고 명하셨습니다. 약 120명의 제자들은 주님의 약속을 좇아 예루살렘의 한 집에 모여 간절히 기도했습니다. 그리고 주님이 승천하고 열흘이 지난 오순절에 사도들과 제자들에게 성령님이 임했습니다. 그리고 그들은 각기 다른 외국어로 **"하나님께서 행하신 큰 일"**에 대하여 외쳤습니다. 그때에 성령을 충만하게 받은 사도 베드로가 기이한 현장을 보려고 둘러서 있던 유대인들에게 사도행전에 기록된 "오순절 설교"의 말씀을 전합니다.

보리의 첫 이삭을 하나님께 드리는 초실절(初實節)에서 일곱 안식일이 지난 다음날 밀의 첫 수확을 하나님께 드리는 오순절(五旬節)은 칠칠절(七七節)이라고도 불리는 이스라엘 백성들에게 큰 명절입니다. 그래서 지중해 연안의 여러 나라에 흩어져 살고 있던 유대인들도 예루살렘에 모여서 오순절(五旬節)을 지내며 성전에서 예물을 드렸습니다. 그들 중에는 외국에서 오랫동안 살면서 모국어인 히브리어를 잊어버린 이들도 많았습니다. 그런데 하나님께서는 이 진리의 복음을 속히 전파하기 위해서, 사도들과 제자들에게 성령을 충만하게 부어 주셔서, 외국에서 모여든 유대인들이 알아들을 수 있도록 여러 나라의 외국어로 **"하나님의 큰 일"**(행 2:19) 행하심을 전하게 했습니다.

사도들이 성령의 충만함을 입어서 전했던 **"하나님께서 행하신 큰 일"**은 바로 진리의 복음입니다. 오랫동안 이방(異邦)에 거주하면서 모국어를 잊어버린 유대인들은 "이 사람들은 갈릴리 촌놈들이 아닌가? 이들이 어떻게 지금 내가 살고 있는 나라의 말로 하나님께서 행하신 큰 일을 얘기하지?" 하며 기이하게 여겼습니다. 그 역사가 바로 **"새 방언"(方言)의 표적**(막

16:17)입니다. 오순절에 하나님의 종들을 통해서 보여 주신 방언의 역사는 분명히 "하나님께서 예수 그리스도를 통해서 우리를 모든 죄에서 구원하신 큰 일"에 대하여 각기 다른 외국어로 들려주신 이적(異蹟)입니다. 그때에 성령을 받은 사도들의 입에서 터져 나온 방언(方言)은 아무도 알아들을 수 없는 방언, 즉 "혀가 꼬여서 쏟아 내는 이상한 소리"의 방언이 아니라 그 내용을 정확하게 알아들을 수 있는 외국어의 방언(方言)이었습니다.

둘러섰던 유대인들에게 사도 베드로는 복음을 전하고, **"너희가 십자가에 못 박은 이 예수를 하나님이 주와 그리스도가 되게 하셨느니라"**(행 2:36)고 선포했습니다. 그러자 그들은 양심에 가책을 받고서, **"형제들아 우리가 어찌할꼬"** 하며 자기들도 구원을 받도록 인도해달라고 간청했습니다. 베드로는, **"너희가 각각 회개하여 예수 그리스도의 이름으로 세례를 받고 죄 사함을 받으라 그리하면 성령을 선물로 주시리니 이 약속은 너희와 너희 자녀와 모든 먼데 사람 곧 주 우리 하나님이 얼마든지 부르시는 자들에게 하신 것이라"**(행 2:38-39)고 선포하며 하나님의 구원의 섭리를 전했습니다.

성령님은 예수님의 이름, 즉 예수님께서 행하신 하나님의 큰 일인 물과 성령의 복음을 믿어서 죄 사함을 받으면 거저 주시는 하나님의 선물입니다. 누구든지 물과 피로 임하신 예수님의 이름 안에 계시된 하나님의 의를 믿음으로 죄 사함을 받으면 성령을 선물로 받습니다. 하나님께서 우리에게 처음부터 주신 것은 진리의 원형복음입니다. 우리는 오직 하나님께서 우리에게 베푸신 진리의 복음을 감사하고 믿은 것뿐인데, 하나님께서는 우리의 믿음을 받으시고 우리의 마음을 흰 눈같이 깨끗이 씻어 주시고 성령을 선물로 주십니다.

성령은 거룩한 하나님입니다. 따라서 죄 사함도 받지 못한 기독죄인들(Christian-sinners)의 마음에는 죄가 있기 때문에, 그들의 마음에는 거룩한 성령께서 결코 거하실 수 없습니다. 그런데도 죄 사함을 받지 못한 기독죄인들은 성령을 받고자 간절한 마음으로 기도하면 성령을 받는다고 믿습니다. 초대교회가 탄생하게 된 오순절의 역사도 제자들이 열흘 동안 간절히 기도하던 중에 일어나지 않았느냐고 그들은 주장합니다. 또 사도 바울이 에베소에 이르러서 몇몇 신자들을 만나 복음을 전하고 **"그들에게 안수하매 성령이 그들에게 임하시므로 방언도 하고 예언도 하니"**(행 19:6)라는 말씀을 근거해서, 거듭나지 못한 목사들은 소위 "성령강림대성회"를 엽니다. 그런 부흥성회에서는 사기꾼 목사들이 순진한 기독교인들의 머리에 안수하고서, "룰루랄라 룰루랄라"를 따라 하라고 시킵니다. 성령을 받고자 하는 간절한 마음으로 교인들이 사기꾼 목사들과 합심해서 이상한 소리를 내다보면, 혀가 확 꼬이면서 자신도 어떻게 자신을 통제할 수 없는 무아지경(Ecstasy)의 상태에 빠집니다. 이것은 영적으로 마약에 취한 것과 같습니다. 사실 그런 무아지경의 상태를 제품명으로 쓴(labeling) "엑스터시"(Ecstasy)란 마약도 있습니다. 아무튼 그렇게 "개방언"이나 "염소방언"이 터지면 사기꾼 목사들은, "성도님은 성령을 받았습니다! 할렐루야!" 하고 선포하고 다른 교인의 머리로 손을 옮깁니다. 저는 그런 사기꾼 목사들을 "무당목사"라고 부릅니다. 타락한 기독교와 무속 종교는 다만 그들이 부르는 신의 이름만 다를 뿐이지 아무 차이가 없습니다. 그들은 사실상 악한 영의 동일한 지배를 받는 다른 지점장(支店長)

들입니다.

사도 바울은 전도 여행을 하는 중에 지금의 터키 서부 지역을 지칭하는 소아시아 지방의 항구 도시인 에베소에 이르렀습니다. 거기서 자기들도 예수를 믿는다는 어떤 "제자들"을 만났습니다. 바울은 그들에게, **"너희가 믿을 때에 성령을 받았느냐?"**(행 19:2)라고 단도직입적으로 물었습니다. 그러자 그들은 **"아니라 우리는 성령이 있음도 듣지 못하였노라"**고 대답했습니다. 바울이, **"그러면 너희가 무슨 세례를 받았느냐"**고 묻자, 그들은 **"요한의 세례로라"**고 응답했습니다.

요한의 세례는 "회개의 세례"입니다. "회개의 세례"란 자신이 하나님을 등지고 지옥의 길로 가고 있었음을 시인한 자가 진정으로 돌이켜 하나님의 긍휼을 바라고 나왔을 때에 베풀어 준 요한의 세례로써, 요한이 "이 사람은 자기 뒤에 오실 메시아를 영접할 준비가 되었다는 증표"로 베푼 세례입니다. 세례 요한은 "회개의 세례"를 받은 자들에게 "내 뒤에 오실 분"을 소개했습니다—**"나보다 능력 많으신 이가 내 뒤에 오시나니 나는 굽혀 그의 신들메를 풀기도 감당치 못하겠노라 나는 너희에게 물로 세례를 주었거니와 그는 성령으로 너희에게 세례를 주시리라"**(막 1:7-8). 세례 요한은 진정으로 돌이킨 자들에게 "회개의 세례"를 베푼 후에 그들에게 뒤에 오실 구원의 주를 소개했습니다. 이렇게 요한도 분명히 "의의 도"를 전했습니다. 그래서 예수님께서 **"요한이 의의 도로 너희에게 왔거늘 너희는 저를 믿지 아니하였으되 세리와 창기는 믿었으며 너희는 이것을 보고도 종시 뉘우쳐 믿지 아니하였도다"**(마 21:32)라고 말씀하신 것입니다.

　그런데 지금 사도 바울이 에베소에서 만난 자칭 "제자들"은 **"회개의 세례"**만을 받은 자들이었습니다. 그들은 그 단계에서 한 걸음 더 나아가서 예수 그리스도의 **"의의 도"**를 듣고 믿음으로 죄 사함을 받지 못했기 때문에, 아직 성령의 세례를 받지는 못했습니다. 그래서 사도 바울은 그들의 마음밭을 살펴본 후에, 예수 그리스도께서 어떻게 세상 죄를 담당하시고 온전히 없애 주셨는지를 그들에게 전파했습니다. 그러자 에베소의 "자칭 제자들"은 "예수님의 진정한 제자들"로 거듭나게 되었습니다. 그래서 사도 바울은 그들에게 **"예수의 이름으로 세례"**(행 19:5)를 베풀었습니다. 그 세례는 그들이 물과 피로 임하신 예수님의 구속의 은혜를 믿음으로 거듭났다는 표로 베푼 세례입니다. 그리고 사도 바울은 그들을 축복하기 위해서 그들의 머리에 안수하고 기도했습니다. 그들은 성령의 충만함을 받고 방언도 하고 예언도 했습니다. "안수"(按手)는 "넘어가다," "전가하다"는 뜻입니다. 죄인이 희생제물의 머리에 안수하면 죄가 넘어갑니다. 그러나 하나님의 종이 안수하면 종의 능력과 은사가 넘어갑니다. 사도 바울은 자신에게 베푸신 하나님의 축복이 방금 거듭난 에베소의 의인들에게도 임하게 해달라고 "안수"로 기도한 것입니다.

　그러면 기름부음, 즉 성령을 받는 사람은 누구입니까? 성령을 받는 사람은 오직 물과 성령의 복음을 믿음으로 죄 사함을 받고 거듭난 의인들입니다. 우리가 물과 성령의 복음을 온전히 믿어서 죄 사함을 받으면 그 순간에 성령이 우리 마음에 임합니다. 성령이 임하셔서 그때부터 우리 마음에 진리의 말씀을 더욱더 깊이 깨닫게 하시고 또 믿음이 견고해져서 흔들리지 않게 하시고 모든 성령의 열매들과 은사들이 우리에게 나타납니다.

오늘 본문의 말씀에, "**너희는 주께 받은바 기름 부음이 너희 안에 거하나니 아무도 너희를 가르칠 필요가 없고 오직 그의 기름 부음이 모든 것을 너희에게 가르치며 또 참되고 거짓이 없으니 너희를 가르치신 그대로 주 안에 거하라**"(요일 2:27)고 말씀하셨는데, 성경에서 "**기름**"은 성령을 계시합니다. 예수님께서는 당신이 공중에 재림하실 때에 어떤 자들이 공중 혼인잔치에 들어가느냐에 대해서, "**신랑을 기다리는 열 처녀의 비유**"(마 25:1-13) 말씀을 들려주셨습니다. 예수님은 천국은 마치 신랑을 맞으러 나간 열 처녀와 같은데, 슬기로운 다섯 처녀들은 등과 기름을 가지고 있었지만 미련한 다섯 처녀들은 등만 가지고 있었다고 말씀하셨습니다. 이 비유에서 "등"은 교회를, "기름"은 성령님을 계시합니다.

오늘날 예수님을 믿는 많은 사람들이 교회는 다 가지고 있습니다. 그런데 그들은 마음에 죄 사함을 받지 못해서 성령을 받지 못한 채로 종교생활을 합니다. 그래서 기독죄인들(Christian-sinners)은 평생 동안 새벽 기도를 드린다고 잠도 제대로 못 자는 고생을 하고서도 정작 주님께서 공중에 재림하셔서 공중 혼인잔치를 여실 때에 그 잔치에 들어가지 못하고, 이 땅에 남아서 일곱 대접의 환란을 겪고 영원한 지옥에 떨어지게 됩니다. 그 얼마나 억울하고 비참한 결과입니까? 그러므로 아직 거듭나지 못한 기독교인들은 무엇보다 먼저 물과 성령으로 거듭나야 합니다.

"**너희는 주께 받은바 기름부음이 너희 안에 거하나니**"(요일 2:27)라고 말씀하신 대로, 거듭난 자들의 마음 안에는 성령님이 계십니다. 거듭나지 않은 자들에게는 성령님이 계시지 않습니다. 죄인들의 마음에는 성령이 거하지 않기 때문에, 육신의 생각이 그들을 지배하고 그들의 입에서는 육신의 소리만 나옵니다. 물론 성령을 받은 자에게도 육신의 생각이 늘 일어나지만, 의인들의 마음에는 성령이 계셔서 성령께서 다스리는 대로 자기의 육신의 생각을 꺾습니다. 죄 사함을 받고 장성한 자들은 자기의 주장을 내세우지 않고 성령께서 기뻐하시는 뜻을 좇습니다. 그것이 죄 사함을 받은 의인들의 특성입니다. 물론 거듭난 자들도 영적으로 어릴 때에는 성령의 다스림을 잘 따르지 않습니다. 사도 바울은 그렇게 방종하는 고린도 교인들에게, **"너희가 하나님의 성전인 것과 하나님의 성령이 너희 안에 거하시는 것을 알지 못하느뇨"** (고전 3:16) 하고 책망했습니다. 자기 안에 성령께서 거하시고 자기를 다스린다는 사실을 알고 성령께서 기뻐하시는 뜻을 따르는 성도는 믿음이 장성한 자입니다.

주 안에 거하는 자는 누구인가?

또 오늘의 본문은 **"너희를 가르친 그대로 주 안에 거하라"**(요일 2:27)고 말씀합니다. 기독교인이라면 누구든지 주 예수 그리스도 안에 거하고 싶겠죠! 그러나 예수님의 이름을 부른다고 다 예수님 안에 거할 수는 없습니다. 그러면 예수님 안에 거하는 자는 누구이며, 우리가 어떻게 예수님 안에 거할 수 있습니까? 아무렇게나 예수님을 믿는다고 주 안에 거하지 못합니다. 물과 성령의 복음을 믿어서 거듭난 의인들만이 예수님 안에 거합니다.

주님은 "내 살을 먹고 내 피를 마시는 자는 내 안에 거하고 나도 그 안에 거하나니 살아계신 아버지께서 나를 보내시매 내가 아버지로 인하여 사는 것같이 나를 먹는 그 사람도 나로 인하여 살리라"(요 6:56-57)고 말씀하셨습니다. 예수님께서 오천 명을 먹이신 기적을 베푸신 후에, 그 기적을 계기로 모여든 사람들에게 영생에 관한 교훈을 주셨습니다. 예수님께서는 당신이 모든 사람들에게 영원한 생명을 주려고 하늘로부터 내려온 생명의 양식이라고 말씀하셨고 그 **생명의 양식**은 당신의 **"살과 피"**라고 가르쳐 주셨습니다.

그러면 예수님의 **"살과 피를 먹는 자"**는 어떤 사람입니까? "**내 살을 먹고 내 피를 마시는 자**"는 바로 물과 성령의 복음을 믿는 자입니다. 하나님이신 예수님께서 살(육체)을 입고 이 땅에 오신 것은 당신의 육체에 세례를 받아서 세상 죄를 단번에 담당하기 위한 것이며, 예수님께서 십자가에서 **"다 이루었다"**(요 19:30)고 하시기까지 피 흘려 돌아가신 것은 세례로 담당하신 인류의 죄를 온전히 대속하기 위한 것이었습니다. 이 원형복음, 즉 물과 성령의 복음을 마음으로 믿는 자는 주 안에 거합니다. 주님께서는 의인에게 복을 주시며 그를 지키시기 때문에, 악한 자가 그를 만지지도 못합니다.

하나님의 진리의 복음을 믿음으로 거룩해진 자들, 즉 의인들만이 주 안에 거합니다. 예수님은 잡히시던 날 저녁에, 최후의 만찬 자리에서 당신의 제자들을 위해서, "**저희를 진리로 거룩하게 하옵소서 아버지의 말씀은 진리니이다**"(요 17:17) 하고 하나님 아버지께 기도드렸습니다. 또 주님은 "**아버지께서 내 안에, 내가 아버지 안에 있는 것같이 저희도 다 하나가 되어 우리 안에**

있게 하사 세상으로 아버지께서 나를 보내신 것을 믿게 하옵소서"(요 17:21)라고도 기도하셨습니다. 마음에 죄가 있는 사람은 결코 주 안에 거할 수 없습니다. 진리의 복음으로 죄 사함을 받고 거룩해진 의인들만이 성령을 선물로 받고 아버지와 아들 안에 거합니다.

"의를 행하는 자"

"자녀들아 이제 그 안에 거하라 이는 주께서 나타내신바 되면 그의 강림하실 때에 우리로 담대함을 얻어 그 앞에서 부끄럽지 않게 하려 함이라 너희가 그의 의로우신 줄을 알면 의를 행하는 자마다 그에게서 난 줄을 알리라"(요일 2:28-29).

이 말씀은 "그의 강림하실 때"에 대해서 말씀하시는데, 분명 주님께서는 머지않아 이 땅에 다시 오십니다. 주님께서 예언하신 마지막 때의 징표를 보면, 주님께서 다시 오실 날이 가까웠음을 알 수 있습니다. 그러나 몇 년 몇 월 며칠에 주님께서 재림하신다고 주장하는 시한부종말론(時限附終末論)은 잘못된 교훈입니다. 역사상 많은 거짓 선지자들이 시한부종말론으로 사람들을 미혹시켰습니다.

우리나라에서도 한때 이○○목사가 인도했던 "다가올 미래를 대비하라"는 모토로 "다미선교회"라는 이단이 일어나서 엄청난 사회적 충격과 폐해를 남겼습니다. 그들은 1992년 10월 28일 자정에 예수님께서 재림하시고 이 세계의 종말이 온다고 주장했습니다. 그리고 그런 종말론의 교훈을 믿은 자들만 들림(휴거)을 받는다고 그들은 주장했습니다. 그렇다면 그들의 종말론을 믿으면 구원(휴거)을 받고, 믿지 않으면 휴거를 당하지 못한다고 주장하는 격이니, 그들에게는 "1992년 10월 28일 예수재림설"이 복음이었습니다. 그 시각이 다가오자 TV 방송사들이 "다미선교회"의 본부에서 실황 중계방송을 했습니다. 흰 옷을 입은 교인들이 열광적으로 기도했지만 그날 자정에 아무런 일도 일어나지 않았습니다. 그런 이단 교설에 속았던 사람들이 얼마나 허탈해하고 부끄러워했겠습니까?

그렇게 허망한 결론이 나기 전까지, 다미선교회에 빠진 기독교인들은 극단적인 행동들을 했습니다. 예를 들면, 그 선교단체에 빠진 어떤 철도공무원은 시한부종말론의 설교 테이프를 열차 안에서 틀었다가 해직된 사례가 있었습니다. 그는 해직된 후에 퇴직금을 다미선교회에 헌납했을 뿐만 아니라, 두 자녀를 데리고 잠적해 버렸습니다. 많은 사람들이 가정을 버리기도 하고, 재산을 처분해서 교회에 헌납하기도 했고 학업을 포기하고 그 단체에서 공동생활을 하기도 했습니다. 그러나 그들의 시한부종말론이 허구로 드러나자, 그 선교회의 주창자인 이○○ 목사는 사기와 횡령죄로 감옥살이를 했습니다. 그런데 이○○ 목사를 체포해서 수사하는 과정에서 검찰은 그의 집을 압수수색했는데, 웃기는 사실은 그의 집에서 수표 1억 9300만 원, 환매채 3억 원, 미화(美貨) 26,700달러를 발견했고, 1993년 5월 22일에 만기되는 상당액의 환매채도 찾아냈습니다. 이는 이○○ 목사 자신도 "1992년 10월 28일 예수재림설"을 믿지 않았다는 증거입니다. 참으로 웃기는 얘기가 아닙니까? 그런 사기꾼들에게 속아서 가정도 버리고 청춘도 버린 어리석은 기독교인들을 보면 참으로 민망합니다. **"악한 사람들과 속이는 자들은 더욱**

악하여져서 속이기도 하고 속기도 하나니"(딤후 3:13)라고 말씀하신 바, "속이는 자"나 "속는 자"는 다 같이 어리석고 육신적인 사람들입니다.

몇 년 몇 월 며칠이라고 어떤 시점을 특정하지 않더라도 대략적인 년도를 지정해서 "그때쯤이면 주님이 오신다"고 주장하는 것도 성경적으로 잘못입니다. 날짜를 지정한 "과격한"(radical) 시한부종말론에 비교하자면, 그런 주장은 "유화된"(meek) 시한부종말론입니다. 물론 거듭난 자들이 의를 행하는 일에 전념하도록 이끌기 위해서 "주의 날이 멀지 않았다"고 가르치는 것은 잘못이 아닙니다. 초대교회의 하나님의 종들도 주의 날이 가까웠다고 가르쳤고, 그 말씀을 좇아 의로운 삶을 산 성도들은 견고한 믿음의 삶을 살았습니다. **"그러나 그 날과 그 때는 아무도 모르나니 하늘의 천사들도, 아들도 모르고 오직 아버지만 아시느니라"**(마 24:36)고 주님은 말씀하셨습니다. 우리는 다만 주님께서 다시 오실 날이 멀지 않았다는 사실을 믿고, 우리의 신랑이신 주님과 마음을 연합해서 주님께서 기뻐하시는 의를 행하면 됩니다.

"자녀들아 이제 그 안에 거하라 이는 주께서 나타내신바 되면 그의 강림하실 때에 우리로 담대함을 얻어 그 앞에서 부끄럽지 않게 하려 함이라 너희가 그의 의로우신 줄을 알면 의를 행하는 자마다 그에게서 난 줄을 알리라"(요일 2:28-29)고 본문의 말씀은 우리에게 권면합니다. 죄 사함을 받은 의인들이 주 안에 거하면서 하나님의 의를 전파하는 일에 마음을 드리고 충성하면, 주님께서 이 땅에 다시 오셨을 때에 주님 앞에 담대히 나아가 칭찬과 영광을 얻게 될 것입니다. 주님의 재림의 날에 주 앞에 담대히 나설 자들은 **"의를 행하는 자"**들입니다.

그러면 **"의를 행하는 자"**란 어떠한 사람을 지칭합니까? **"의를 행하는 자"**란 **"계명을 지키는 자"**를 의미합니다. 그리고 **"그의 계명은 이것이니 곧 그 아들 예수 그리스도의 이름을 믿고 그가 우리에게 주신 계명대로 서로 사랑할 것이니라 그의 계명들을 지키는 자는 주 안에 거하고 주는 저 안에 거하시나니 우리에게 주신 성령으로 말미암아 그가 우리 안에 거하시는 줄을 우리가 아느니라"**(요일 3:23-24)고 말씀하셨습니다. 첫째로, **"그의 아들 예수 그리스도의 이름을 믿는 것"**이 그의 계명을 지키는 것입니다. **"예수"**라는 이름은 **"자기 백성을 저희 죄에서 구원할 자"**(마 1:21)라는 뜻입니다. 그러므로 예수께서는 육신을 입고 오신 하나님이시며 물과 피로 우리를 모든 죄에서 구원했다는 진리의 복음을 믿는 것이 계명을 지키는 첫 번째 항목입니다.

그리고 계명을 지키는 두 번째 항목은 우리 주님께서 우리에게 부탁하신 대로 **"서로 사랑하라"**는 말씀입니다. 이 사랑은 육신적인 사랑이 아닙니다. 주님께서 부탁하신 사랑은 **"진리의 사랑"**(살후 2:10)이고 영적인 사랑입니다. 즉, 주님께서는 원형복음을 믿고 거듭난 의인들은 물과 성령의 복음으로 영혼들을 사랑해야 한다고 당부하셨습니다. 진리의 복음을 전파해서 영혼들이 하나님의 의를 옷 입게 하는 자가 바로 **"의를 행하는 자"**입니다.

지금 우리는 미력하나마 의를 행하고 있습니다. 하나님께서 우리에게 은혜를 주셔서 우리가 하나님의 의를 행하는 자들이 되었습니다. 우리는 주님 앞에서 의를 행하되 억지로나 부득이함으로 할 것이 아니라 자원함과 믿음으로 행해야 합니다. 하나님의 의를 전파하고 이 의의 복음으로 영혼들을 섬기며 사랑하는 자는 주님의 날에 해와 같이 빛날 것입니다.

그러므로 저는 우리를 충성되게 여기셔서 의의 복음을 섬기도록 인도하신 하나님께 진정으로 감사를 드립니다. 우리 인생은 풀과 같고, 우리 인생의 영광이라고 해 봐야 풀의 꽃과 같다고 성경은 말씀합니다. 그리고 **"풀은 마르고 꽃은 시드나 우리 하나님의 말씀은 영영히 서리라"**(사 40:8)고 말씀하십니다. 아침에 정원에서 잡초를 뽑다가, 흙이 조금 있는 바위틈에 난 풀에서 작은 꽃망울이 맺힌 것을 보았습니다. 비가 오지 않으면 그 꽃은 물론이고 풀마저 말라 버릴 것입니다. "나 자신이 이 풀처럼 허망한 존재인데, 하나님께서 나를 구원해서 영생의 천국에 들어가게 해 주셨으니 참으로 감사하구나" 하는 생각을 잠시 했습니다. 하나님께서 지옥에 갈 수밖에 없는 나를 구원하셔서 하나님의 자녀로 삼아 주시고 또 "의를 행하며" 살 수 있도록 축복해 주셨습니다.

ⓒUijedang Press

"너희가 그의 의로우심을 알면 의를 행하는 자마다 그에게서 난 줄을 알리라"(요일 2:29)고 말씀하셨습니다. "의를 행하는 자"는 거듭난 의인들입니다. 거듭난 자만이 물과 성령의 복음을 자원함과 기쁨으로 섬깁니다. 진리의 복음을 믿는다고 하면서 복음을 전파하는 일에 시간이나 물질을 드리는 데에는 별로 마음이 내키지 않아서 억지로나 부득이함으로 한다면, 그는 아직 거듭나지 못했거나 혹시 거듭났을지라도 아직 너무 어려서 복음을 섬길 단계가 못 되는 상태입니다.

거듭난 의인은 **"처음부터 들은 것"**을 마음에 믿음으로 지킵니다. **"처음부터 들은 것"**은 물과 성령의 복음이며 **원형복음**(the Original Gospel)입니다. 사도 바울은 영의 아들 디모데(Timothy)에게, **"우리 안에 거하시는 성령으로 말미암아 네게 부탁한 아름다운 것을 지키라"**(딤후 1:14)고 당부했습니다. 바울이 사랑하는 디모데에게 지키라고 부탁한 **"아름다운 것"**이 무엇이겠습니까? 이 세상에서 가장 아름다운 것은 **"물과 피의 복음"**입니다. **"물로만 아니요 물과 피로 임하신"**(요일 5:6) **예수님**께서 우리의 모든 죄를 흰 눈같이 없애 주신 일보다 더 아름다운 일은 이 세상에 없습니다. 그래서 의인들은 이 아름다운 복음을 자원함과 기쁨으로 섬깁니다.

우리에게 이토록 아름다운 진리의 복음을 주셔서 거듭나게 하시고, 또 이 복음을 섬기게 하신 하나님께 감사를 드립니다. 저는 또 많은 복음의 동역자들이 일어나서 믿음과 자원함과 기쁨으로 함께 복음을 섬기게 되기를 간절히 기도합니다.

말씀을 마쳤습니다. 할렐루야!

진리의 사랑으로 지키는 새 계명

"보라 아버지께서 어떠한 사랑을 우리에게 주사 하나님의 자녀라 일컬음을 얻게 하셨는고, 우리가 그러하도다 그러므로 세상이 우리를 알지 못함은 그를 알지 못함이니라

사랑하는 자들아 우리가 지금은 하나님의 자녀라 장래에 어떻게 될 것은 아직 나타나지 아니하였으나 그가 나타내심이 되면 우리가 그와 같을 줄을 아는 것은 그의 계신 그대로 볼 것을 인함이니

주를 향하여 이 소망을 가진 자마다 그의 깨끗하심과 같이 자기를 깨끗하게 하느니라

죄를 짓는 자마다 불법을 행하나니 죄는 불법이라

그가 우리 죄를 없이 하려고 나타내신바 된 것을 너희가 아나니 그에게는 죄가 없느니라

그 안에 거하는 자마다 범죄하지 아니하나니 범죄하는 자마다 그를 보지도 못하였고 그를 알지도 못하였느니라

자녀들아 아무도 너희를 미혹하지 못하게 하라 의를 행하는 자는 그의 의로우심과 같이 의롭고

죄를 짓는 자는 마귀에게 속하나니 마귀는 처음부터 범죄함이니라 하나님의 아들이 나타나신 것은 마귀의 일을 멸하려 하심이니라

하나님께로서 난 자마다 죄를 짓지 아니하나니 이는 하나님의 씨가 그의 속에 거함이요 저도 범죄치 못하는 것은 하나님께로서 났음이라

이러므로 하나님의 자녀들과 마귀의 자녀들이 나타나나니 무릇 의를 행치 아니하는 자나 또는 그 형제를 사랑치 아니하는 자는 하나님께 속하지 아니하니라"(요일 3:1-10).

거듭나지 못한 기독교인들은 오늘의 본문 말씀 중에서, **"하나님께로서 난 자마다 죄를 짓지 아니하나니 이는 하나님의 씨가 그의 속에 거함이요 저도 범죄치 못하는 것은 하나님께로서 났음이라"**(요일 3:9)는 말씀이 도대체 무슨 말씀인지 이해할 수 없습니다. 자기들이 분명히 죄를 짓는데, **"하나님께로서 난 자마다 죄를 짓지 아니하나니"**라고 말씀하셨으니, 그들이 이 말씀을 도저히 이해할 수 없는 것도 당연합니다. 그리고 그런 몰이해(沒理解)가 바로 자신이 아직 거듭나지 못한 "기독죄인"(Christian-sinner)이라는 방증(傍證)입니다. 그래서 어떤 성경번역자들은 심지어는 이 부분을 "하나님께로서 난 자는 죄를 **계속해서** 짓지 않나니"(No one who is born of God will **continue to** sin, NIV)라고 성경을 변개(變改)해서 번역한 경우도 있습니다. 이는 거듭난 자도 죄를 짓기는 짓지만 죄를 계속해서 짓지는 않는다고 성경을 바꿈으로써 그들은 자신들을 거듭난 의인들의 범주에 끼워 넣고자 했던 것입니다.

그러나 오늘의 본문에서 **"하나님께로서 난 자마다 죄를 짓지 아니하나니"**라는 말씀은, 거듭난 자와 거듭나지 못한 자의 차이가 "계속해서 죄를 짓느냐, 아니냐"의 문제라고 적시(摘示)한 말씀이 아닙니다. 이 말씀은 "진리의 사랑을 입은 하나님의 자녀들은 새 계명을 지킨다"라는 취지이며, 여기에서 "범죄하지 않는다"는 말씀은 **"새 계명을 지키지 않는 죄를 범하지 않는다"**는 뜻입니다.

죄는 계명으로 말미암아 성립되며(롬 7:9), 계명을 어긴 것이 죄입니다. 그러므로 "죄를 짓지 아니한다"는 말씀은 "새 계명을 지킨다"는 뜻이며, 하나님께서 요한일서를 통해서 거듭난 당신의 자녀들에게 간곡히 당부하는 말씀은 **"진리의 사랑으로 서로 사랑하라"**는 새 계명입니다.

하나님의 사랑은 "진리의 사랑"(살후 2:10)입니다

"보라 아버지께서 어떠한 사랑을 우리에게 주사 하나님의 자녀라 일컬음을 얻게 하셨는고 우리가 그러하도다"(요일 3:1).

사도 요한이나 초대교회의 성도들은 자신들이 하나님의 **"어떠한 사랑"**(what manner of love, KJV), 즉 하나님의 **"진리의 사랑"**(살후 2:10)을 받아서 하나님의 자녀가 되었는지 잘 알고 있었습니다. 우리가 하나님의 자녀가 된 것도 전적으로 하나님의 **"진리의 사랑"**으로 말미암은 것입니다. 하나님의 사랑이 어떻게 우리에게 나타났습니까? 하나님 아버지께서는 당신의 외아들 예수 그리스도를 통해서 **"진리의 사랑"**을 우리에게 나타내셨습니다. 그 **"진리의 사랑"**을 오늘의 본문에서 **"어떠한 사랑"**(요일 3:1)이라고 말씀하셨습니다. 하나님께서는 우리를 모든 죄에서 구원하시려고 당신의 외아들인 예수 그리스도를 우리에게 아낌없이 내어주셨습니다. 예수님은 창세전부터 계신 하나님이시며 영(靈)이신데, 지금부터 약 2000년 전에 그 하나님 아버지의 뜻을 따라 우리와 똑같은 육신을 입고 우리 가운데 오셨습니다.

그 예수님이 우리를 위해서 해 주신 일이 무엇입니까?

예수님께서는 인류의 대표자인 세례 요한에게 안수의 형식으로 세례를 받아서 인류의 모든 죄를 당신의 육체에 단번에 짊어지심으로 **"세상 죄를 지고 가는 하나님의 어린양"**(요 1:29)이 되어 주셨습니다. 안수로 죄를 담당한 어린양은 반드시 피를 흘리고 죽어서 사람의 죗값을 대신 갚아야 합니다. 그래서 예수님께서는 당신의 육체를 제물로 삼아 십자가에서 피 흘려 돌아가심으로 **"한 영원한 제사"**(히 10:12)를 드려 주셨습니다. 이 사랑이 하나님께서 우리에게 베풀어 주신 그 **"어떠한 사랑"**(what manner of love)이며, **"진리의 사랑"**(살후 2:10)입니다.

남을 위해서 자기의 목숨을 내어 주는 것은 결코 쉽지 않습니다. 그런데 우리 주님은 우리가 죄인이었을 때에, 우리가 당신의 원수가 되었을 때에, 우리가 하나님을 알지도 못했을 때에, 일방적으로 우리를 그토록 사랑하셔서 우리를 모든 죄에서 구원하시려고 당신 자신을 대속의 제물로 내어 주셨습니다(롬 5:8-10). 이와 같이 하나님의 사랑은 **영적**이며 측량할 수 없도록 **무한**하고 **일방적**이며 **무조건적**입니다. 우리에게 사랑을 받을 만한 어떤 공로가 있었다든지 무슨 예쁜 구석이 전혀 없었는데도, 하나님께서는 우리를 불쌍히 여기셔서 일방적으로 그리고 아무 조건 없이 또 아무 차별 없이 우리를 **"죄에서 구원하시는 사랑"**을 베풀어 주셨습니다. 그 사랑이 **"진리의 사랑"**입니다.

사람은 **조건적**으로 사랑합니다. 사람은 상대방이 나에게 어떤 은혜를 베풀었기 때문에 나도 상대방을 사랑하거나, 상대방이 나에게 어떤 유익을 줄 수 있고 나와 어떤 관계이기 때문에 그를 사랑합니다. 이런 사랑은 모두 **"조건적인 사랑"**(conditional love)입니다. 그러나 주님의 사랑은 **"무조건의 사랑"**

(unconditional love)입니다. 주님께서는 모든 인류를 어느 누구라도 아무 조건 없이 사랑해서 우리를 모든 죄에서 구원해 주셨습니다. 하나님의 "**진리의 사랑**"에는 차별이 없습니다. 모든 사람에게 하나님의 의를 입혀 주시기 위해서 주님께서는 전 인류의 죄를 친히 세례로 담당하시고 십자가에서 대속의 피를 흘리셨습니다. 이와 같이 하여 주님께서는 우리 인류를 모든 죄에서 아무 차별 없이 구원해 주셨습니다. 이렇게 무조건적이고 일방적인 하나님의 사랑을 깨닫고 그 사랑을 입은 사람들이 바로 "**하나님께로부터 난 자들**"이고 하나님의 자녀입니다. 누구에게서 태어나면 그의 자녀가 아닙니까? 구원의 말씀을 믿음으로 하나님께로부터 난 자들, 즉 전에는 죄인이었는데 진리의 복음을 믿어서 죄 사함을 받고 의인으로 거듭난 자들이 바로 하나님의 자녀들입니다.

오천 명이 넘는 사람들이 예수님에게서 떡을 배불리 얻어먹은 후에, 그들은 예수님을 결사적으로 따라다녔습니다. 그런데 주님은 그들에게, "**너희가 나를 찾는 것은 표적을 본 까닭이 아니요 떡을 먹고 배부른 까닭이로다 썩는 양식을 위하여 일하지 말고 영생하도록 있는 양식을 위하여 하라 이 양식은 인자가 너희에게 주리니 인자는 아버지 하나님의 인치신 자니라**"(요 6:26-27)고 가르쳐 주셨습니다. "**진리의 사랑**"은 영적인 사랑입니다. "**진리의 사랑**"은 육신적이 사랑이 아닙니다. 하나님께서 우리에게 주시고자 하는 사랑은, 우리의 육체의 필요를 채워 주시려는 육신적인 사랑이 결코 아닙니다. 그래서 "**보라 하나님께서 어떠한 사랑을 우리에게 주사 하나님의 자녀라 일컬음을 얻게 하셨는고 우리가 그러하도다**"(요일 3:1)라고 말씀하신 부분에서, 하나님께서 우리에게 베푸신 그 **"어떠한 사랑"**(what manner of love)이란 우리를 모든 죄에서 구원하신 영적인 사랑임을 분명히 하고 있습니다. 여러분은 오늘의 말씀을 영적으로 들어야 합니다.

남궁옥분이라는 가수가 부른 "사랑사랑 누가 말했나"라는 대중가요가 있습니다. 제가 좋아하는 노래여서 기타를 치며 한번씩 부르기도 했었습니다. 그런데 거듭나지 못한 사람이 서로 주고받는 사랑은 아무리 고귀해도 **"진리의 사랑"**과는 아무 상관이 없습니다. 하나님의 사랑은 진리의 복음으로 우리를 모든 죄에서 구원해서 하나님의 자녀로 삼아주신 영적인 사랑입니다. 이 사랑이 하나님의 **"진리의 사랑"**이며 **"어떠한 사랑"**입니다.

하나님의 사랑은 진정 **"어떠한 사랑"**입니까? 하나님 아버지께서는 당신의 외아들 예수 그리스도를 우리 인류의 화목제물로 보내 주셔서, 그 예수님께서 인류의 대표자 세례 요한에게 안수(按手)의 형식으로 세례를 받음으로 전 인류의 모든 죄를 단번에 짊어지게 하셨습니다. 그렇게 **"세상 죄를 지고 가는 하나님의 어린양"**(요 1:29)이 되신 예수님은 십자가에 오르셔서 우리의 모든 죗값을 당신의 피로써 대속하시고 **"다 이루었다"**(요 19:30)고 외치시며 돌아가셨습니다. 당신의 생명을 내어 주기까지 아무 조건 없이 우리를 구원하신 그 사랑이 바로 **"어떠한 사랑"**이며 **"진리의 사랑"**입니다. 하나님께서는 그 **"어떠한 사랑"**을 우리에게 베풀어 주셨습니다.

청년 시절에 『아낌없이 주는 나무』라는 어른용 동화를 읽은 적이 있습니다. 그림(삽화)이 많은 책이고 몇 페이지 안되기 때문에 금새 다 읽었던 기억이 납니다. 그 줄거리는 대략 이렇습니다―한 나무가 있었는데, 주인공이 어렸을 때는 그 나무가 그의 놀이터였습니다. 그는 그 나무에 오르내리고 그네도 탔습니다. 그 사람이 청년이 되자 그는 그 나무의 열매를 팔아서 자기의 생계를 연명했습니다. 그런데 그가 장년이 되어서는 그 나무를 베어서 그것으로 배를 만들었습니다. 그 사람은 그 배를 타고 세상에 나가서 평생을 다 보내고 늙어서 다시 집으로 돌아왔는데, 이제는 베어진 그 나무의 그루터기가 그 사람의 의자가 되어 주었다는 내용입니다. 마치 잠잠히 희생하는 부모의 헌신적인 사랑을 느끼게 해 주는 동화였습니다. 그런데 그 아낌없이 주는 나무가 베풀어 준 사랑은 수동적입니다. 나무가 자기 편에서 무엇을 해 준 것이 아니라, 그 주인공이 나무에 대해서 하고자 하는 대로 나무는 수동적으로 그냥 묵묵히 당해 주었습니다.

그러나 하나님은 수동적이 아닙니다. 하나님 편에서 우리에게 완전한 구원을 베풀어 주기 위해서 우리가 하나님을 찾지도 않았을 때에, 하나님께서는 일방적으로 당신의 독생자를 아낌없이 우리에게 내어 주셨습니다. 그래서 우리로 하여금 하나님의 구원을 입게 해 주신 것입니다. 우리는 하나님의 사랑이 어떻게 우리에게 임했는지를 잘 압니다. 하나님의 사랑은 **"물과 피로 임하신 예수 그리스도"(요일 5:6)**를 통해서 우리에게 나타났습니다. 예수님께서는 세례와 십자가로 이 세상에 임하셔서 자신을 희생제물로 드려서 우리의 모든 죄를 단번에 다 없애 주시는 완전한 구원을 베풀어 주셨습니다.

사랑에는 "아가페(agape)"의 사랑, "필레오(phileo)의 사랑, 그리고 "에로스(eros)의 사랑이 있다고 흔히들 분류합니다. 그리고 하나님께서 베푸시는 무조건적인 사랑을 "아가페(agape)"의 사랑이라고 사람들은 정의합니다. 맞습니다. 하나님께서 그

"어떠한 사랑"을 무조건적으로 우리 모든 인류에게 베풀어 주셨습니다. 그런데 사람들은 그 무조건적인 사랑이 "어떠한 사랑"인지를 구체적으로 잘 모릅니다. 하나님의 사랑은 우리를 모든 죄에서 구원해 주신 "진리의 사랑"입니다. 하나님은 "진리의 사랑"을 우리 모두에게 무조건적으로 베풀어 주셨습니다.

"사랑하는 자들아 우리가 지금은 하나님의 자녀라 장래에 어떻게 될 것은 아직 나타나지 아니하였으나 그가 나타내심이 되면 우리가 그와 같을 줄을 아는 것은 그의 계신 그대로 볼 것을 인함이니 주를 향하여 이 소망을 가진 자마다 그의 깨끗하심과 같이 자기를 깨끗하게 하느니라"(요일 3:2-3).

주님께서 재림하실 때에, 우리도 홀연히 변화되어서 신령한 몸을 입고 휴거(携擧)됩니다. 그래서 우리는 공중에서 주님을 만날 것입니다. 그날부터는 우리는 영적인 세계를 밝히 보게 되고, 신부(新婦)인 우리들을 데리러 오신 주님을 "계신 그대로" 뵙게 될 것입니다. 결혼을 앞둔 신부들은 신랑이 자기를 데리러 오는 날을 간절히 기다리면서 신랑만을 생각합니다. 결혼식을 앞둔 신부는 신랑을 만날 소망 가운데 자기를 정결하게 지키지 않겠습니까? 그래서 "주를 향하여 이 소망을 가진 자마다 그의 깨끗하심과 같이 자기를 깨끗하게 하느니라"고 말씀하신 것입니다.

"볼찌어다 구름을 타고 오시리라"(계 1:7)고 말씀하셨습니다. 주님께서는 우리를 데리러 반드시 이 땅에 다시 오십니다. 주님께서 재림하실 때에, 천사장의 나팔소리와 큰 호령 소리와 함께(살전 4:16) 우리 주님께서는 무수한 천군천사들의 호위를 받으시고 위용을 떨치시며 먼저 공중에 임하십니다. 초림(初臨)의 주님은 평범하고 초라하게 우리에게 오셔서 인류의 죄를 담당하는 세례를 받으시고 그 모든 죄를 대속하기 위해서 십자가에서 죄인 취급을 받으며 돌아가셨습니다. 그러나 재림(再臨)의 주님은 하나님의 위용을 떨치며 이제 모든 죄인들의 죄를 심판하러 오십니다. 주님께서 공중에 재림하실 때에, 진리의 복음을 믿고 거듭난 모든 의인들이 신부가 되는 혼인잔치가 열립니다. 물과 성령의 복음을 믿고 돌아가신 의인들이 먼저 부활하여 공중으로 올라가고, 그때까지 믿음을 지키며 살아 있던 성도들은 홀연히 변화되어 신령한 몸을 입고 공중으로 들림을 받을 것입니다. 이것이 **"첫째 부활"**(계 20:5, 고전 15:51, 살전 4:16-17)과 휴거(携擧)입니다. 그래서 공중에서 주님을 만나서 주님을 **"계신 그대로"** 뵙고 주님과 함께 기쁨을 누릴 것입니다.

그리고 이 땅에는 무자비한 심판의 "일곱 대접의 재앙"이 연이어 내릴 것입니다. 당신의 신부들을 모두 공중으로 데려가신 주님께서는 당신의 "진리의 사랑"을 거부하고 무시한 모든 죄인들과 악인들이 합당한 보응을 받게 하실 것입니다. 그리고 주님께서는 초토화(焦土化)된 이 땅을 새롭게 해서 우리와 함께 이 땅에 거하시면서 천년왕국을 펼치실 것입니다. 그 천년 동안은 의인들의 보상(補償) 기간입니다. 하나님의 말씀에 순종하고 충성한 의인들은 열 고을 또는 다섯 고을을 다스리는 분봉왕(分封王)으로 임명될 것입니다.

천년왕국이 끝나면 주님은 이 땅의 역사를 끝내는 최후의 심판을 펼칩니다. 이때에 죄 사함을 받지 못하고 죽은 자들이 부활(둘째 부활, 계 20:12-13)합니다. 그리고 그들은 각기 심판책(행위록)에 기록된 자기의 행위대로 심판을 받고 영원한 지옥에 떨어질 것입니다. 그리고 주님께서는 이 땅을 불태워 없애시고 예비하신 천국 도성으로 우리와 함께 들어가실 것입니다. 그리고 우리 의인들은 성삼위(聖三位) 하나님의 은총과 사랑을 입으며 천국에서 영생과 복락을 누릴 것입니다.

우리는 하나님의 말씀을 만홀(漫忽)히 여겨서는 절대로 안됩니다. 하나님의 말씀을 무시하고 믿지 않은 자들은 주님께서 재림하시는 날에 피눈물을 흘릴 것입니다. 지금도 대부분의 사람들은 "하나님이 어데 있느냐?"며 하나님의 존재 자체를 부인합니다. 그런 자들은 **"불과 유황으로 타는 못"**(계 21:8)에 떨어진 후에야 이를 갈며 "내가 정말 어리석었구나" 하고 후회할 것입니다. **"어리석은 자는 그 마음에 이르기를 하나님이 없다 하도다"**(시 14:1)라고 책망하십니다. 하나님께서는 그런 자들을 가소롭게 여기십니다. **"하늘에 계신 자가 웃으심이여 주께서 저희를 비웃으시리로다"**(시 2:4)—하나님은 너무 가소로워서 "너희가 꼴값을 떠는구나" 하고 웃으십니다.

하나님께서는 거듭난 우리를 데리러 이 땅에 다시 오실 것입니다. 하나님의 말씀은 한 점 한 획도 땅에 떨어지지 않고 그대로 다 이루어집니다. 주님의 사랑을 받아들여서 마음에 죄 사함을 받은 성도들을 천년왕국과 천국으로 데려가시려고 주님께서는 약속하신 대로 이 땅에 다시 오십니다. 우리는 머지않아 우리의 신랑이신 주님을 만날 것입니다. 그렇다면 결혼을 앞둔 신부가 자기 몸을 함부로 굴리겠습니까? 주님을 만날 소망을 가진 우리들은 마치 결혼 날짜를 받은 신부가 신랑을 기다리며 자기 몸과 마음을 정결하게 지키듯이, 거룩한 삶을 삽니다.

의인의 거룩한 삶이란?

"주를 향하여 이 소망을 가진 자마다 그의 **깨끗하심과 같이 자기를 깨끗하게 하느니라**"(요일 3:3)고 말씀하셨습니다. 그러면 우리 거듭난 자들은 어떻게 자기의 거룩함을 지킬 수 있습니까? 우리가 금식기도도 하고, 수도생활을 하면서 죄를 짓지 않으려고 노력해야 합니까? 우리가 노력하면 얼마든지 죄를 짓지 않고 하나님께서 기뻐하시는 성결을 지킬 수 있습니까?

거듭난 의인들이 "깨끗함"을 지키는 길은 하나님의 말씀을 믿고 따라가는 길 외에는 없습니다. "**청년이 무엇으로 그 행실을 깨끗게 하리이까 주의 말씀을 따라 삼갈 것이니이다**"(시 119:9)라고 말씀하십니다. 하나님의 말씀을 믿고 따라가는 길 외에는 우리의 마음과 행실을 깨끗하게 지킬 방법이 없습니다. 하나님의 말씀은 우리가 가야 할 의로운 길을 밝히는 등불입니다. 우리는 주님의 말씀으로 선악을 분별하고, 주의 말씀을 따라 삼갈 것은 삼가고, 충성해야 할 부분은 충성해야 합니다. 하나님의 자녀들은 신랑이신 주님을 만날 소망 중에 주님을 기다리면서, 하나님의 말씀을 따라 자신의 삶을 삼가야 합니다. 하나님 말씀을 경외하고 그 말씀을 순종하는 자가 하나님의 충성된 종이며 자녀입니다. 충성된 믿음의 사람은 모든 부분에 주의 말씀을 따라 삼가며 근실히 행합니다.

"죄를 짓는 자마다 불법을 행하나니 죄는 불법이라 그가 우리 죄를 없이 하려고 나타내신바 된 것을 너희가 아나니 그에게는 죄가 없느니라 그 안에 거하는 자마다 범죄하지 아니하나니 범죄하는 자마다 그를 보지도 못하였고 그를 알지도 못하였느니라"(요일 3:4-6).

이 말씀에서 "주님 안에 거하는 자는 범죄하지 않는다"라고 말씀합니다. 그러면 거듭난 자는 전혀 죄를 짓지 않는다는 말입니까? 주님께서 말씀하시는 의도를 모르면 문자(文字)에 묶여서 성경 말씀이 너무 어렵고 혼돈스럽습니다. 그러나 주님의 마음을 알면 성경의 문자에 묶이지 않고 하나님의 음성을 들을 수 있습니다. 주님은 **"살리는 것은 영이니 육은 무익하니라 내가 너희에게 이른 말은 영이요 생명이라"**(요 6:63)고 말씀하셨습니다.

저는 거듭난 의인이지만 여전히 육신으로는 죄를 짓습니다. 주님은 **"형제를 미워하는 자마다 살인한 자"**(요일 3:15)라고 하셨고, **"여자를 보고 음욕을 품는 자마다 마음에 이미 간음하였느니라"**(마 5:28)고 말씀하셨습니다. 그러니 저는 마음으로 도적질도 하고, 간음도 하고, 살인도 합니다. 성경은 우리를 **"행악의 종자"**(사 1:4)라고 말씀하시는 바, 우리는 죽을 때까지 죄를 짓는 자들입니다. 우리는 진리의 복음 말씀을 믿음으로 죄 사함을 받고 거듭났어도, 거듭난 것은 우리의 영이지 우리의 육체는 여전히 죄를 짓는 연약한 육체입니다.

"물은 예수 그리스도의 부활하심으로 말미암아 이제 너희를 구원하는 표니 곧 세례라 육체의 더러운 것을 제하여 버림이 아니요 오직 선한 양심이 하나님을 향하여 찾아가는 것이라"(벧전 3:21)고 말씀하셨습니다. 예수님께서 요단강에서 인류의 대표자인 세례 요한에게 안수의 형식으로 세례를 받으심으로 우리의 모든 죄를 단번에 담당하셨습니다. 주님께서는 그렇게 세상 죄를 지고 가는 하나님의 어린양이 되셔서 십자가에서 대속의 희생을 치르시고 돌아가셨다가 삼일 만에 부활하셨습니다. 주님께서 세례와 십자가로 베푸신 **"의의 한 행동"**(롬 5:18)으로 우리가 **"죄 없이 함"**(행 3:19)을 받았습니다. 주님께서 물과 피로 임하셔서 이루신 일은 이 세상의 모든 죄를 흰 눈처럼 깨끗이 없애 주신 일입니다. 이 진리의 원형복음을 믿는 자는 죄 사함을 받아서 마음에 흰 눈같이 죄가 전혀 없는 의인이 됩니다. 하나님은 우리가 앞으로 지을 미래의 죄까지도 이미 다 없애 주셨습니다. 그래서 물과 성령의 복음을 믿는 자에게는 결코 정죄함이 없습니다. 우리 마음에서 모든 죄를 영원토록 없애 주신 것은 오직 하나님의 능력입니다.

예수님은 받으신 세례로 인류의 모든 죄를 당신의 육체에 단번에 다 넘겨받았습니다. 그래서 사도 베드로는 이 세례(물)가 **"구원의 표"**라고 선포한 것입니다. 그러나 우리가 **"구원의 표"**인 예수님의 세례를 믿음으로 죄 사함을 받고 거듭났다고 해서, 우리의 육체가 다시는 죄를 짓지 않는 거룩한 육체로 변화된 것은 아닙니다. 사람이 믿음으로 거듭났다고 **"육체의 더러운 것이 제하여진 것"**은 결코 아닙니다. 우리가 예수님께서 받으신 세례를 믿음으로 구원받았다고 우리의 육체가 변화가 되어서 다시는 죄를 짓지 않는 그런 육체가 된 것은 아니라는 말씀입니다. 하나님의 의를 믿음으로 거듭났어도 우리의 육체는 여전히 죄의 법을 섬깁니다. 그래서 우리의 육신만을 보면, 우리도 사도 바울처럼 **"오호라 나는 곤고한 사람이로다 이 사망의 몸에서 누가 나를 건져내랴"**(롬 7:24) 하고 탄식할 수밖에 없습니다.

사단 마귀가 유혹하는 대로 선악을 알게 하는 나무의 열매를 따먹은 아담의 후손은 **하나님과는 다른 선악의 기준**을 갖게 되었습니다. 죄에 철저하게 오염된 인간은 하나님과는 정반대인 의(義)의 기준을 갖게 되었습니다. 그래서 우리는 **"악을 선하다 하며 선을 악하다 하며 흑암으로 광명을 삼으며 광명으로 흑암을 삼으며 쓴 것으로 단 것을 삼으며 단 것으로 쓴 것을 삼는"**(사 5:20) 행악(行惡)의 종자(種子)들이 되었습니다.

그런데 거듭난 자는 죄인들과 한 가지 차이점이 있습니다. 결코 정죄함이 없도록 죄 사함을 받은 의인의 마음에는 성령이 거하시며 **"선한 양심"**이 자리를 잡습니다. **"선한 양심"**이란 하나님의 기뻐하시는 뜻을 알고 그 뜻을 따라가는 마음입니다. 물과 성령의 복음을 믿어서 거듭난 자도 육신은 여전히 연약해서 죄를 지을 수밖에 없지만, **"오직 선한 양심이 하나님을 향하여 찾아가는 것이라"**는 말씀대로, 의인들은 하나님의 선한 뜻을 자원해서 따라가게 됩니다.

그러면 우리가 물과 피의 복음을 믿음으로 죄 사함을 받았다고 해서 더 이상 죄를 짓지 않습니까? 아닙니다. **"그런즉 내 자신이 마음으로는 하나님의 법을, 육신으로는 죄의 법을 섬기노라"**(롬 7:25)고 말씀하십니다. 우리의 육체는 죽을 때까지 죄를 짓는 육체라는 말씀입니다. 우리의 육체만 놓고 보면 이 육체로는 도저히 거룩함에 이를 수 없고 도저히 구원을 받을 수 없는 존재가 우리들인데, 하나님께서 이런 비참한 자들을 모든 죄에서 영원토록 완전하게 구원해 주셨습니다.

그렇다면 **"그 안에 거하는 자마다 범죄하지 아니하나니 범죄하는 자마다 그를 보지도 못하였고 그를 알지도 못하였느니라"**(요일 3:6)는 말씀에서, "거듭난 자는 범죄하지 않는다"고 하셨는데, 이때 "범죄"란 무엇을 의미합니까? **"죄를 짓는 자마다 불법을 행하나니 죄는 불법이라"(요일 2:4)는 말씀대로 **"불법"**(the transgression of the law)은 "계명을 어긴다"는 뜻인데, 여기에서 계명은 보편적인 율법을 말씀하시는 것이 아니라 바로 **새 계명**을 지칭합니다.

그러면 **"새 계명"**은 무엇입니까? 예수님은 돌아가시기 전날 밤에 제자들의 발을 씻기신 후에, **"새 계명을 너희에게 주노니 서로 사랑하라 내가 너희를 사랑한 것같이 너희도 서로 사랑하라"**(요 13:34)고 제자들에게 당부하셨습니다. 모든 율법은 **"내가 너희를 사랑한 것같이 너희도 서로 사랑하라"**는 이 한 말씀으로 요약됩니다. 주님이 우리에게 주신 사랑은 **"진리의 사랑"**입니다. 따라서 거듭난 우리에게 주신 새 계명은 "진리의 사랑으로 서로 사랑하라"는 말씀입니다. 이 새 계명은 사실 율법 즉 옛 계명과 동일한 것입니다. 그래서 사도 요한도 **"사랑하는 자들아 내가 새 계명을 너희에게 쓰는 것이 아니라 너희가 처음부터 가진 옛 계명이니 이 옛 계명은 너희의 들은 바 말씀이거니와 다시 내가 너희에게 새 계명을 쓰노니 저에게와 너희에게도 참된 것이라 이는 어두움이 지나가고 참빛이 벌써 비췸이니라"**(요일 2:7-8)고 말씀하신 것입니다.

주님은 조금 더 구체적으로, **"그의 계명은 이것이니 곧 그 아들 예수 그리스도의 이름을 믿고 그가 우리에게 주신 계명대로 서로 사랑할 것이니라"**(요일 3:23)고 말씀하십니다. 우리에게 꼭 지키도록 당부하신 계명의 내용은 두 가지입니다. 첫째, **"예수님의 이름 안에 있는 진리의 복음을 믿어라"**는 계명과, 둘째, 주님께서 입혀 주신 **"진리의 사랑으로 서로 사랑하라"**는 계명입니다. 진정 거듭난 자는 예수님이 자기의 모든 죄를 단번에 깨끗이 씻어 주었다는 진리의 복음을 믿습니다. 거듭난 자는 진리의 복음을 절대로 부인하지 않습니다.

또한 거듭난 의인은 자신도 다른 사람들에게 진리의 복음을 전해 줘서 그들이 하나님의 구원의 은총을 입게 하는 일에 자신을 드립니다. 자신을 무조건적으로 사랑해 주신 주님의 **"진리의 사랑"**을 아는 자는 주님께서 자기에게 부탁하신 말씀을 기쁜 마음으로 순종합니다. 다시 말하자면, 거듭난 자는 즐겁게 자원해서 의의 복음을 섬깁니다. 그러므로 요한일서에서 말씀하는 **"범죄"**란 **"주님의 새 계명을 지키지 않는 죄"**를 말씀합니다. 그리고 "계명을 지킨다"는 말씀은 예수님께서 이루신 하나님의 의를 온전한 마음으로 믿고, 그 진리의 사랑으로 영혼들을 구원하는 사랑을 베푼다는 의미입니다.

주님께서 말씀하신 사랑은 **"진리의 사랑"**(살후 2:10)입니다. 노숙자들에게 점심을 제공하거나, 사랑의 빵 나누기 운동에 동참하거나, 의료 봉사활동이나 우물 파주기 선교활동 등을 통해서 소외되고 비천한 사람들에게 육신적인 사랑을 베푸는 것도 아름다운 일입니다. 그러나 우리의 사랑이 육신적인 섬김과 배려에서 끝난다면 그런 육신적인 사랑은 하나님께서 기뻐하시는 **"진리의 사랑"**과는 아무 상관이 없습니다. 주님이 **"진리의 사랑"**으로 모든 인류에게 주시고자 하는 선물은 **"죄 사함으로 말미암는 구원"**(눅 1:77)입니다.

물과 성령의 복음으로 거듭난 자들은 "새 계명을 어기는 죄"는 짓지 않습니다. 의인들은 "예수님이 우리 죄를 다 없애지 못했다" 또는 "예수님은 하나님의 아들이 아니다"라고 예수님의 이름을 부인하는 죄를 짓지 않습니다. 또한 예수님의 진리의 사랑을 입어서 죄 사함 받은 사람은 이 진리의 복음을 기쁨과 자원함으로 섬깁니다. 거듭난 의인들은 진리의 복음을 섬기는 일이 너무나도 귀하고 아름다운 일인 줄을 잘 알기 때문에 자원(自願)함으로 또 충성되게 다른 이들을 구원하는 사역에 자신을 드립니다.

하나님께로부터 난 자는 진리의 복음을 부인하는 죄와 복음 전파의 사역을 훼방하거나 방기(放棄)하는 죄를 절대로 짓지 않습니다. 사실 이런 죄는 "사망에 이르는 죄"(요일 5:16)입니다. 모든 불법이 죄이지만, **"사망에 이르는 죄"**가 있고 **"사망에 이르지 않는 죄"**가 있습니다. 우리가 육신적으로 부족하고 연약해서 율법을 어긴 죄들은 이미 주님이 다 해결해 놓았기 때문에 **"사망에 이르는 죄"**가 아닙니다. **"사망에 이르는 죄"**란 사람을 지옥에 떨어지게 하는 죄를 말하는데, 그 죄는 물과 피로 임하신 주님의 구원의 사역을 다 알면서도 의도적으로 부인하는 죄를 말합니다. 이 부분에 대해서는 요한일서 5장을 강해(講解)할 때에 좀 더 자세히 말씀해 드리겠습니다.

물과 성령의 복음을 믿어서 거듭난 자는 **"사망에 이르는 죄"**는 절대로 짓지 않습니다. 또한 거듭난 자, 즉 의인은 새 계명을 범하는 죄를 짓지 않습니다. 오늘의 본문에서 말씀하는 "주 안에 거하는 자는 죄를 짓지 않는다"는 말씀은 그런 죄, 즉 **"사망에 이르는 죄"**나 **"새 계명을 어기는 죄"**는 짓지 않는다는 뜻입니다. 흠정역(欽定譯) 즉 King James Version에는 이 부분이 원문 그대로 "죄를 짓지 않는다"(Whosoever abideth in him sinneth not;)라고 번역되어 있는데, NIV(New International Version) 성경은 "주 안에 거하는 자는 **계속해서** 죄를 짓진 않는다"(No one who lives in him **keeps on** sinning)라고 번역했습니다. 성경 번역자들은 자기들이 구원을 받았다고 확신했는데, 자신을 보면 분명히 죄를 짓거든요! 그런데 성경은 "거듭나서 주 안에 거하는 자는 죄를 짓지 않는다"고 말씀하시니 자기들이 빠져나갈 길을 만들기 위해서, "죄를 짓기는 짓지만 계속해서 짓지는 않는다"고 성경 말씀을 변질시킨 것입니다. 그러나 오늘의 본문에서 "범죄하지 않는다"는 부분의 죄는 **"사망에 이르는 죄"**나 **"새 계명을 어기는 죄"**를 지칭하는 말씀입니다. 진리의 복음을 믿음으로 거듭난 의인들은 새 계명을 지킵니다. 의인들에게 새 계명은 결코 무거운 짐이 아닙니다(요일 5:3). 거듭난 의인들은 새 계명을 어기는 죄를 짓지 않습니다.

하나님께 속한 자와 마귀에게 속한 자

"자녀들아 아무도 너희를 미혹하지 못하게 하라 의를 행하는 자는 그의 의로우심과 같이 의롭고 죄를 짓는 자는 마귀에게 속하나니 마귀는 처음부터 범죄함이니라 하나님의 아들이 나타나신 것은 마귀의 일을 멸하려 하심이니라
하나님께로서 난 자마다 죄를 짓지 아니하나니 이는 하나님의 씨가 그의 속에 거함이요 저도 범죄치 못하는 것은 하나님께로서 났음이라 이러므로 하나님의 자녀들과 마귀의 자녀들이 나타나나니 무릇 의를 행치 아니하는 자나 또는 그 형제를 사랑치 아니하는 자는 하나님께 속하지 아니하니라"(요일 3:7-10).

물과 성령의 복음을 믿어서 죄 사함을 받고 거듭난 자는 하나님께 속한 자입니다. 그리고 하나님께 속한 자는 "진리의

사랑"으로 영혼들을 사랑하라고 하신 새 계명을 지킵니다. 또한 거듭난 의인들은 진리의 복음을 부인하는 죄, 즉 사망에 이르는 죄는 절대로 짓지 않습니다. 거듭난 의인들도 육신은 여전히 연약해서 율법을 어기는 죄를 짓습니다. 그러나 의인들은 "예수님께서 우리의 모든 죄를 없앤 것이 아니라 원죄만 없애셨다"라든지, "예수님은 육체로 임하지 않았다", 또는 "예수님은 십자가로만 우리를 구원하셨고 예수님의 세례는 구원의 표가 아니다"라고 주장하는 죄는 절대로 짓지 않습니다.

그러므로 **"하나님께로서 난 자마다 죄를 짓지 아니하나니"**(요일 3:9)라는 말씀은 하나님께로서 난 자는 새 계명을 지킨다는 뜻입니다. 의인들은 새 계명을 기쁘게 자원하는 마음으로 지킵니다. 진리의 복음을 믿는 자들은 "주님이 물과 피로 임하셔서 우리의 모든 죄를 깨끗이 없애 주셨다"는 진리의 복음으로 영혼들을 구원하는 사역에 자기를 드립니다. 이 진리의 복음으로 다른 영혼들을 사랑하는 것이 바로 **"서로 사랑하라"**는 주님의 새 계명을 지키는 길입니다.

"하나님께로서 난 자마다 죄를 짓지 아니하나니 이는 하나님의 씨가 그의 속에 거함이요"라고 말씀하셨습니다. 씨(후손)는 예수님을 지칭합니다. **"이 약속들은 아브라함과 그 자손에게 말씀하신 것인데 여럿을 가리켜 그 자손들이라 하지 아니하시고 오직 하나를 가리켜 네 자손이라 하셨으니 곧 그리스도라"**(갈 3:16)고 말씀하셨습니다. 아브라함에게 "네 후손(씨)으로 말미암아 천하 만민이 복을 받으리라"고 약속하셨는데, 이때에 후손(씨)이라는 단어를 "후손들"이라고 복수로 말하지 않고 "씨"라고 단수로 말씀하셨기에 이 "씨"는 예수 그리스도를 지칭합니다.

또한 씨는 생명과 말씀을 의미합니다. 거듭난 자의 마음에는 예수 그리스도께서 그 안에 거(居)하십니다. 그래서 거듭난 자의 마음에는 영원한 생명이 있고 하나님의 말씀이 있습니다. 거듭난 우리가 범죄하지 못하는 것은, 우리가 하나님께로부터 났기 때문이며 예수 그리스도의 생명의 말씀이 우리의 마음을 지켜 주기 때문입니다.

"이러므로 하나님의 자녀들과 마귀의 자녀들이 나타나나니 무릇 의를 행치 아니하는 자나 또는 그 형제를 사랑치 아니하는 자는 하나님께 속하지 아니하니라"(요일 3:10).

이 세상에는 두 부류의 사람들이 섞여 삽니다. 한 부류는 마귀의 자녀들입니다. 그들은 의를 행하지 않으며 형제를 사랑하지 않습니다. 그들은 하나님의 **"진리의 사랑"**이 무엇인지도 모릅니다. 그러나 거듭난 의인들, 즉 하나님께 속한 자들은 의를 행하며 **"진리의 사랑"**으로 형제들을 사랑합니다. 진리의 복음을 믿는 자는 하나님의 의가 담긴 원형의 복음을 전파합니다. 진리의 복음을 전파하는 자가 바로 **"의를 행하는 자"**입니다. 그러므로 진리의 복음을 전파해서 영혼들을 구원하는 일을 하지 않는 자나 또 구원받은 성도들을 **"진리의 사랑"**으로 섬기지 않는 자는 하나님께로부터 난 자가 아닙니다.

주님은 에둘러서 말씀하지만, 사실은 아주 분명한 말씀으로 하나님께 속한 자와 마귀에게 속한 자를 나누시고 우리 자신이 어디에 속했는지 돌아보라고 말씀하십니다. "내가 진정 거듭난 자인가, 내가 진정 하나님께 속한 자인가"를 분별하려면, 한번 자기 자신을 이 말씀으로 비추어 보십시오. **"진리의 사랑"**을 입고 하나님의 자녀로 거듭난 자들은 주님께서 우리에게 부탁하신 새 계명을 자원해서 지키며, 그 새 계명을 어기는 죄는 범하지 않습니다.

여러분 모두가 물과 성령의 복음 안에서 세 계명을 지키는 의인들로 의를 행하는 아름다운 삶을 사시기 바랍니다.

말씀을 마쳤습니다. 할렐루야!

가인처럼 하지 마십시오

"우리가 서로 사랑할찌니 이는 너희가 처음부터 들은 소식이라
가인 같이 하지 말라 저는 악한 자에게 속하여 그 아우를 죽였으니 어찐 연고로 죽였느뇨 자기의 행위는 악하고 그 아우의 행위는 의로움이니라
형제들아 세상이 너희를 미워하거든 이상히 여기지 말라
우리가 형제를 사랑함으로 사망에서 옮겨 생명으로 들어간 줄을 알거니와 사랑치 아니하는 자는 사망에 거하느니라
그 형제를 미워하는 자마다 살인하는 자니 살인하는 자마다 영생이 그 속에 거하지 아니하는 것을 너희가 아는 바라
그가 우리를 위하여 목숨을 버리셨으니 우리가 이로써 사랑을 알고 우리도 형제들을 위하여 목숨을 버리는 것이 마땅하니라
누가 이 세상 재물을 가지고 형제의 궁핍함을 보고도 도와줄 마음을 막으면 하나님의 사랑이 어찌 그 속에 거할까 보냐
자녀들아 우리가 말과 혀로만 사랑하지 말고 오직 행함과 진실함으로 하자
이로써 우리가 진리에 속한 줄을 알고 또 우리 마음을 주 앞에서 굳세게 하리로다"(요일 3:11-19).

밖에는 늦겨울의 차가운 비가 내리고 있지만, 우리 예배당은 따뜻하고 좋습니다. 이 시각에도 많은 사람들이 각기 자기들의 예배당에 모여서 예배를 드리고 있습니다. 그러나 하나님께서 기뻐하시며 받으시는 예배는 당신을 진리의 말씀 안에서 경배하고

찬양하는 예배입니다. 예수님께서 사마리아의 수가(Sychar)라는 마을 밖에서 한 여인을 만나셔서 교제하셨습니다. 그 여인이 "하나님께 예배드릴 만한 장소가 어데냐"는 뜻으로 묻자, **"여자여 내 말을 믿으라 이 산에서도 말고 예루살렘에서도 말고 너희가 아버지께 예배할 때가 이르리라"**(요 4:21)고 대답하시고, **"아버지께 참으로 예배하는 자들은 신령과 진정으로 예배할 때가 오나니 곧 이때라 아버지께서는 이렇게 자기에게 예배하는 자들을 찾으시느니라 하나님은 영이시니 예배하는 자가 신령과 진정으로 예배할찌니라"**(요 4:23-24)고 말씀하셨습니다.

신령과 진정으로 드리는 예배란, 진리의 복음으로 죄 사함을 받고 성령을 선물로 받은 의인들이 드리는 예배를 지칭합니다. 진리의 복음은 **"물과 피로 임하신"**(요일 5:6) 예수님께서 우리의 모든 죄를 단번에 영원히 없애 주신 **"물과 성령의 복음"**입니다. 누구든지 이 진리의 복음을 믿으면 죄 사함을 받고 물과 성령으로 거듭나는 은총을 입게 됩니다. 그리고 거듭난 의인들이 모인 곳이 하나님의 교회입니다. 하나님께서는 하나님의 교회가 **"신령과 진정으로"**(in Spirit and in Truth, KJV) 드리는 예배만을 받으십니다.

진리의 복음이 아닌 **"다른 복음"**(갈 1:6)으로 드리는 예배는 하나님께서 역겨워하십니다. 말라기 선지자의 시대에 사람들이 눈이 먼 양이나 다리를 저는 염소를 성전으로 끌고 와서 제사를 드리곤 했습니다. 하나님께서 기뻐하시는 제사는, 흠 없는 짐승을 끌어다가 죄인이 그 머리에 안수하여 자기의 죄를 넘기고 그 제물을 대신 죽여 번제(燔祭)로 드리는 제사였습니다. 그렇게 하나님께서 정하신 법대로 드리는 제사가 합법적인 제사인데, 만일 흠이 있는 제물을 드린다든지, 안수를 생략한다든지, 혹은 그 제물을 죽이지 않는다면, 그런 제사는 모두 불법제사입니다.

그런데 말라기 선지자의 시대에는 불법제사, 즉 하나님께서 역겨워하시는 제사를 드리는 자들을 많았습니다. 그들은 멀쩡한 짐승을 속죄 제사의 어린양으로 내어 주기가 아까워서 눈이 멀었거나 병든 놈을 골라서 제물로 삼았습니다. 그러니 아마 머리가 부스럼투성이여서 손을 얹기도 꺼림직한 양을 제물로 드릴 때에는 그들은 그런 양의 머리에 "안수"도 하지 않고 그 양의 목을 땄을 것입니다. 속죄제사를 드릴 때에, "안수"는 죄를 제물에게 넘기는 합법적인 제사의 필수적인 과정입니다. 자기의 죄를 넘기지도 않고 그 제물을 죽이면 무슨 소용이 있겠습니까? 말라기의 시대에 사람들이 그렇게 불법으로 제사를 드렸기 때문에, 하나님께서는 **"너희가 내 단 위에 헛되이 불 사르지 못하게 하기 위하여 너희 중에 성전 문을 닫을 자가 있었으면 좋겠도다 내가 너희를 기뻐하지 아니하며 너희 손으로 드리는 것을 받지도 아니하리라"**(말 1:10)고 말씀하셨습니다. 또 주님은 그런 불법제사를 드리는 자들의 얼굴에 희생제물의 똥을 처발라 주었으면 좋겠다고도 하셨습니다—**"똥 곧 너희 절기의 희생의 똥을 너희 얼굴에 바를 것이라 너희가 그것과 함께 제하여 버림을 당하리라"**(말 2:3).

영적인 눈으로 보면, 오늘날도 말라기 시대와 다를 것이 없습니다. 수많은 사람들이 예수님을 믿는다고 고백하며 이 시간에 예배를 드리고 있지만 그들이 드리는 예배는 **"다른 복음"**으로 드리는 불법예배입니다. 예수님은 대제사장 아론의 후손이자 여자의 몸에서 난 자 중에 제일 큰 자, 즉 인류의 대표자인 세례 요한에게 안수의 형식으로 세례를 받았습니다. 예수님은 이와 같이 세례를 받으심으로 **"모든 의"**(마 3:15)를 이루셨고, **"세상 죄를 지고 가는 하나님의 어린양"**(요 1:29)이 되셨습니다. 그래서 **"주도 하나이요 믿음도 하나이요 세례도 하나이요"**(엡 4:5)라고 선포하신 바, 주님이 받으신 세례는 우리의 **"구원의 표"**(벧전 3:21)이고 너무나 중요한 **진리의 축(Pivotal Truth)**입니다. 하나님께서 우리를 모든 죄에서 온전히 구원하신 진리의 복음은 **"물과 성령의 복음"** 하나뿐입니다. **"물(세례)과 피(십자가)로 임하신"**(요일 5:6) **예수님의 복음**만이 진리의 복음이며 원형(原形)의 복음입니다. 이 진리의 복음 이외에 **"다른 복음"**은 결코 있을 수 없습니다.

그런데 이 진리의 복음 안에서 **"신령과 진정으로"** 예배를 드리는 의인들은 아주 희귀합니다. 반면에 불법제사로 하나님의 진노를 쌓고 있는 자들은 기독교 안에 넘쳐납니다. 하나님께서는 당신께서 이뤄 주신 완전한 구원을 무시하고 더러운 불법제사를 드리는 자들에게, **"너희가 이런 일도 행하나니 곧 눈물과 울음과 탄식으로 여호와의 단을 가리우게 하도다"**(말 2:13) 하고 책망하십니다. 하나님께서는 당신의 외아들을 아낌없이 인류의 대속제물로 내어 주셔서 한 영원한 제사를 드려 주셨건만, 진리의 복음이 아닌 다른 복음을 믿는 기독죄인들(Christian-sinners)은 모일 때마다 다시 한번 죄를 용서해 달라고 **"울음과 탄식으로"** 여호와의 거룩한 단을 더럽히며 예수님의 완전한 구원의 사역을 무효화시키고 있습니다. 그래서 하나님은 그들이 드리는 가증한 예배를 역겨워하시고 그들의 예배당 문을 닫기를 원하십니다.

그러나 진리의 복음 안에서 죄 사함을 받은 의인들은 비록 극소수일지라도 그들은 성령을 선물로 받고 **"신령과 진정으로"**

하나님께서 기뻐하시는 예배를 드리고 있습니다. 그들은 하나님의 교회이며, 우리도 무형(無形)인 하나님의 교회에 속해 있습니다. 여호와의 이름이 우리와 함께 하며 하나님께서는 우리의 예배를 기뻐 받으십니다. 구약시대에는 하나님께서 세운 법대로 번제(燔祭)를 드리면 하나님께서 그 제물의 향기를 흠향하셨습니다. "아! 너희들의 믿음의 향기가 참으로 좋구나! 내가 너희들을 모든 죄에서 온전히 구원한 진리의 복음을 너희들이 전심으로 믿고 있구나!" 하고 하나님께서 흡족해하셨습니다. 우리가 예수님의 완전한 구원을 믿음으로 드리는 이 예배를 우리 하나님께서 참으로 기뻐 받으신다는 사실을 여러분 모두는 기억하기를 바랍니다.

오늘 저는 "페이스북"(facebook)이라는 SNS에 글을 쓰기 시작했습니다. 말하자면 저는 "페이스북"(facebook)을 "훼이스북"(faithbook)으로 활용하고자 합니다. 저는 "페이스북"에 설교집 『인봉된 말씀』의 신간 소식을 올리면서, "신간 서적을 어떻게 소개할까" 하고 생각하다가 이런 내용으로 글을 올렸습니다—"지금은 백세시대입니다. 그래서 요즘 사람들은 은퇴 후의 삶에 큰 관심을 두고 있습니다. 즉 은퇴 준비가 이 시대 사람들의 화두(話頭)입니다. 그런데 사람들은 은퇴한 후에 죽을 때까지 몇십 년만 염려하지 자신의 죽음 다음은 예비하지 않습니다. 사람들이 은퇴 후의 몇십 년 동안 살아갈 걱정을 하며 저축을 하고 연금과 암보험을 드는 등 철저하게 자신의 노후는 준비하면서, 왜 죽음 너머에 있는 영원한 세계에 대해서는 준비를 하지 않느냐?" 저는 대충 이런 내용의 글을 페이스북에 올리고, 이번에 출간된 설교집 『인봉된 말씀』을 꼭 읽어 보시라는 당부로 글을 마무리 지었습니다.

　우리 자신도 한번 생각해 봅시다. 우리는 지금 무엇을 준비하면서 살고 있습니까? 당신은 그냥 아무것도 준비하지 않고 아무 걱정 없이, 되는대로 하루하루를 살고 있습니까? 미래에 대한 대비 없이 그냥 본능적으로 살다가 죽는 짐승들은 죽음 너머의 세계를 염려하지 않습니다. 사람은 하나님의 형상을 따라 영적인 존재로 지어졌지만, 짐승들은 영적인 피조물도 아니고 영원한 존재도 아닙니다. 짐승들은 죽음 너머의 미래를 준비하지 않습니다. 그래서 하나님은 **"존귀에 처하나 깨닫지 못하는 사람은 멸망하는 짐승 같도다"**(시 49:20)라고 말씀하신 것입니다. 하나님은 우리가 영생의 천국에 들어갈 수 있도록 모든 것을 예비해 놓았는데, 그 길을 찾지 않는 자는 멸망하는 짐승과 다를 바 없지 않습니까?

　하나님은 사람을 짐승과는 다르게 만드셨습니다. 하나님께서는 당신의 형상을 따라, 사람을 영원한 존재로 만드셨습니다. 그리고 사람에게는 **"영원을 사모하는 마음"**(전 3:11)을 주셨습니다. 그래서 지혜로운 사람은 미래를 내다보면서 현재를 준비합니다. 적어도 사람이라면 앞을 내다보는데, 그것을 어디까지 내다보느냐에 따라서 그 사람의 지혜의 척도가 결정됩니다. 어떤 사람은 내일만 걱정하고, 어떤 사람은 다음 달까지만 걱정하고, 어떤 이는 노후까지 내다보며 준비하지만, 어떤 이는 아예 미래를 생각하지도 않습니다. 요즘에 "삼포세대"라는 말이 유행입니다. 너무 살기가 힘들어서 연애, 결혼, 출산의 세 가지를 포기한 세대를 일컫는 말입니다. "삼포세대"란 아예 미래를 포기한 사람들입니다. 그냥 아르바이트나 해서 하루 번 돈으로 하루 먹고 살다가 죽겠다는 사람들이 많습니다. 물론 "금수저"를 물고 태어난 자들의 지배 구조 속에서 "흙수저"를 물고 태어나서 아무 희망이 보이지 않기에, 연애도 결혼도 출산도 포기한 사람들의 심정을 이해 못하는 것은 아닙니다.

그러나 아무리 삶이 고달프고 미래가 암담해도 사람이라면 자기가 어디서 왔다가 어디로 가는지, 자기가 죽으면 그다음에 어떤 세계가 자기를 기다리는지를 생각해 보아야 합니다. 보통 사람들은 그저 겨우 자기의 일생 동안만 내다보며 살아가는데, 그것은 **"멸망하는 짐승"**과 다를 바가 없습니다. 우리는 영원을 사모하고 천국의 영생을 누리는 자가 되어야 합니다. 영생에 초점을 맞추고 사는 자들이 진정 지혜로운 자들이고 믿음의 사람들이며 하나님의 은혜를 입을 사람들입니다. 사도 바울은 디모데에게, **"믿음의 선한 싸움을 싸우라 영생을 취하라"**(딤전 6:12)고 말씀하셨는데, 우리도 믿음으로 살다가 천국의 영생에 들어가야 하겠습니다.

가인처럼 하지 말라

"우리가 서로 사랑할찌니 이는 너희가 처음부터 들은 소식이라 가인 같이 하지 말라 저는 악한 자에게 속하여 그 아우를 죽였으니 어찐 연고로 죽였느뇨 자기의 행위는 악하고 그 아우의 행위는 의로움이니라"(요일 3:11-12).

가인과 아벨은 아담의 두 아들입니다. 그들은 아버지 아담으로부터 온전한 복음을 들었습니다. 아담은 범죄한 후에 자기의 수치(죄)를 가리려고 무화과 나뭇잎으로 옷을 해 입었는데, 하나님께서는 그의 나뭇잎 옷을 벗겨 버리시고 가죽옷을 입혀 주셨습니다. 하나님께서 어린양을 희생시켜서 만들어 주신 가죽옷은 복음의 원형(原形)입니다. **가죽옷과 무화과 나뭇잎 옷**—이 두 종류의 옷은 **진리의 복음과 사이비 복음의** 대비(對比)이며 계시입니다. "사이비"(似而非)라는 말은 "진짜와 비슷하나 진짜가 아닌 것"을 의미합니다. 가죽옷은 하나님의 의를, 무화과 나뭇잎 옷은 사람의 의를 상징합니다. 인간이 죄를 짓지 않으려고 스스로 노력하고 조심해서 성결을 지키려는 삶의 유형이 바로 종교(宗教)입니다. 모든 종교는 날마다 스스로 무화과 나뭇잎을 엮어서 자기의 수치를 가리려는 인간의 노력의 산물입니다. 그리고 종교화된 기독교는 지금 사이비 복음을 믿고 있습니다. 기독교인들은 새벽마다 회개기도라는 무화과 나뭇잎 옷을 만들어 입습니다. 그렇게 해서 자기의 거룩함(성결)을 유지하려고 합니다. 그러나 그렇게 자기의 부끄러움을 가린들 그런 나뭇잎 옷이 하루나 버텨 줍니까? 반나절은커녕 새벽기도를 마치고 집에 돌아가자마자 "꼭지가 돌아"버립니다. 아직도 술 냄새를 풍기며 "자빠져 자고 있는" 남편을 보는 순간에 거룩했던 집사님의 마음속에서 분노가 폭발합니다. 새벽기도로 지어 입은 나뭇잎 옷은 한 시간도 못돼서 너덜너덜해졌습니다.

그래서 하나님께서는 아담에게서 나뭇잎 옷을 벗겨 버리시고, 그 대신 가죽옷을 만들어 입혀 주셨습니다. 가죽옷이 만들어지려면 어린양이 희생되어야만 합니다. 어린양 되신 예수님이 세례(안수)로 우리의 모든 죄를 담당하시고 대속의 제물로 희생이 됨으로써 완성시켜 주신 가죽옷이 바로 **하나님의 의(義)**입니다. 아담이 스스로 만든 "나뭇잎 옷"(인간의 의)으로는 그가 결코 영생에 이를 수 없음을 아시고 하나님은 당신 편에서 가죽옷을 만드셔서 아담에게 입혀 주셨습니다. 할렐루야! 그래서 다윗도 **"허물의 사함을 얻고 그 죄의 가리움을 받은 자는 복이 있도다"** (시 32:1)라며 하나님의 구원을 찬양했습니다. 하나님의 어린양이 대속의 제물로 드려져서 만들어진 가죽옷으로 아담은 모든 수치를 영원토록 완벽하게 가릴 수 있었습니다. 아담은 그 **"가죽옷 복음"**을 믿음으로 죄 사함을 받았습니다. 그리고 그 **"가죽옷 복음"**을 두 아들, 가인과 아벨에게도 전해 주었습니다.

아벨은 그 말씀을 그대로 믿었기에 자기도 아담과 같이 **"양의 첫 새끼와 그 기름으로"**(창 4:4) 제사를 드려서 자기와 같은 죄인을 모든 죄에서 온전히 구원해 주신 하나님의 은혜를 찬양했습니다. 그런데 가인은 하나님께서 자기 아버지를 통해서 주신 **"가죽옷 복음"**을 믿지 않았습니다. 가인은 **"땅의 소산"**으로 제물을 삼아 하나님께 제사를 드렸습니다. 사람은 흙으로 지어졌기 때문에 **"땅의 소산"**이란 인간의 노력을 말합니다. 가인은 얼마든지 자기의 노력과 정성으로 하나님을 기쁘시게 해 드릴 수 있다고 생각했습니다. 가인은 스스로 거룩하게 살려고 노력해서 그 공로(**功勞**)를 들고나가 하나님께 합격이 되겠다는 **"종교의 노선"**을 택한 것입니다. 가인의 노선은 지금 거듭나지 못한 기독교인들이, "나는 새벽마다 회개기도를 드리면서 죄를 짓지 않으려고 노력을 하면 얼마든지 거룩하게 살 수 있다"고 믿는 것과 다를 바가 없습니다. 사실 모든 종교는 수양과 덕행으로 자기의 의를 쌓는 노선입니다. 모든 종교는 인간이 스스로 노력해서 자기들의 신에게 합격이 되겠다는 노선입니다. 불교, 천주교, 기독교 등, 모든 종교는 다 인간의 희생과 수덕(**修德**)의 노력을 들고 하나님께 나아가는 **"나뭇잎 옷의 세계"**인 반면에, 신앙은 자신이 근본 죄 덩어리이기 때문에 지옥 갈 수밖에 없는 존재인 것을 인정하고 하나님께서 만들어 주신 하나님의 의를 믿음으로 입고 하나님께 나아가는 **"가죽옷의 세계"**입니다.

그런데 하나님께서는 가인과 그 제물을 받지 않고 아벨의 제사는 열납(悅納, 기쁘게 받음)하셨습니다. 그러자 가인이 화가 나서 자기 동생 아벨을 돌로 쳐 죽였습니다. 가인은 사단 마귀에게 속했기 때문에 하나님께 속한 아벨를 죽인 것입니다. 사단 마귀는 근본 하나님을 대적한 자이기 때문에 자기의 종들을 통해서 하나님의 자녀들을 죽이는 일을 지금도 합니다. 지금도 하나님의 자녀들은 **"가죽옷 복음"**인 물과 성령의 복음을 전하는데, **"십자가의 피만의 복음"**, 즉 사이비 복음을 전하는 자들이 하나님의 자녀들을 이단이라고 하고 배척하고 핍박하고 있습니다. 마지막 때에는 그들이 사단 마귀의 지시를 따라 실제로 거듭난 의인들을 잡아들이고 죽이는 일을 할 것입니다.

거듭나지 못한 기독교인들은 아벨을 돌로 쳐 죽인 가인같이 할 수밖에 없습니다. 거듭나지 못한 기독교인들은 예수님을 믿는다고 고백은 하지만 그들의 영혼은 사단 마귀에게 속해 있기 때문에 가인처럼 의인을 죽이는 죄악을 행할 수밖에 없습니다. 그들은 자기도 모르게 사단 마귀가 시키는 대로 행하면서, 그것이 하나님을 위하는 길이라고 착각합니다. 예수님은 장차 이런 날이 오리라고 말씀하셨습니다—**"사람들이 너희를 출회할 뿐 아니라 때가 이르면 무릇 너희를 죽이는 자가 생각하기를 이것이 하나님을 섬기는 예라 하리라"**(요 16:2). 사도 바울도 거듭나기 전에 거듭난 하나님의 백성들을 잡아들여 죽이는 일을 하면서, 그것이 하나님을 섬기는 바른 길이라고 확신하지 않았습니까?

청년 사울은 스데반 집사를 돌로 쳐 죽이는 자들의 옷을 지켜 주지 않았습니까?

"가인같이 하지 말라"(요일 3:12)는 말씀은 엄중한 경고의 말씀입니다. 여러분도 "가죽옷 복음"을 마음으로 온전히 믿어서 거듭나지 못하면, 마지막 때에는 자기가 원하지 않을지라도 가인같이 의인들을 죽이는 악행을 저지를 것입니다. 예수님은, **"장차 형제가 형제를, 아비가 자식을 죽는데 내어주며 자식들이 부모를 대적하여 죽게 하리라"**(마 10:21)고 말씀하셨는데, 어떻게 가족끼리 그럴 수 있겠냐고요? 가인도 자기 동생 아벨을 돌로 쳐 죽이지 않았습니까? 마지막 때에 거듭나지 못한 자들은 다 가인같이 될 수밖에 없습니다. 그러면서 그들은 그것이 **"하나님을 섬기는 예"**라고 주장할 것입니다.

생명으로 들어간 자와 아직도 사망 아래 거하는 자

"형제들아 세상이 너희를 미워하거든 이상히 여기지 말라 우리가 형제를 사랑함으로 사망에서 옮겨 생명으로 들어간 줄을 알거니와 사랑치 아니하는 자는 사망에 거하느니라 그 형제를 미워하는 자마다 살인하는 자니 살인하는 자마다 영생이 그 속에 거하지 아니하는 것을 너희가 아는 바라"(요일 3:13-15).

이 말씀은 평범한 말씀 같지만, 거듭난 자와 아직 거듭나지 못한 자를 구별하는 예리한 말씀입니다. 진리의 복음, 즉 물과 성령의 복음을 믿는다고 고백할지라도 거듭나지 못한 사람이 있습니다. 머리로는 진리의 복음을 이해하는데, 그리고 입술로도 "진리의 복음을 믿는다"고 고백하는데, 마음에는 믿음이 온전히 자리 잡지 못해서 성령께서 그의 마음에 임하지 못한 사람들이 있습니다. 이 말씀은 그런 사람들이 회개해서 온전한 믿음을 갖도록 촉구하는 말씀입니다.

진리의 복음을 믿음으로 죄 사함을 받고 거듭난 의인은 이 원형복음이 얼마나 귀한지를 잘 압니다. 이 진리의 복음이 아니면 아무도 구원을 받지 못하고 지옥에 떨어질 수밖에 없다는 것을 잘 알기에, 이 진리의 복음 안에 담긴 하나님의 사랑을 모든 이들에게 전파하는 일에 자신의 삶을 드립니다. 그러나 진리의 복음이 마음에 자리 잡지 못한 사람은 아무리 귀한 원형복음이라도 그것은 그저 지식에 불과합니다. 어떤 사람이 "나는 물과 성령의 복음을 믿는다. 예수님이 세례 받으실 때 내 죄가 다 넘어갔고 예수님이 '다 이루었다' 하시고 십자가에서 피 흘려 돌아가심으로 내 죄를 다 갚아놓아서 나는 죄가 없다"고 입술로 고백한다고 다 거듭난 자는 아니라는 말씀입니다.

그러면 거듭난 의인과 거듭나지 못한 자를 구별하는 경계선은 무엇입니까? 거듭난 자는 **"진리의 사랑"**(살후 2:10)으로 영혼들을 사랑합니다. 물론 진리의 복음을 믿음으로 죄 사함을 받았어도 영적으로 너무 어릴 때에는 아직 성령의 인도나 교회의 다스림을 받지 않기 때문에 의의 복음을 섬기는 삶을 자기의 푯대로 삼지 못합니다. 그러나 복음을 들은 지도 오래되었고 구원 간증을 할 때 줄줄 복음을 읊어대는 사람이 전혀 복음으로 영혼들을 섬기는 삶을 살지 않고 자기의 욕망만을 좇는다면, 그런 사람은 아직 거듭난 자가 아니며 영원한 생명에 들어간 자가 아닙니다. **"우리가 형제를 사랑함으로 사망에서 옮겨 생명으로 들어간 줄 알거니와"**라는 말씀이 그런 뜻입니다.

"말로 떡을 하면 조선팔도가 다 먹는다"라는 속담이 있습니다. 말로야 무슨 말인들 못합니까? 그러나 하나님은 사람의 말이나 외모를 보지 않고 마음 중심을 살피십니다. "어떤 이가 거듭났느냐? 사망에서 생명으로 넘어갔느냐?" 하는 영적 분별은 그의 말에 있는 것이 아닙니다. 사도 바울은 고린도의 교인들에게, "**그러나 주께서 허락하시면 내가 너희에게 속히 나아가서 교만한 자의 말을 알아 볼 것이 아니라 오직 그 능력을 알아 보겠노니 하나님의 나라는 말에 있지 아니하고 오직 능력에 있음이라**"(고전 4:19-20)고 말씀했습니다. 하나님의 진리의 복음을 온전히 믿어서 거듭난 자의 마음에는 하나님의 성령이 계셔서 능력으로 역사합니다. 물론 거듭난 자도 육신으로는 연약하기 때문에 피로가 쌓이고 스트레스가 쌓이면 때로는 쉬기도 해야 합니다. 사실 쉬는 것도 복음을 계속해서 섬기려고 쉬는 것이기에, 저는 "쉬는 것도 주의 일이다"라는 말에 동의합니다. 그러나 거듭난 자의 마음 중심은 언제나 자기를 이처럼 사랑하신 하나님의 "**진리의 사랑**" 안에 머물러 있습니다. 우리는 "내가 영혼들을 이 진리의 복음으로 구원하는 일에 진정 자원하는 마음을 두고 있나?" 하는 질문을 진지하게 스스로에게 던져 보아야 합니다. 주님은 "**자녀들아 우리가 말과 혀로만 사랑하지 말고 오직 행함과 진실함으로 하자**"(요일 3:18)고 말씀하십니다.

믿음은 100%라야 유효합니다. 99%짜리 믿음은 하나님 앞에서 인정을 받지 못합니다. 하나님의 진리의 복음을 100%로 온전히 믿을 때에, 하나님께서는 그의 믿음을 인정하시며 "**소자야 네 죄 사함을 받았느니라**"(막 2:5)고 선포하십니다. 따라서 마음 중심이 복음을 믿고 자원해서 섬기고자 하지 않고, "나는 복음을 믿는다"고 말과 혀로만 고백하는 사람은 아직 거듭난 의인은 아닙니다. 사람이 거듭나는 것은 이론이 아니고 실제입니다.

"상상임신"이라는 말이 있습니다. 아기를 너무 갖고 싶어 하면 마치 임신한 것처럼 입덧도 하고 배도 불러옵니다. 그런데 상상임신을 한 여인에게서는 열 달이 지나도 아기는 태어나지 않습니다. 임신은 상상을 하고 자기최면을 건다고 되는 것이 아니라, 생명의 씨가 모태에 들어가서 자리를 잡아야 이루어지는 실제입니다. 사람이 거듭나는 것도 이론이 아니라 실제입니다.

사람이 거듭나면 실제로 자기의 마음 중심에 성령께서 거(居)하셔서 자신을 붙들어 주시는 것을 알게 됩니다. 거듭난 자의 마음에 하나님의 사랑이 실제로 거하기 때문에 그 사랑이 의인들의 마음속에서 역사합니다. "나는 영혼들을 사랑해야겠다"고 혈서를 쓰고 각오를 하지 않더라도 진리의 사랑이 마음속에 거하기 때문에 그 사랑이 자동으로 흘러나갑니다. 그러므로 당신이 복음을 섬기는 일을 전혀 달갑게 여기지 않는다면 아직 당신은 마귀에게 속한 줄을 알아야 합니다. 마귀에게 속한 자는 복음을 섬기는 것이 전혀 달갑지 않고, 하나님께 속한 자는 복음 섬기는 일을 가치 있고 아름답게 여기기에 기쁨으로 자원해서 복음을 전파합니다.

"형제들아 세상이 너희를 미워하거든 이상히 여기지 말라"(요일 3:13)고 말씀합니다. 거듭나지 못한 모든 이들은 사단 마귀의 것이고 거듭난 의인들은 하나님의 것입니다. 그렇기에 거듭나지 못한 마귀의 자녀들이 하나님의 자녀들을 핍박하는 일은 이상할 것이 없습니다. 마귀가 좋아하는 것은 하나님은 미워하시고, 하나님께서 기뻐하시는 일은 마귀가 싫어하니까, 세상이 거듭난 우리를 미워하는 것은 당연합니다.

"우리가 형제를 사랑함으로 사망에서 옮겨 생명으로 들어간 줄을 알거니와"(요일 3:14)—이 말씀은 "내가 진정 거듭났나?" 아니면 "아직 거듭나지 못했나?"를 가리는 시금석입니다. 시금석(試金石)은 어떤 돌이 진짜 귀한 광석인지 아닌지를 분별하는 돌을 지칭하는데, 이 말씀으로 우리는 거듭난 의인들과 거듭나지 못한 죄인들을 분별합니다. 이 세상에서 진리의 복음을 섬기는 것보다 더 귀한 것은 없습니다. 그래서 이 복음을 섬기기로 마음을 정하고 자원해서 복음을 섬기는 사람이 거듭난 사람입니다.

사람은 자기가 믿는 대로 행동합니다. 천국이 분명히 있다고 믿는 사람은 자기를 천국 영생에 들어가게 해 준 진리의 복음을 가장 귀하게 여기고, **"진리의 사랑"**으로 그 복음을 전파하는 삶을 삽니다. 그런데 천국이 있다는 사실을 온전히 믿지 않는 사람에게는 아무리 진리의 복음과 영생의 천국에 대해서 얘기해 줘도 그는 그저 심드렁합니다. 그런 사람은 "그것은 하나의 주장에 불과하다"고 여깁니다. 하와는 선악과를 따먹으면 **"정녕 죽으리라"**는 경고의 말씀을 "죽을 지도 모른다"는 수준으로 변조해서 믿었기 때문에, 끝내 사단 마귀의 유혹에 넘어가서 선악을 알게 하는 나무의 열매를 따먹고 하나님께 범죄했습니다. 진리의 사랑으로 형제를 사랑하는 사람은 거듭난 자이며 사망에서 생명으로 옮긴 자입니다.

"형제를 미워하는 자마다 살인하는 자"(요일 3:15)입니다. 뒤집어서 얘기하자면, 자기만을 사랑하는 자는 형제를 미워하는 자며 살인하는 자라는 말씀입니다. 자기는 잘 먹고 잘 살면서, 형제가 지옥 가는데 나 몰라라 하는 자가 바로 형제를 미워하는 자입니다. 그런 자는 말로 아무리 진리의 복음을 믿는다고 고백해도 아직 거듭난 자가 아니며, 영생이 그 속에 있지 않습니다. 이 말씀은 아주 부드러운 말씀 같지만 거듭나지 못한 사람이 어떤 자인지를 분명하게 지적하는 말씀입니다. 그래서 이 말씀 앞에서 우리는 자신을 정직하게 돌아보고, 자기가 하나님 앞에서 잘못된 길로 가고 있다고 인정되면 회개를 해야 합니다. 회개란, "내가 지금 잘못 믿고 있구나! 내가 잘못된 길을 가고 있구나!" 하고 깨닫고 그 악한 길에서 돌이켜서 하나님께로 향하는 것입니다.

행함이 따르는 믿음

"그가 우리를 위하여 목숨을 버리셨으니 우리가 이로써 사랑을 알고 우리도 형제들을 위하여 목숨을 버리는 것이 마땅하니라 누가 이 세상 재물을 가지고 형제의 궁핍함을 보고도 도와줄 마음을 막으면 하나님의 사랑이 어찌 그 속에 거할까 보냐 자녀들아 우리가 말과 혀로만 사랑하지 말고 오직 행함과 진실함으로 하자 이로써 우리가 진리에 속한 줄을 알고 또 우리 마음을 주 앞에서 굳세게 하리로다"(요일 3:16-19).

"그가 우리를 위하여 목숨을 버리셨으니 우리가 이로써 사랑을 알고"—우리는 예수님을 통해서 하나님의 사랑을 알게 되었습니다. 우리는 하나님께서 **"어떠한 사랑"**을 우리에게 베푸셔서 우리가 하나님의 자녀로 거듭나게 하셨는지를 잘 압니다. 예수님은 전능한 하나님이고 창조주입니다. 그런데 전능하신 하나님께서 먼지만도 못하고 벌레만도 못한 우리들을 죄에서 구원해서 하나님의 자녀로 삼고 영생의 축복을 주시려고 육신을 입고 이 땅에 오셨습니다. 예수님은 하나님의 영광을 다 내려놓고 우리와 똑같은 인간이 되어서 우리 가운데 오셨습니다. 그리고 예수님께서는 인류의 모든 죄를 세례로 담당하시고 우리를 대신해서 피 흘려 돌아가심으로 우리를 모든 죄에서 온전히 구원해 주셨습니다. 예수님께서 이 땅에 오셔서 행하신 구원의 사역이 바로 하나님의 **"진리의 사랑"**입니다.

　예수님께서는 당신의 생명을 아낌없이 희생제물로 드려서 우리를 구원하셨습니다. "자기 손톱 밑의 가시가 남의 염장 곪는 것보다 더 아프다"라는 속담이 있습니다. 사람은 그렇게 자기중심적이고 이기적인 존재입니다. 그래서 사람은 완전히 이타적인 사랑을 할 수 없는데, 하나님께서는 무조건적인 사랑을 우리들에게 베풀어 주셨습니다. 그래서 성경은 **"그가 우리를 위하여 목숨을 버리셨으니 우리가 이로써 사랑을 알고 우리도 형제들을 위하여 목숨을 버리는 것이 마땅하니라"**(요일 3:16)고 말씀하신 것입니다. 우리는 예수님의 희생으로 말미암아 하나님의 사랑이 **"어떠한 사랑"**인지를 알게 되었습니다. 하나님의 진리의 사랑을 받은 사람은 자기도 **"형제를 위하여 목숨을 버리는 것"**이 마땅하다고 믿습니다. 하나님의 진리의 사랑을 입어서 구원을 받은 자의 마음에는 성령이 임하셔서, 성령으로 말미암아 형제를 진정으로 사랑하게 됩니다. 거듭난 의인들은 자기가 받은 **"진리의 사랑"**을 다른 영혼들에게도 베풉니다.

　진리의 사랑은 육신만을 돌보는 사랑이 아닙니다. 얼마 전에 TV에서 유엔아동기금(Unicef)의 광고 방송을 보았습니다. 그 광고에 의하면, 우리가 한 달에 삼만 원만 기부하면 굶어 죽어

가는 29명의 아이들을 영양실조로 인한 죽음에서 구할 수 있답니다. 먹을 것이 없어서 굶어 죽어 가는 어린이들을 돌보는 사랑도 아름답고 귀합니다. 그런 자선이나 봉사활동도 우리는 해야 합니다. 그러나 우리가 어떤 고난에 처한 이들이나 소외된 사람들에게 육신적인 사랑만 베풀고 거기서 끝난다고 하면 그것은 주님이 주시고자 하는 "**진리의 사랑**"과는 아무 관련이 없습니다. 하나님의 사랑은 "**진리의 사랑**"(살후 2:10)입니다. 어떤 이들을 육신적으로 돌보는 것도 궁극적으로 그들에게 하나님의 "**진리의 사랑**"을 입혀서 "**죄 사함으로 말미암는 구원**"(눅 1:77)을 받게 하기 위한 것입니다.

그런데 그다음에, "**누가 이 세상 재물을 가지고 형제의 궁핍함을 보고도 도와줄 마음을 막으면 하나님의 사랑이 어찌 그 속에 거할까 보냐 자녀들아 우리가 말과 혀로만 사랑하지 말고 오직 행함과 진실함으로 하자**"(요일 3:17-18)라는 말씀을 보면, 여러분은 "이것은 육신적으로 돌보는 사랑을 말씀한 것이 아니냐?"라고 반문할 수 있습니다. 야고보서에서도 "**이와 같이 행함이 없는 믿음은 그 자체가 죽은 것이라**"(약 2:17)고 말씀하셨기에 사람들은 선행과 희생이 없는 믿음은 하나님께로부터 인정을 받지 못한다고 생각합니다.

그런데 우리는 먼저 믿음과 행함의 관계를 살펴보아야 합니다. 온전한 믿음은 행함을 수반합니다. 사람들이 하나님의 말씀을 온전히 믿지 않기 때문에 그 말씀을 준행하지 않는 것입니다. 예를 들어서, 어떤 개인이 당신에게 "당신이 나에게 1억 원을 맡기면, 1년 후에 2억 원을 돌려주겠다"고 제안했다고 칩시다. 정기예금을 해 봤자 연리(年利) 3%도 못 받는데 연리 100%로 이자를 쳐서 주겠다니, 참 달콤한 제안인데, 문제는 그 사람을 믿을 수 없기 때문에 실제로 그 사람에게 1억 원을 맡기지는 않습니다. 그런데 만일 우리나라의 중앙은행인 한국은행 총재가 TV 방송에 출연해서, "한국은행에 1억 원을 예치하는 사람 중에서 선착순 1,000명에게 1년 후에 2억 원씩을 돌려주겠다"고 공표했다고 칩시다. 아마 빚을 내서라도 돈을 마련하고 선착순 1,000명 안에 들기 위해서 한국은행 문 앞에서 밤새워 줄을 서 있을 것입니다. 이와 같이 사람이 어떤 것을 온전히 믿으면 저절로 그 믿는 대로 행동이 뒤따르게 되어 있습니다.

따라서 진리의 복음을 온전히 믿는 사람은 형제가 궁핍해서 어려움을 겪을 때에 **"진리의 사랑"** 안에서 형제들을 얼마든지 육신적으로도 섬길 수 있습니다. 특별히 거듭난 형제가 궁핍해서 굶어 죽을 지경인데 "내가 너를 사랑한다"고 말로만 위로하고 실제로 돌보지 않는다면 그는 **"진리의 사랑"**을 베푸는 자가 아닙니다. 물론 때로는 어떤 형제를 무조건적으로 도와 주는 것이 반드시 그에게 유익하지도 않습니다. 자칫하면 그 사람을 영육간에 늘 도움만 받고자 하는 거렁뱅이로 만들 수도 있습니다. 그래서 도와 주는 데에도 지혜가 필요합니다.

저는 거지를 집에 들여서 목욕을 시키고 밥도 같이 먹었고, 고아도 양자로 삼아 학교에 보내며 키워 보았습니다. 그런데 그때는 제가 거듭나기 전이어서, 그들에게 영원한 생명을 얻게 하는 하나님의 **"진리의 사랑"**을 입혀 주지는 못했습니다. 저는 그들의 영혼을 구원해 주지는 못하고, 다만 그들을 육신적으로 잠시 돌봐 주었을 뿐입니다. 제 말은 영혼들을 육신적으로 돌보는 것은 전혀 의미가 없다는 뜻이 아닙니다. 육신적으로 돌봐 줘야 할 사람은 육신적으로도 돌봐야 합니다. 그런데 우리가 그런 사람을 섬기는 궁극적인 목적이 분명해야 합니다. 우리가 어떤 영혼을 돌보고 사랑하는 궁극적인 목적은 그 영혼에게 물과 성령의 복음을 전해서 믿음으로 죄 사함을 받고 하나님의 자녀로 거듭나게 하기 위함입니다.

우리는 긍휼히 여길 자를 돌보되 반드시 진리의 사랑으로 돌봐야 합니다. 하나님을 안 믿겠다고 하며 하나님을 대적하는 그런 자들까지 육신적으로 다 돌볼 필요는 없고, 우리에게는 그럴 능력도 없습니다. 우리의 능력은 한정되어 있는데, 그 한정된 능력으로 하나님께서 기뻐하시는 일을 우선적으로 행해야 합니다. 그래서 어떤 제자가 예수님께, **"주여 나로 먼저 가서 내 부친을 장사하게 허락하옵소서"** 하고 간청하자, 예수님은 **"죽은 자들로 저희 죽은 자를 장사하게 하고 너는 나를 좇으라"**(마 8:22)고 딱 잘라 말씀하셨습니다. 세상의 도덕과 윤리로는 먼저 부친을 돌보고 부친이 돌아가신 후에 주님을 따르는 것이 합당한 일이지만, 영의 세계에서는 영혼들을 구원하고자 하는 하나님의 뜻을 섬기는 것이 우선입니다.

우리는 오직 진리의 복음을 믿음으로 거듭납니다. 따라서 **"행함이 없는 믿음은 죽은 믿음"**이라는 야고보서의 말씀은 "우리가 예수님을 구주로 믿을 뿐만 아니라 "선행"도 많이 베풀어야 구원을 받는다"는 뜻이 절대로 아닙니다. 누구든지 **"물과 피로 임하신 예수님"**(요일 5:6)께서 우리의 모든 죄를 완벽하게 영원토록 없애 주셨다는 진리의 복음을 믿음으로 거듭납니다. 사람이 거듭나서 하나님의 자녀가 되는 데에는 우리의 공로나 선행이 절대로 요구되지 않습니다.

따라서 **"행함이 없는 믿음은 죽은 믿음"**이라는 말씀은 믿음과 행함의 관계를 지적하신 말씀입니다. **"네가 보거니와 믿음이 그의 행함과 함께 일하고 행함으로 믿음이 온전케 되었느니라"**(약 2:22)고 말씀하셨습니다. 하나님의 말씀을 진정으로 믿는 사람은 그의 믿음대로 행동합니다. 거듭난 의인들은 하나님의 모든 약속을 진정으로 믿기에, 천국에 소망을 두고 다른 영혼들을 섬기면서 살아갑니다. 우리 의인들은 하나님께서 복음이 전파되어 영혼들이 구원을 받는 일을 가장 기뻐하시는 줄을 믿기에 복음의 진보를 위해서 물질과 수고를 아끼지 않습니다. 우리는 이번에 전자책으로 출간한 『인봉된 말씀』을 종이책으로 인쇄하려고 합니다. 그러려면 적지 않은 돈이 들어갑니다. 그런데 이 책을 출판해서 사람들에게 나눠 주면 많은 영혼들이 구원을 받게 될 것을 믿기에 즐겁게 그리고 자원하는 마음으로 인쇄를 맡겼습니다. 책을 한 권 인쇄하는데 만 원이 든다고 가정해 봅시다. 만일 우리가 어떤 사람에게 돈 만 원씩을 준다고 하면, 그 돈이 그 사람에게 무슨 도움이 되겠습니까? 그러나 만 원을 들여서 찍은 이 책 한 권을 선물하면 그 사람이나 그의 가족이 구원을 받고 하나님의 자녀가 될 것입니다. 그러니 그 책의 값어치는 돈으로 따질 수 없는 것입니다.

오늘 우리는 본문의 말씀들을 보면서 우리가 진정 **"진리의 사랑"**을 행하고 있는지를 한번 돌아봐야 되겠습니다. 오늘의 말씀을 듣고 나니, 근심이 됩니까? 근심이 된다는 것은 여러분의 마음에 책망받을 만한 부분이 있기 때문입니다. 그리고 그런 부분은 하나님께 빛으로 책망을 받고 돌이켜야 합니다. 주님은 **"그러나 책망을 받는 모든 것이 빛으로 나타나나니 나타나지는**

것마다 빛이니라"(엡 5:15)고 말씀하셨습니다. 사도 바울은 고린도의 교인들을 책망해서 그들을 근심하게 했습니다. 그 결과 그들이 잘못을 인정하고 돌이키는 참된 회개에 이르렀습니다. 그러자 사도 바울은, **"하나님의 뜻대로 하는 근심은 후회할 것이 없는 구원에 이르게 하는 회개를 이루는 것이요 세상 근심은 사망을 이루는 것이니라"**(고후 7:10) 하며 기뻐했습니다. 우리는 하나님의 말씀에 자기를 비춰 보고 "하나님의 말씀에 비춰 볼 때 내가 진정 생명에 들어간 자인가?" 하고 자문해야 합니다 그리고 만일 그렇지 않다고 하면, 온전한 믿음으로 거듭난 자가 될 수 있도록 간절하게 하나님께 기도하고 돌이켜야 합니다.

　자기 자식들을 사랑한다고 유산으로 수천억 원을 물려준들 그 돈이 자식들을 영생을 얻게 합니까? 자식들이 그 돈으로 잠시 쾌락을 누리고 산들 죄 사함을 받지 못하고 죽으면 영원한 지옥에서 세세토록 절규할 터인데, 그 돈이 무슨 소용이 있습니까? 재물은 살아 있는 동안 잠시 누리는 것이고 우리가 눈을 감으면 그것은 아무 소용이 없습니다. "로또 복권에 당첨되는 것이 저주다"라는 인터넷 기사를 읽은 적이 있습니다. 로또 복권에 혼자 1등으로 당첨되면 백억 원 정도의 당첨금을 받는데, 당첨자들은 그 돈을 평균적으로 오 년 만에 다 탕진하고 마약 중독자가 되던지 범죄자가 되어 감옥에 간다고 합니다. **"돈을 사랑함이 일만 악의 뿌리가 되나니 이것을 사모하는 자들이 미혹을 받아 믿음에서 떠나 많은 근심으로써 자기를 찔렀도다"**(딤전 6:10)라고 말씀하셨습니다. 우리 거듭난 자들은 먹을 것과 입을 것이 있으면 족한 줄로 알고, 또 어떤 환경에서든지 복음만 지키고 섬길 수 있으면 감사하고 자족(自足)하는 마음을 가져야 할 것입니다.

그래서 하나님께서는 우리가 돈을 사랑하다가 멸망하지 말라고 교훈하십니다.

"자기의 재물을 의지하고 풍부함으로 자긍하는 자는

아무도 결코 그 형제를 구속하지 못하며 저를 위하여 하나님께 속전을 바치지도 못할 것은

저희 생명의 구속이 너무 귀하며 영영히 못할 것임이라

저로 영존하여 썩음을 보지 않게 못하리니

저가 보리로다 지혜 있는 자도 죽고 우준하고 무지한 자도 같이 망하고 저희의 재물을 타인에게 끼치는도다

저희의 속 생각에 그 집이 영영히 있고 그 거처가 대대에 미치리라 하여 그 전지를 자기 이름으로 칭하도다

사람은 존귀하나 장구치 못함이여 멸망하는 짐승 같도다"(시 49:6-120).

자식들에게 줄 수 있는 가장 귀한 유산은 **"진리의 사랑"**에 터를 둔 믿음입니다. 아비가 자식에게 물려줄 유산으로 이것보다 더 큰 유산은 없습니다. 저는 주님께서 우리에게 영생을 주신 것을 믿고 제 자식들에게 그대로 전해 주었습니다. 그래서 저는 제 자식들에게 내가 할 도리를 다 했다고 생각합니다. 자식들은 그렇게 생각하지 않을지라도 저는 분명히 그렇게 믿습니다.

오늘 주님께서는 우리에게 **"가인같이 하지 말라"**고 권면하십니다. 우리는 이 말씀을 마음에 새겨들어야 합니다. 누구든지 복음을 믿지 않거나 귀하게 여기지 않으면 가인같이 됩니다. 가인이 동생 아벨을 돌로 쳐 죽인 이유는 그가 하나님의 의인 **"가죽옷 복음"**을 믿지 않았기 때문입니다. 가인은 자기가

너무 옳고 잘났다고 여겨서 하나님의 의의 복음을 받아들일 수 없었습니다. 이 시대에도 가인같이 자기의 의가 충만한 사람들이 많습니다. 제가 진리의 복음을 전해 주면, "십자가의 피만을 믿는 사람들이 이렇게 많은데, 그러면 그들이 다 잘못되었다는 말이냐?" 하고 자기의 옳음을 끝까지 내세우는 사람들이 많습니다. 자기의 옳음을 끝까지 부인하지 못하면 가인같이 됩니다.

또 **물과 성령의 복음**이 진리라고 고백하면서도 이 복음을 전파하는 일에 자신을 드리지 않는 사람도 사실 가인과 다를 바가 없습니다. 자기에게 하나님께서 다른 영혼들을 죄에서 구원할 수 있는 능력의 복음을 주셨는데 그 진리를 땅에 묻어 두고 자기만을 위해서 살겠다는 것은 큰 죄악입니다. 세월호가 침몰하고 있을 때에 선장이나 승무원들은 수학 여행단 학생들에게 "가만히 있으라"는 지시만 내리고 아무도 구조하지 않은 채 자기들만 탈출해서 구조선에 옮겨 탔습니다. 시각을 다퉈 구조를 해야 할 그 소중한 "골든 타임"(Golden time)에 청와대에서는 해경에게 "대통령에게 보고할 현장 사진을 보내라"고 독촉만 했습니다. 그 결과 생때같은 어린 학생들을 포함해서 3백 명이 넘는 생명들이 안타깝게 수장되었습니다. 얼마든지 살릴 수 있었는데 책임 있는 모든 사람들이 자기의 본분을 다하지 않아서 그들을 죽인 것입니다. 그들의 행위는 "간접 살인"입니다.

그와 같이, 진리의 복음을 알고 있는데도 지옥에 가고 있는 사람들을 보면서 "나 몰라라" 하고 자기의 욕망만을 좇아가는 사람은 "간접 살인자"입니다. 그런 사람은 가인과 다를 바가 없습니다. **"주인의 뜻을 알고도 예비치 아니하고 그 뜻대로 행치 아니한 종은 많이 맞을 것이요 알지 못하고 맞을 일을 행한 종은**

적게 맞으리라 무릇 많이 받은 자에게는 많이 찾을 것이요 많이 맡은 자에게는 많이 달라 할 것이니라"(눅 12:47-48)고 주님은 경고하셨습니다. 진리의 복음을 알고도 전파하지 않는 것은, 물에 빠져 죽어 가는 사람을 구조할 수 있는 밧줄이 자기에게 있는데 그 장면을 보고도 그냥 지나쳐 간 자와 다를 것이 없습니다. 그런 자는 **"많이 맞을 것"**이라는 주님의 경고 말씀을 여러분은 명심하시기 바랍니다.

말씀을 마쳤습니다. 할렐루야!

하나님에게 책망받을 것이 없는 믿음

"그가 우리를 위하여 목숨을 버리셨으니 우리가 이로써 사랑을 알고 우리도 형제들을 위하여 목숨을 버리는 것이 마땅하니라
누가 이 세상 재물을 가지고 형제의 궁핍함을 보고도 도와줄 마음을 막으면 하나님의 사랑이 어찌 그 속에 거할까 보냐
자녀들아 우리가 말과 혀로만 사랑하지 말고 오직 행함과 진실함으로 하자
이로써 우리가 진리에 속한 줄을 알고 또 우리 마음을 주 앞에서 굳세게 하리로다
우리 마음이 혹 우리를 책망할 일이 있거든 하물며 우리 마음보다 크시고 모든 것을 아시는 하나님일까 보냐
사랑하는 자들아 만일 우리 마음이 우리를 책망할 것이 없으면 하나님 앞에서 담대함을 얻고
무엇이든지 구하는 바를 그에게 받나니 이는 우리가 그의 계명들을 지키고 그 앞에서 기뻐하시는 것을 행함이라
그의 계명은 이것이니 곧 그 아들 예수 그리스도의 이름을 믿고 그가 우리에게 주신 계명대로 서로 사랑할 것이니라
그의 계명들을 지키는 자는 주 안에 거하고 주는 저 안에 거하시나니 우리에게 주신 성령으로 말미암아 그가 우리 안에 거하시는 줄을 우리가 아느니라"(요일 3:16-24).

제가 살고 있는 제주도에 기록적인 한파가 찾아오고 눈이 엄청나게 내렸습니다. 언론에서는 35년 만의 대설(大雪)이라고

합니다. 한라산 정상에는 적설량이 어마어마할 것입니다. 제주 공항이 강한 눈보라로 3일간 폐쇄되어서 수만 명의 관광객이 돌아가지 못하고 공항에서 노숙을 하고 있답니다. 북아메리카나 아시아 대륙의 도처에도 살인적인 한파가 몰아쳐서 피해가 대단하다는 뉴스가 속속 들어오고 있습니다. 내몽고 지역은 영하 50도까지 내려갔답니다. 인도에도 폭설과 한파가 몰아쳤는데, 인도에는 난방시설이 있는 집이 거의 없고 게다가 노숙자들이 많아서 기온이 영하로만 내려가도 많은 사람들이 죽습니다. 20여 년 전에 인도 북부지역으로 선교여행을 간 적이 있는데, 그 당시에 기온이 영상 4도까지 내려가서 노숙자들을 포함해서 약 2,000명의 인도인들이 저체온증으로 동사(凍死)했습니다.

내셔널 지오그래픽(National Geographic)의 자료에 의하면, 작년 여름은 역사상 가장 더운 여름이었다고 합니다. 그리고 그 더위가 가을과 겨울까지 계속되다가 갑자기 기록적인 한파가 몰아쳤습니다. 이런 기록적인 기상이변이 우연한 일은 아닙니다. 우리는 엄청난 기상이변이 올 수밖에 없는 지구환경의 변화에 주목해야 합니다. 1985년도의 북극지방의 빙하의 양이 100년 전인 1885년도의 북극 빙하에 비해서 절반도 되지 않는다고 과학자들이 밝히고 있습니다. 그런데 1985년에서 벌써 30년이 더 지났고, 그 후에도 더 빨리 극지방과 고산지대의 빙하가 녹고 있으니, 아마 지금은 1885년을 기준으로 한 빙하의 70% 정도가 사라졌을 것입니다. 아래 자료는 미국의 상무국(US Department of Commerce) 산하의 국립해양대기청(NOAA, National Oceanic and Atmospheric Administration)이 과학적 자료를 근거로 작성한 시뮬레이션입니다. 이 예측에 의하면, 북극의 빙하는 2085년에

완전히 사라진답니다.

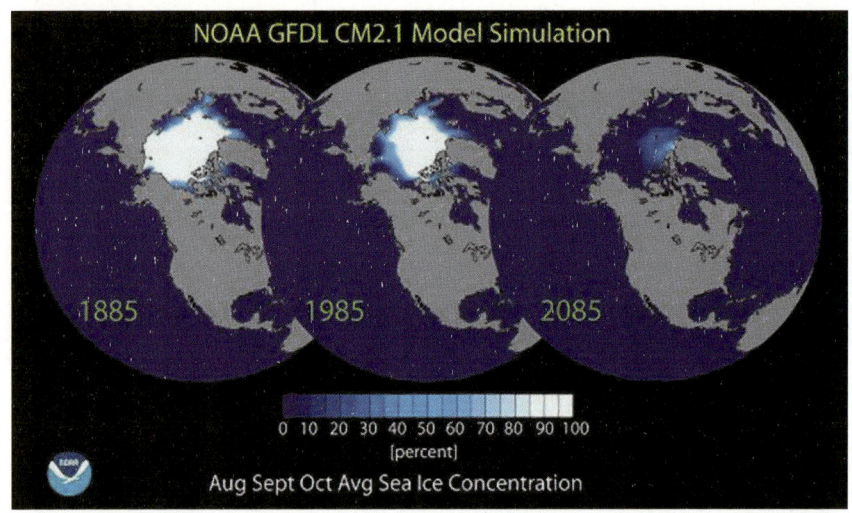

ⓒNOAA(National Oceanic and Atmospheric Administration)

지구상의 빙하(氷河)는 지구의 기온이 평형(equilibrium)을 유지하는데 결정적인 역할을 합니다. 지구의 기온이 평균보다 상승하면 빙하가 녹으면서 융해열(融解熱)로 에너지를 빨아들이고, 또 너무 추워지면 얼음이 얼면서 다시 열을 방출해서 지구의 기온이 평형을 유지하게 됩니다. 전 세계에는 남극과 북극의 극빙하(極氷河)와 4개의 산맥 빙하(山脈氷河) 등 "6대 빙하"가 있는데, 알프스 산맥 등 비교적 양이 적은 산맥 빙하는 이미 거의 사라졌습니다. 그래서 지금은 브레이크 없는 기관차가 언덕을 내리달리는 것처럼, 지구의 기온이 제어되지 않고 있습니다.

며칠 전에 미국 동부의 뉴욕 주에서 버지니아 주까지 강풍을 동반한 엄청난 폭설이 내렸는데, 뉴욕 시장은 이번 폭설 사태가

"죽느냐 사느냐의 문제"라고 판단하고 비상사태를 선포했습니다. 그 지역의 사람들이 슈퍼마켓에 들어가서 마구잡이로 사재기를 해서 대형마켓은 모든 물건이 완전히 동이 났습니다. 만일 이런 사태가 한두 달까지 지속된다면 사회는 무정부 상태에 빠지고 세계 경제는 그냥 주저앉는 것입니다. 인간 사회라는 것은 별것 없습니다. 한 달 두 달만 생산라인이 멈춰 서면, 회사는 도산하고 노동자들은 거리로 내몰릴 것입니다.

사실은 전 세계적인 자연재해로 인해 세계 경제는 언제든지 붕괴될 수 있습니다. 그래서 우리는 이 시대의 징표를 심각하게 여기고 영적으로 깨어 있어야 합니다. **"형제들아 때와 시기에 관하여는 너희에게 쓸 것이 없음은 주의 날이 밤에 도적 같이 이를 줄을 너희 자신이 자세히 앎이라 저희가 평안하다, 안전하다 할 그 때에 잉태된 여자에게 해산 고통이 이름과 같이 멸망이 홀연히 저희에게 이르리니 결단코 피하지 못하리라"**(살전 5:1-3)고 말씀하셨습니다. 이번에 전 세계적인 기상이변의 소식을 접하면서 거듭난 우리는 더욱더 정신을 차리고 깨어 있어야 하겠다고 생각합니다.

어떤 이는 "사도 베드로나 사도 바울은 2000년 전에도 '주의 날이 가까웠다'고 경고했는데 2000년이 다 되도록 주님이 오시지 않았으니 그런 씨도 안 먹히는 소리는 마세요"하고 항변할 수도 있습니다. 그러나 주님이 말씀하신 그대로 머지않아 반드시 세상의 종말이 오고 주님께서는 반드시 이 땅에 다시 오십니다. 이 시대의 징표를 보면서, 우리는 주의 날이 가까이 온 것을 믿고 깨어서 근신해야 합니다. 그것이 바른 믿음입니다.

그러나 주님의 재림의 날이 언제라고 못 박아 시한을 정하는 것은 잘못입니다. 그것이 시한부 종말론(時限附 終末論)인데, 이런 시한부 종말론의 이단적 폐해에 대해서는 먼젓번 설교에서 이미 말씀을 드렸습니다. **"주의 약속은 어떤 이의 더디다고 생각하는 것 같이 더딘 것이 아니라 오직 너희를 대하여 오래 참으사 아무도 멸망치 않고 다 회개하기에 이르기를 원하시느니라"**(벧후 3:9)고 말씀하셨습니다. 하나님은 한 사람이라도 더 구원을 받게 하려고 오래 참고 기다리시지만, 세상 사람들의 마음이 너무 강퍅해지고 죄를 죄로 여기지 않기 때문에 이제는 시간을 더 주어도 구원을 받을 자가 없다고 판단하시면 주님께서는 이 세상을 끝내실 것입니다. 주님께서는 **"이 천국 복음이 모든 민족에게 증거되기 위하여 온 세상에 전파되리니 그제야 끝이 오리라"**(마 24:14)고 말씀하셨습니다. 하나님께서는 공의(公義)하셔서 모든 자에게 구원의 기회는 열어 주십니다.

그런데 이 시대는 인터넷으로 땅끝까지 속히 복음을 전할 수 있는 시대입니다. 선지자 다니엘은 마지막 때에 대해서, **"많은 사람이 빨리 왕래하며 지식이 더하리라"**(단 12:4)고 예언하였고, 하박국 선지자는 **"여호와께서 내게 대답하여 가라사대 너는 이 묵시를 기록하여 판에 명백히 새기되 달려가면서도 읽을 수 있게 하라"**(합 2:2)고 예언하였습니다. 지금은 이런 예언의 말씀들이 성취된 시대입니다. 전자책을 휴대폰에 다운받아 놓으면 기차를 타고 가면서도 읽을 수 있고 침대에 누워서도 읽을 수 있는 편리한 시대입니다. 그래서 저는 지금이 마지막 때인 줄 믿고 하나님 앞에서 근신하고자 합니다. 주님께서 지금은 자다가도 깰 때라고 말씀하시니, 우리는 영적으로 깨어서 믿음을 지키고 진리로 허리를 동이고 더욱더 주의 일에 마음을 드려야 하겠습니다.

거듭난 의인들의 삶의 지향(志向)

　오늘의 본문 말씀은, "하나님의 그 어떠한 사랑을 입은 자는 또한 영혼들을 진정으로 사랑한다"는 말씀입니다. **"보라 아버지께서 어떠한 사랑을 우리에게 주사 하나님의 자녀라 일컬음을 얻게 하셨는고, 우리가 그러하도다"**(요일 3:1)라고 말씀하셨는데, 하나님의 사랑이 너무 크고 아름다워서, 달리 표현할 길이 없기 때문에 **"어떠한 사랑"**이라고 말씀하셨습니다. 우리는 하나님의 심판을 받아 마땅한 죄인들이었습니다. 우리는 자신의 욕망만을 좇아서 살았고, 하나님을 대적하는 하나님의 원수였었는데, 하나님께서는 당신의 원수이며 죄 덩어리인 우리를 그토록 사랑하셔서 당신의 외아들 예수 그리스도를 대속의 제물로 내어 주셨습니다. 하나님의 그 **"어떠한 사랑"**이 당신의 외아들 예수님을 통해서 우리에게 온전히 나타났습니다. 하나님의 그 **"어떠한 사랑"**이 물과 피로 임하신 예수 그리스도를 통해서 우리에게 나타났고 우리가 믿음으로 하나님의 **"진리의 사랑"**(살후 2:10)을 입게 되었습니다.

　하나님의 그 **"어떠한 사랑"**을 입은 자는 아버지의 사랑이 자기에게 너무너무 황감(惶感)해서 자기를 **"진리의 사랑"**으로 구원하신 하나님께 자기의 남은 생애를 드립니다. 그래서 **"그가 우리를 위하여 목숨을 버리셨으니 우리가 이로써 사랑을 알고 우리도 형제들을 위하여 목숨을 버리는 것이 마땅하니라"**(요일 3:16)고 말씀하십니다. 예수님께서는 우리를 모든 죄에서 구원하기 위해서 당신의 목숨을 버리셨습니다. 그러니 어찌 감사하지 않을 수 있습니까? 어떤 사람이 물에 빠졌는데 누군가가 그를 구해 주고 자신은 힘이 빠져서 죽은 사례가 가끔 있습니다. 그렇다면 죽을 뻔하다가 살아난 사람이나 그의 가족들은 그를 구하고 죽은 사람에게 말로 표현할 수 없이 감사하지 않겠습니까? 그래서 만일 구조된 사람이 재력이 있으면 생명의 은인의 가족들을 돌보아 주는 것이 마땅한 도리가 아니겠습니까? 그는 이제 덤으로 얻은 인생을 살게 되었으니, 자기 생명의 은인의 가족을 위해서 최선의 다하는 것이 마땅합니다. 이처럼 예수님은 지옥 갈 수밖에 없는 우리들을 모든 죄에서 구원하기 위해서 당신의 목숨을 아낌없이 버리셨는데, 그런 사랑을 입은 자는 자기의 남은 때에 주님의 기뻐하시는 뜻을 위해서 자기를 드리는 것이 마땅합니다.

그래서 사도 요한은 거듭난 의인들에게, **"누가 이 세상 재물을 가지고 형제의 궁핍함을 보고도 도와줄 마음을 막으면 하나님의 사랑이 어찌 그 속에 거할까 보냐 자녀들아 우리가 말과 혀로만 사랑하지 말고 오직 행함과 진실함으로 하자"(요일 3:17-18)**고 권면하시는 것입니다. 주님의 **"어떠한 사랑"**을 입고 모든 죄에서 구원을 받은 사람은 자기를 위해서 목숨을 버리신 주님을 사랑합니다. 그래서 그는 주님께서 기뻐하시는 일을 합니다. 우리가 누구를 사랑하면 그 사람이 기뻐하는 일을 합니다. 그렇지 않습니까? 말로만 상대방을 사랑한다고 하고 그 사람이 싫어하는 일, 그 사람이 질색하는 일을 한다면 그것은 거짓 사랑입니다. 어제 TV 뉴스에 아내가 남편 친구와 공모를 해서 남편을 죽인 흉악한 사건이 보도되었습니다. 부인이 자기 남편에게 말로만 사랑한다고 하고는 실제로는 남편의 친구와 바람이 나서 그런 끔찍한 죄를 저지른 것입니다. 그리고는 그 부인은 장례를 치르면서 통곡을 하고 울었습니다. 얼마나 가증합니까? 그런 울음은 "악어의 눈물"과 같은 거짓 울음입니다. 경찰이 CCTV 등에서 증거를 잡고 장례식장에서 그 부인을 연행해서 취조를 했더니 사건의 전모가 밝혀졌습니다.

"하나님은 즐겨 내는 자를 사랑하시느니라"(고후 9:7)고 말씀하십니다. 우리가 누구를 진정 사랑한다면, 우리는 즐거운 마음으로 자원(自願)해서 그 사람이 기뻐하는 일을 합니다. 부모는 자기 자식들을 사랑하기에, 그들이 기뻐하는 것이라면 모든 희생을 감수해서라도 그것을 마련해 주지 않습니까? 주님의 그 **"어떠한 사랑"**을 받고 진정으로 주님에게 감사하며 주님을 사랑하는 자는 주님께서 기뻐하시는 일을 하게 되어 있습니다. 그것은 억지로나 부득이함으로, 즉 마지못해서 행하는 일이 아닙니다. **"진리의 사랑"**을 베푸는 일은 누가 시켜서 하는 일이 아니라, 주님의 구원의 사랑이 너무너무 감사해서 자기도 자원(自願)해서 주님께서 기뻐하시는 일을 하는 것입니다. 주님께서 가장 기뻐하시는 일은, 우리가 영혼들에게 물과 성령의 복음 안에 담긴 하나님의 **"진리의 사랑"**을 전해 주어서 그들도 그 **"진리의 사랑"**으로 죄 사함을 받고 하나님의 자녀가 되게 하는 일입니다.

하나님 아버지께서는 우리를 모든 죄에서 구원하시려고 당신의 외아들을 아낌없이 우리에게 내어 주셨습니다. 예수님은 우리들의 육신의 문제를 해결해 주러 오신 분이 아닙니다. 주님은 우리들이 영원한 지옥에 떨어지지 않고 영생의 천국에 들어갈 수 있게 하기 위해서 이 땅에 육신을 입고 오셔서 우리의 대속의 제물이 되어 주셨습니다. 예수님은 인류를 위한 흠 없는 제물이 되셔서, 인류의 대표자인 세례 요한에게 안수의 형식으로 세례를 받으심으로 세상의 모든 죄를 단번에 담당하심으로 **"세상 죄를 지고 가는 하나님의 어린양"**(요 1:29)이 되셨습니다. 그리고 예수님은 십자가에 오르셔서 당신의 보혈을 다 쏟으셔서 인류의 모든 죄를 속량하시고 **"다 이루었다"**(요 19:30)고 외치신 후 숨을 거두셨습니다. 하나님 아버지께서는 우리를 죄가 없는 당신의 자녀로 만들어 주시려고 당신의 외아들을 아낌없이 인류의 죄를 대속할 희생제물로 내어 주셨습니다. **"하나님은 모든 사람이 구원을 받으며 진리를 아는데 이르기를 원하시느니라"**(딤전 2:4)고 말씀하셨습니다. 하나님의 뜻은 분명히 우리 영혼의 구원입니다. 그래서 창세전부터 우리의 구원을 계획하시고 그 뜻대로 이루신 분이 하나님입니다.

그렇기 때문에 죄 사함 받은 사람은 하나님의 뜻을 알고 그 뜻에 자원(自願)해서 순종합니다. 하나님의 그 **"어떠한 사랑"**을 입은 사람은 영혼들이 하나님의 **"진리의 사랑"** 안에 들어오기를 간절히 원하시는 하나님의 뜻을 알기에 자기도 **"진리의 사랑"**으로 영혼들을 섬깁니다. 그래서 만일 어떤 영혼이 복음을 듣고 믿으며 하나님을 좇기를 원하는데, 사정이 너무 어려워서 주님을 좇을 수 없다면 그런 형제나 자매에게 직장도 구해 주고 거처도 마련해 주고 물질로도 도와 줍니다. 아직 죄 사함을 받지 못한 사람이라도 그가 하나님을 경외하고 영적으로 인도받기를 원한다면, 긍휼한 마음을 품고 그런 사람을 육신적으로도 섬깁니다. 그런데 모든 섬김은 반드시 그 사람이 주님의 **"진리의 사랑"**을 입어서 하나님의 자녀가 되는 것을 지향(指向)합니다. 만일 그렇지 않고 육신적으로만 그 사람을 도와 주는 것은 하나님의 뜻이 아닙니다. 오늘 본문에서, **"누가 이 세상 재물을 가지고 형제의 궁핍함을 보고도 도와줄 마음을 막으면 하나님의 사랑이 어찌 그 속에 거할까 보냐"(요일 3:17)라는 말씀도 함께 주님의 뜻을 좇는 형제가 궁핍하면 그가 끝까지 복음의 진리를 좇을 수 있도록 육신적으로도 도와 주는 것이 마땅하다는 말씀입니다.

예수님께서 베다니의 시몬의 집에 들어가셨을 때에 예수님의 **"진리의 사랑"**을 입어서 죄 사함을 받은 마리아가 자기의 전 재산과 같은 향유 옥합(玉盒)을 깨뜨려서 예수님의 머리에 부었습니다. 그리고 예수님의 발을 눈물로 적시고 그 발에 입 맞추며 자기의 머리결로 그 발을 닦아 드렸습니다. 그 여인은 동네에서 자타(自他)가 공인하는 죄인이었습니다. 그래서 하나님이신 주님께서 육신을 입고 오셔서 행하신 의로운 일(주님의 발)에 감사하고 찬양할 수밖에 없었습니다. 주님께서 행하신 일이 전파되는 일이라면 자신의 전재산인 향유 옥합(玉盒)이라도 아까울 것이 없다는 마음으로 그녀는 주님의 장례를 위해서 향유 옥합을 깨뜨린 것입니다. 그때에도 어떤 이들은 **"무슨 의사로 이 향유를 허비하였는가 이 향유를 삼백 데나리온 이상에 팔아 가난한 자들에게 줄 수 있었겠도다"**라고 하며 그 여인을 책망했습니다. 그러나 예수님은, **"가만 두어라 너희가 어찌하여 저를 괴롭게 하느냐 저가 내게 좋은 일을 하였느니라 가난한 자들은 항상 너희와 함께 있으니 아무 때라도 원하는 대로 도울 수 있거니와 나는 너희와 항상 함께 있지 아니하리라 저가 힘을 다하여 내 몸에 향유를 부어 내 장사를 미리 준비하였느니라"**(막 14:6-8)고 하시며, **"내가 진실로 너희에게 이르노니 온 천하에 어디서든지 복음이 전파되는 곳에는 이 여자의 행한 일도 말하여 저를 기념하리라"**(막 14:9)고 말씀하셨습니다. 주님은 사람들을 육신적으로만 돕는 것은 의미가 없다고 분명히 밝히셨습니다. 그렇지 않습니까? 영혼들에게 **"진리의 사랑"**을 입혀서 하나님의 자녀가 되게 하는 일, 즉 천국 영생을 누리게 하는 일이 가장 귀하며, 그 일이 하나님께서 기뻐하시는 일입니다.

그 자리에 있던 사람들이 **"이 사람이 만일 선지자더면 자기를 만지는 이 여자가 누구며 어떠한 자 곧 죄인인 줄을 알았으리라"** 하고 수군거릴 때에 예수님은 당신을 초대한 시몬에게, **"빚 주는 사람에게 빚진 자가 둘이 있어 하나는 오백 데나리온을 졌고 하나는 오십 데나리온을 졌는데 갚을 것이 없으므로 둘 다 탕감하여 주었으니 둘 중에 누가 저를 더 사랑하겠느냐"**(눅 7:41-42)라고 물으셨습니다. 그러자 시몬은 **"제 생각에는 많이 탕감함을 받은 자니이다"** 하고 대답했습니다. 동네에서 자타가 공인할 정도로 죄가 많았던 여인은 주님의 **"진리의 사랑"**을 입어서 죄 사함을 받았습니다. 주님의 물과 성령의 복음으로 자기의 많은 죄가 온전히 사함을 받았고 영생을 얻었기에, 이 여인은 자기를 구원한 하나님의 사랑을 전파하는 데에 모든 것을 드려도 아깝지 않았습니다. 전에는 부끄러워서 사람들 앞에 나서지도 못했었는데, 이제는 누라 뭐라고 수군거리든 말든 그녀는 주님께서 기뻐하시는 일이라면 아낌없이 자기를 드리게 되었습니다. 자기가 **"구제불능의 죄인"**이라고 인정한 사람만이 죄 사함을 받습니다. **"조금 죄인"**은 죄 사함을 받지 못합니다. 그런 사람은, 즉 자기의 의가 많은 **"의의 부자들"**은 천국에 들어가기가 낙타가 바늘귀로 들어가는 것보다 어렵습니다.

죄 사함을 받은 하나님의 자녀들은 의를 행합니다

마음에 온전히 죄 사함을 받은 의인은 자원해서 주님의 의를 전파합니다. 그리고 진리의 복음을 섬기는 데에 자기의 삶을 드리기로 작정한 사람은 주님께로부터 책망받을 것이 없습니다. 주님은 우리가 육신적으로 부족하고 연약해서 잘못을 행하고 잠시 샛길로 빠지는 것은 문제를 삼지 않습니다. "죄 사함을 받았다"고 고백하면서도 자기의 욕망만을 위해서 살고자 하는 잘못된 마음을 주님께서는 책망하십니다. 거듭난 사람은 주님께서 베푸신 **"진리의 사랑"**에 감동되어서 진리의 복음을 전파하는 일에 자신의 남은 생애를 드리기로 마음을 굳게 정합니다.

"이로써 우리가 진리에 속한 줄을 알고 또 우리 마음을 주 앞에서 굳세게 하리로다 우리 마음이 혹 우리를 책망할 일이 있거든 하물며 우리 마음보다 크시고 모든 것을 아시는 하나님일까 보냐"(요일 3:19-20). 진리의 복음을 믿어서 구원을 받은 자는 주님께서 명하신 계명을 지킵니다. 자기의 삶을 진리의 복음에 드린 자는 진리에 속한 자이며 구원을 받은 자입니다.

"여러분은 무엇을 위해서 삽니까?"—이 질문에 한번 답을 해 보십시오. 자기만을 위해서, 자기의 욕망만을 위해서 사는 사람은 아직 진리에 속한 자가 아니며 구원을 받지 못한 자입니다. **"거머리에게는 두 딸이 있어 다고 다고 하느니라 족한 줄을 알지 못하여 족하다 하지 아니하는 것 서넛이 있나니 곧 음부와 아이 배지 못하는 태와 물로 채울 수 없는 땅과 족하다 하지 아니하는 불이니라"**(잠 30:15-16)고 말씀하십니다. 우리의 육신은 "다고 다고" 하며 자기만 위하라고 요구합니다.

그러나 원형복음을 믿음으로 죄 사함을 받은 의인들은 하나님의 **"진리의 사랑"**이 마음에 자리 잡고 있어서, 자기 육신의 요구를 다 들어주지 않습니다. 육신은 끊임없이 "다고 다고"를 할지라도 자기 육신의 생각을 부인합니다. 거듭난 사람은 육신의 생각이 자기를 주장하려고 하면 스스로를 책망합니다—"네가 그렇게 자기만을 위해서 살려느냐? 그렇게 살면 네가 구원을 받았더라도 그 구원이 취소될 수 있어!" 하고 스스로를 책망하고 돌이켜서 주님이 기뻐하시는 의의 길을 자원함과 기쁨으로 좇습니다. 죄 사함을 받은 의인들의 마음에는 성령님이 계셔서 우리가 하나님의 의를 자랑하게 하시고 자원해서 의의 복음을 섬기게 하십니다.

솔직히 저도 때로는 육신적으로 즐기고 싶습니다. 바둑도 두고 낚시도 마음껏 다니고 싶습니다. 얼마 전에 어떤 분과 얘기를 하는데, 그분은 자기가 잡은 고기들을 휴대폰으로 보여 주며 자랑했습니다. 그리고 "언제 한번 같이 가자"고 그분이 얘기했는데, 저도 낚시를 좋아합니다만 아마 그럴 일은 없을 것입니다. 저는 낚시를 하긴 하는데 스트레스를 풀려고 가까운 곳으로 잠깐 나갑니다. 낚시가 목적이 아닙니다. 마음이 좀 쉬어서 맑은 정신으로 설교도 정리하고 수정도 보기 위해서 낚시를 잠시 하는 것입니다. 그러나 어떤 때에는 절제를 못해서 육신적인 일을 너무 많이 하기도 합니다. 그러고 나면 제 마음이 씁쓸합니다. "에이, 이런 바보 같은 놈아! 네가 이 귀한 시간을 아무 가치가 없는 썩어질 일에 그렇게 많이 허비했냐?" 하고 자신을 책망합니다. 진리 안에 거하는 사람은 육신만을 위해서 사는 것이 싫습니다. **"이로써 우리가 진리에 속한 줄을 안다"**는 말씀은, 주님이 기뻐하시는 일에 자원함과 기쁨으로 자신의 삶을 드리는 사람은 자기가 진리에 속한 줄을 안다는 뜻입니다.

책망받을 것이 없는 믿음

그래서 주님은 **"사랑하는 자들아 만일 우리 마음이 우리를 책망할 것이 없으면 하나님 앞에서 담대함을 얻고"**(요일 3:21)라고 말씀하셨습니다. 우리 마음이 우리를 책망할 때가 언제입니까? 진리의 사랑을 받은 우리가 육신적인 일에 시간이나 물질을 허비했을 때, 우리 마음이 우리를 책망합니다. 주님 앞에서 "아! 내가 잘못했구나" 하고 자신을 책망합니다. 그런데 우리가 육신적으로는 부족해도 주님의 기뻐하시는 뜻을 알고 그런 방향으로 자신의 삶을 드리기로 마음을 정하면 우리 마음이 스스로를 책망하지 않습니다. 저는 오늘 아침부터 책에 들어갈 삽화를 그리는데 한 장을 다 못 그렸습니다. "앉은뱅이 용쓴다"라는 속담처럼, 저는 그림을 잘 그리지 못합니다. 그러나 어떻게 합니까? 삽화는 필요하고 도와줄 사람은 없으니 천상 부족한 저라도 삽화를 그려야 합니다. 우리가 어떤 일을 잘하고 못하고는 주님 앞에 아무 문제가 안됩니다. 주님은 우리의 능력 유무를 문제 삼지 않습니다. 주님께서는 우리의 마음이 잘못되어서 우리가 자기 육신만을 위해서 살 때에 그것을 문제 삼고 책망하십니다. 주님의 그 **"어떠한 사랑"**을 입은 자라면 자기의 육신만을 위해서 살지 않기 때문입니다.

그래서 "우리 마음이 우리를 책망할 것이 없다"는 말씀은

"우리가 하나님의 의를 전파하기로 삶의 목표를 정하고 그 길로 가고 있다"는 뜻입니다. 주님이 우리를 모든 죄에서 구원하신 **"진리의 사랑"**에 감동되어서 그 사랑으로 영혼들을 구원하는 일을 위해서 사는 자는 하나님 앞에서 담대함을 얻습니다. 그리고 그렇게 의를 행하는 자는 무엇이든지 구하는 바를 주님에게서 받습니다. 하나님의 의를 섬기기로 마음이 정해진 사람은 하나님께 기도드릴 때에 자기 사욕을 좇아 구하지 않습니다. 물론 마음이 정해진 의인들도 살아가기 위해서 육신에 필요한 것도 구하지만, 무엇보다도 먼저 하나님의 나라와 그 의를 구합니다.

제 친족 한 사람이 자기의 사업이 어려움을 겪고 있는데 저에게 기도해 달라고 요청했습니다. 그런데 저는 그 사람의 사업이 잘되게 해달라고 기도하지 않았습니다. 제가 왜 그랬겠습니까? 그 사람은 하나님을 믿기로 마음을 정한 사람이 아닙니다. 그냥 자기 사업이 잘되기 위해서 예배에 나오고 믿는 척하는 줄 제가 압니다. 그런 자는 차라리 사업이 잘 안되어서 자기의 연약과 부족을 깨닫고 하나님을 의지하게 되는 편이 낫습니다. 그런 사람은 먼저 진리의 복음을 진정으로 믿어서 죄 사함을 받아야 합니다. 그리고 먼저 무엇이 하나님께서 기뻐하시는 일인지를 제대로 알아야 합니다. 그렇게 되기 전에 사업이 잘되면, 필경 그나마 드리던 예배에도 참석하지 않고 하나님과 완전히 결별하게 됩니다. 그래서 저는 그 사람이 하나님을 경외하는 믿음의 사람이 되게 해달라고만 기도합니다.

"그런즉 너희는 먼저 그의 나라와 그의 의를 구하라 그리하면 이 모든 것을 너희에게 더하시리라"(마 6:33)고 주님께서 말씀하셨습니다. 우리는 먼저 진리의 복음을 믿어서 죄 사함을 받아야 하고, 하나님의 진리의 사랑을 입어서 죄 사함을 받은 의인이라면 이제부터는 하나님께서 기뻐하시는 삶을 살아야 합니다. 하나님께서 기뻐하시는 삶은 잃어버린 영혼들에게 진리의 복음을 전파하는 삶입니다. 그런 자는 하나님께 책망받을 것이 없습니다. 하나님께 책망받을 것이 없는 마음으로 주님께서 기뻐하시는 일이 잘되도록 믿음으로 구하면, 하나님께서 다 들어주십니다. 우리가 어떤 사업을 할 때에도, 그 사업이 복음을 섬기는 도구가 되도록 마음을 정하고 그 사업이 잘되게 해달라고 기도할 때에는 하나님 앞에서 담대하게 구하게 됩니다. 그리고 하나님께서는 반드시 우리의 기도를 들어주십니다. 그러니까 마음을 바로 정하지 않고 사업만 잘되게 해달라고 기도하는 것은 잘못입니다.

저는 마음에 소원하는 일들이 많습니다. 무엇보다도 저는 하나님께서 성령을 충만하게 부어 주셔서 하나님의 말씀을 순수하고 담대하게 선포할 수 있게 해달라고 기도합니다. 저는 책들을 출간하는데 있어서, 제 생각이나 잘못된 지식의 누룩을 섞지 않고 오직 하나님의 뜻을 그대로 대언(代言)할 수 있게 해달라고 하나님께 기도드립니다. 저는 진리의 복음이 담긴 책도 계속 출간해야 하고, 앞으로 우리 책을 읽고 거듭난 사람들이 찾아오면 편안하게 머물며 교제할 수 있도록 집과 예배당도 준비하려고 합니다. 그런 일을 하려면 물질도 많이 필요한데, 저는 하나님께서 다 채워 주실 것을 믿고 담대하게 기도합니다. **"무릇 지킬만한 것보다 더욱 네 마음을 지키라 생명의 근원이 이에서 남이니라"**(잠 4:23)고 주님은 말씀하십니다. 우리가 하나님 앞에서 마음만 바르게 정하고 지키면, 하나님께 책망받을 것이 없기 때문에 담대하게 하나님께 구할 수 있습니다. 그리고 하나님께서는 반드시 우리의 기도에 응답하십니다.

우리의 모든 부족과 연약은 하나님 앞에서 아무 문제가 되지 않습니다. 주님이 우리의 모든 부족과 연약도 이미 다 담당했기 때문에, 우리는 자신의 연약에 묶이지 않고 오직 주님께서 완성하신 하나님의 의만 자랑하면 됩니다. 다만 우리는 마음을 하나님께 정하고 믿음으로 담대하게 나아가면 됩니다. "있으라" 하신 말씀 한마디로 온 우주를 창조하신 전능한 하나님께서 당신의 뜻에 순종하는 자녀들이 "**그 나라와 그의 의**"를 위해서 구하는 것이면 무엇이든지 주신다고 저는 믿습니다. 그래서 우리는 "**사랑하는 자들아 만일 우리 마음이 우리를 책망할 것이 없으면 하나님 앞에서 담대함을 얻고 무엇이든지 구하는 바를 그에게 받나니 이는 우리가 그의 계명들을 지키고 그 앞에서 기뻐하시는 것을 행함이라**"(요일 3:21-22)고 하신 말씀을 믿음으로 담대하게 하나님께 무엇이든지 구합니다.

"**무엇이든지 구하는 바를 그에게 받나니**"라고 말씀하셨다고 해서, 아무나 무엇이든지 구하면 하나님께서 다 주시는 줄 압니까? "**구하라 그러면 너희에게 주실 것이요 찾으라 그러면 찾을 것이요 문을 두드리라 그러면 너희에게 열릴 것이니 구하는 이마다 얻을 것이요 찾는 이가 찾을 것이요 두드리는 이에게 열릴 것이니라**"(마 7:7-8)고 주님께서 말씀하셨다고 아무든지 구하고 찾고 문을 두드리면 그에게 다 베푸시는 하나님이신 줄 아십니까? 우리가 하나님께 담대하게 구하고 또 하나님의 응답을 받는 것은, "**우리가 그의 계명들을 지키고 그 앞에서 기뻐하시는 것을 행**"하기 때문입니다.

그러면 "그의 계명들"은 무엇입니까?

"그의 계명은 이것이니 곧 그 아들 예수 그리스도의 이름을 믿고 그가 우리에게 주신 계명대로 서로 사랑할 것이니라 그의 계명들을 지키는 자는 주 안에 거하고 주는 저 안에 거하시나니 우리에게 주신 성령으로 말미암아 그가 우리 안에 거하시는 줄을 우리가 아느니라"(요일 3:23-24).

요한일서 2장에서부터 주님은 "새 계명을 지키는 자라야 거듭난 자"라고 말씀하는데, "새 계명"은 사실은 "너희가 처음부터 가진 옛 계명이니 이 옛 계명은 너희의 들은 바 말씀"(요일 2:7)이라고 가르쳐 주셨습니다. "옛 계명" 즉 율법은 외견상 "~하라 혹은 ~하지 말라"는 행동 규범인 것 같지만, 모든 율법은 하나님을 사랑하고 이웃을 사랑하라는 두 강령(綱領)으로 요약됩니다. 서기관 중의 한 사람이 예수님께 "모든 계명 중에 첫째가 무엇이니이까?" 하고 물었습니다. 예수님은 그에게, "네 마음을 다하고 목숨을 다하고 뜻을 다하고 힘을 다하여 주 너의 하나님을 사랑하라 하신 것이요 둘째는 이것이니 네 이웃을 네 몸과 같이 사랑하라 하신 것이라 이에서 더 큰 계명이 없느니라"(막 12:30-31)고 가르쳐 주셨습니다.

하나님 아버지께서는 우리를 "이처럼 사랑하사" 당신의 외아들 예수 그리스도를 우리의 죄를 대속(代贖)할 희생제물로 보내 주셨습니다. 그리고 예수님은 아버지의 뜻에 순종해서 우리의 **"죄를 위하여 한 영원한 제사"**(히 10:12)를 드려 주셔서 믿는 자들을 영원히 온전케 해 주셨습니다. 하나님의 아들이신 예수 그리스도께서 행하신 의로운 일을 믿는 것이 믿음입니다. 그리고 하나님은 우리의 믿음을 기뻐하십니다. **"그의 계명은 이것이니 곧 그 아들 예수 그리스도의 이름을 믿고 그가 우리에게 주신 계명대로 서로 사랑할 것이니라"**(요일 3:23)고 말씀하십니다. 하나님이신 예수님이 **"물과 피"**로 이 땅에 임하셔서 우리의 모든 죄를 완벽하게 영원토록 없애 주신 **"진리의 복음을 믿으라"**는 말씀이 첫 번째 계명입니다. 그리고 **"진리의 복음으로 다른 영혼들을 사랑하라"**는 말씀이 두 번째 계명입니다.

우리는 예수님께서 이 땅에 오셔서, 여자의 몸에서 난 자 중에 제일 큰 자, 즉 인류의 대표자인 세례 요한에게 안수의 형식으로 세례를 받으심으로 인류의 모든 죄를 단번에 담당하신 것을 믿습니다. 예수님은 대제사장 아론의 후손인 세례 요한에게 세례를 받으셔서 **"세상 죄를 지고 가는 하나님의 어린양"**(요 1:29)이 되셨습니다. 예수님은 십자가에 오르셔서 **"다 이루었다"**(요 19:30)고 외치시고 피 흘려 돌아가시기까지 우리의 죄를 완전하게 속량해 주셨습니다. 우리는 죽을 때까지 죄를 지을 수밖에 없는 구제불능의 죄인들이었는데, 하나님의 외아들이신 예수님께서 흠 없는 제물로 오셔서 공의하게 드려 주신 대속(代贖)의 제사로 믿는 우리를 완전한 의인으로 만들어 주셨습니다.

주님의 **"진리의 사랑"**을 믿는 자는 믿음으로 거듭나서 하나님의 의를 자랑하며 전파하게 됩니다. 지옥에 갈 수밖에 없었던 우리를 하나님의 자녀로 삼아 주시기 위해 친히 자신을 낮추셔서 육신을 입고 오신 하나님이 예수님입니다. 우리는 하나님의 아들이신 **"예수 그리스도의 이름"**을 믿습니다. **"예수 그리스도의 이름"**에는 예수님의 직분과 이 땅에서 행하신 일들이 다 함축되어 있습니다. 그래서 **"예수 그리스도의 이름"**을 믿는 것이 하나님의 일을 하는 것입니다. 예수님께서 오천 명을 먹이신 후에, 먹을 것만 찾는 자들을 향해 "**썩는 양식을 위하여 일하지 말고 영생하도록 있는 양식을 위하여 하라**"고 책망하시자, 그들은 "**우리가 어떻게 하여야 하나님의 일을 하오리까?**" 하고 물었습니다. 그러자 예수님은 "**하나님의 보내신 자를 믿는 것이 하나님의 일이니라**"(요 6:29)고 가르쳐 주셨습니다. 거듭난 우리는 하나님의 계명을 지키는 것이 마땅합니다. 우리가 주님의 계명들을 지킬 때 그 앞에서 담대함을 얻고 무엇이든지 그 기뻐하시는 뜻을 위해서 구하는 것은 하나님께서 다 들어주십니다.

주의 계명들은 "**그 아들 예수 그리스도의 이름을 믿고 그가 우리에게 주신 계명대로 서로 사랑할 것,**" 이 두 계명으로 요약됩니다. "하나님의 아들 예수 그리스도를 믿는다"는 말씀은 "예수 천당, 불신 지옥"이라고 외치는 어떤 이들의 맹신적인 믿음을 의미하지 않습니다. "**물과 피**"로 임하셔서 인류의 모든 죄를 완벽하게 없애 주신 예수님의 복음, 즉 "**세례와 십자가의 복음**"을 믿는 것이 "**그 아들 예수 그리스도의 이름을 믿는 것**"입니다. 당신은 예수님의 십자가의 피만 믿어서 마음의 죄가 흰 눈같이 씻겨졌습니까? 저는 수십 년 동안 주님의 보혈을 의지하고 새벽마다 눈물로 회개를 드렸지만 마음의 죄는 그저 있었습니다. 그런데 예수님의 세례의 복음이 제 마음에 역사되었을 때에, 그 많던 죄가 예수님에게 다 넘어가서 십자가에서 다 갚아진 것을 확신하게 되었습니다. 그리고 그때에 저의 모든 죄가 완벽하게 갚아졌다는 확인서(영수증)을 받아 쥐게 되었습니다. 할렐루야!

"**그 아들 예수 그리스도를 믿고**"라는 말씀은 온전한 진리의 복음 안에서 하나님의 아들인 예수님을 믿어야 한다는 뜻입니다.

예수님은 **"물과 피로 임하신 하나님"**(요일 5:6)입니다. "이는 물과 피로 임하신 자니 곧 예수 그리스도시라 물로만 아니요 물과 피로 임하셨고 증거하는 이는 성령이시니 성령은 진리니라 증거하는 이가 셋이니 성령과 물과 피라 또한 이 셋이 합하여 하나이니라"(요일 5:6-8)고 말씀하셨습니다. 하나님 아버지는 당신의 외아들 예수님이 **"물과 피와 성령으로 임했다"**(요일 5:6-8)고 증거하셨습니다. 그리고 이 세 증거가 온전한(하나인) 복음을 이룬다고 말씀하셨습니다. **"물과 피와 성령의 증거"** 중에서 하나라도 **빼면** 그것은 온전한 복음이 아닙니다.

성령님은 예수님이 육신을 입고 오신 하나님이라고 증거합니다. 육신을 입고 오신 하나님께서 요단강에서 인류의 대표자인 세례 요한에게 세례를 받으심으로 당신의 육체에 세상의 모든 죄를 단번에 넘겨받으셨다고 물(세례)은 증거합니다. 그리고 예수님의 피는 우리가 심판을 받고 죽어야 할 그 자리에 주님이 대신해서 못이 박히고 피를 흘려서 우리의 모든 죄를 대속해 주셨다고 증거합니다. "그 아들 예수 그리스도를 믿고"라는 말씀은 **"물과 피와 성령으로 임하신 예수 그리스도"**를 믿으라는 계명입니다.

둘째로, **"그가 우리에게 주신 계명대로 서로 사랑할 것이니라"**(요일 3:23)고 말씀하셨습니다. 자기가 구제불능의 죄인임을 시인한 사람은 **"물과 피"**의 복음을 믿어서 죄 사함을 받고 나면, 이제는 지옥에 갈 자신을 구원해 주신 하나님의 **"진리의 사랑"**에 감사해서 주님의 뜻을 준행하는 자가 됩니다. 예수님께서 열 명의 문둥병자를 고쳐 주셨습니다. 그런데 아홉 명은 다 각기 제 길로 가버렸고, 사마리아인 문둥병자 한 명만 돌아와서 주님께 감사를 드렸습니다. 온전히 죄 사함을 받은 사람은 그 한 사람뿐입니다. 참된 믿음은 행위를 수반합니다. 하나님의 말씀을 진정으로 믿는 사람은 그 믿음대로 행합니다. 하나님의 말씀을 말로만 믿는 것이 아니라 마음으로 온전히 믿는다면 하나님의 말씀을 따라 준행합니다. 조금 전에도 말씀드렸지만, 어떤 개인이 자기에게 일억 원을 맡기면 일 년 후에 2억을 돌려주겠다고 한다면, 그가 아무리 그럴듯한 증거자료를 제시하며 설득해도 그에게 돈을 맡기지 않습니다. 그런데 만일 한국은행이 그런 광고를 내면 사람들은 정부를 믿기에 돈을 맡기려고 밤새워 한국은행 앞에 잔을 칠 것입니다. "**믿음이 그의 행함과 함께 일하고 행함으로 믿음이 온전케 되었느니라…영혼 없는 몸이 죽은 것 같이 행함이 없는 믿음은 죽은 것이니라**"(약 2:22, 26)고 하신 말씀이 그런 뜻입니다. 진정한 믿음에는 행함이 뒤따르며, 행위가 수반되는 믿음이 참된 믿음입니다.

진정한 믿음은 행함이 있는 믿음입니다. 물과 성령의 복음 안에 담긴 **"진리의 사랑"**을 입고 주님의 살아 계심과 약속들을 진정으로 마음에 믿는 사람은 주님이 우리에게 주신 계명대로 **"서로 사랑"**합니다. 살아 계신 하나님께서 우리를 모든 죄에서 구원하셔서 천국 영생을 얻게 하셨다고 진정으로 믿는 사람은 주님을 경외하며 자기를 사랑해서 당신의 목숨을 내놓으신 구주 예수님의 말씀을 기쁨으로 준행합니다. 주님은 **"새 계명을 너희에게 주노니 서로 사랑하라 내가 너희를 사랑한 것같이 너희도 서로 사랑하라"**(요 13:34)고 말씀하셨습니다. 주님의 완전한 구원을 진정으로 믿는 자라면 **"진리의 사랑"**으로 영혼들을 구원하는 일에 자원(自願)해서 자신을 드리는 것이 마땅합니다.

그러나 진리의 복음을 마음으로 온전히 믿지 않는 사람은 굳이

"**새 계명**"을 지킬 이유가 없습니다. "네, 당신 말씀을 들어보니 맞는 말인 것 같네요. 아무튼 예수님께서 세례와 십자가로 나의 모든 죄를 없애 놓으셨다니 좋기는 하네요. 저도 물과 성령의 복음을 믿으렵니다. 그런데 전적으로 복음을 위해서 사는 것은 좀 그렇습니다. 저는 그렇게까지 할 마음은 없습니다"—이런 사람들이 많습니다. 그들은 아직 죄 사함을 받은 자가 아닙니다.

하나님의 진리의 복음을 믿어서 하나님의 구원이 "**능력과 성령과 큰 확신으로**"(살전 1:5) 마음에 역사된 사람은 주님의 계명들을 지킵니다. 거듭난 의인들은 하나님의 약속의 말씀들을 다 믿습니다. "**믿음은 바라는 것들의 실상이요 보지 못하는 것들의 증거**"(히 11:1)입니다. 거듭난 의인들은 눈에 보이지 않는 영적 세계를 눈으로 보는 것같이 바라보면서 하나님 앞에서 의의 길을 따라갑니다.

그러나 믿지 않는 자들은 눈에 보이는 세계가 전부입니다. "천국이 뭐가 그리 중요하냐? 죽으면 끝이지! 난 내세(來世)도 믿지 않고, 천국과 지옥이 있다고 쳐도 그것을 그리 중요하게 생각하지도 않는다. 지옥에 가게 되면 가지 뭐!"—이런 사람은 돼지나 마찬가지입니다 "**존귀에 처하나 깨닫지 못하는 사람은 멸망하는 짐승 같도다**"(시 49:20)라고 말씀하셨습니다. 하나님은 우리가 하나님의 자녀가 될 수 있도록 다 이루어 주셨습니다. 우리는 하나님의 진리의 복음을 믿기만 하면 존귀하게 됩니다. 그러므로 하나님의 말씀을 다 듣고도 믿지 않는 자는 자기가 돼지 새끼인 줄 알아야 합니다. "**온 율법은 네 이웃 사랑하기를 네 몸 같이 하라 하신 한 말씀에 이루었나니**"(갈 5:14)라고 말씀하십니다. 진리의 사랑으로 영혼들을 사랑하는 자는 "**그의 계명을 지키는**

자"입니다.

"그의 계명들을 지키는 자는 주 안에 거하고 주는 저 안에 거하시나니 우리에게 주신 성령으로 말미암아 그가 우리 안에 거하시는 줄을 우리가 아느니라"(요일 3:24).

"그의 계명을 지키는 자"와 "그의 계명을 지키지 않는 자"—이것으로 거듭난 의인들과 거듭나지 못한 죄인들의 경계가 그어집니다. 물과 성령의 복음을 믿어서 죄 사함을 받고 하나님의 **"어떠한 사랑"**(요일 3:1)이 마음에 자리 잡은 자는 주님을 경외하며 그의 계명을 지킵니다. 그러나 **"진리의 사랑"**이 마음에 자리 잡지 못한 자들은 잠시 말씀을 믿는 척하다가 가인처럼 하나님 앞을 떠나갑니다. 예수님께로부터 떡을 얻어서 배불리 먹었던 자들이 예수님 곁을 다 떠나가고 제자들만 남았듯이, 생명의 떡으로 오신 주님의 복음을 떠나가는 자들은 사실 하나님보다 자기의 육신의 욕망과 이 세상의 것들을 더 사랑하기 때문에 그렇게 한 것입니다. 물과 성령의 복음을 들었던 자들이 복음을 섬기는 일을 싫어해서 많이 떠나갔는데, 그것은 그들이 복음을 머리로 즉 지식으로만 받고 마음으로 믿지 않아서 그런 것입니다. 그런 사람도 물과 성령의 복음이 진리라고 이론적으로는 알고 있지만 복음을 마음에 온전하게 믿지 않기 때문에, 거듭나는 은혜를 입지 못한 것입니다.

"그의 계명들을 지키는 자"는 하나님의 아들 예수 그리스도께서 이루신 물과 성령의 복음을 마음에 굳게 믿어서 죄 사함을 받고 성령을 선물로 받은 자입니다. **"사랑하는 자들아 하나님이 이같이 우리를 사랑하셨은즉 우리도 서로 사랑하는 것이 마땅하도다"**(요일 4:11)라고 말씀하십니다. 거듭난 의인은 지옥에 가야 마땅한 자기를 값없이 구원해 주신 하나님의 사랑이 너무너무 감사해서 하나님의 기뻐하시는 뜻을 위해서라면 아낌없이 자기를 드립니다. 또 거듭난 의인들의 마음에 내주(內住)하시는 성령님의 인도와 도우심으로 말미암아 의인들은 의의 열매들을 맺으며 육체의 남은 때를 살아갑니다.

오늘 본문은 물과 성령의 복음을 믿음으로 거듭난 의인들은 "그의 계명을 지키는 자"라고 말씀하십니다. 주님의 진리의 사랑을 진정으로 믿는 사람은 믿음을 좇아 준행합니다. 하나님의 말씀을 진정으로 믿지 않는 사람은 그의 입술의 고백과 그의 실제적인 삶에 괴리가 있을 수밖에 없습니다. 여러분 모두는 하나님의 말씀을 믿음으로 마음을 정하고 주님의 계명을 준행하기 바랍니다.

말씀을 마쳤습니다. 할렐루야!

요한서신서 강해설교 1
빛과 어두움 그리고 진리의 사랑

2016 년 9 월 12 일 초판 인쇄

Copyright © 2016 by Uijedang Press
All rights reserved. No part of this publication may be reproduced, distributed, or transmitted in any form or by any means, without the prior written permission of the publisher.

발행처   도서출판 의제당
주소   제주특별자치도 제주시 계명길 10 (외도 1 동) 2 층

홈페이지   www.born-again.co.kr
　　　　　의제당.kr
블로그   pilgrim1952.blog.me
문의   uijedang@naver.com

Author   Samuel J. Kim
Editor   Tim J. Kim
Cover Art / Photographer   HyoKyung Lee
Cover Art / Illustrator   Leah J. Kim

ISBN   979-11-87235-08-8   04230
ISBN   979-11-87235-06-4 (세트)

가격   10,000 원